NRI PERREYVE

PAR

A. GRATRY

PRÊTRE DE L'ORATOIRE, PROFESSEUR EN SORBONNE
ET MEMBRE DE L'ACADÉMIE FRANÇAISE

NOUVELLE ÉDITION

édée d'une Préface par Mgr A. PERRAUD, évêque d'Autun
e d'une Notice sur les *Derniers Jours de l'abbé Perreyve*
Par M. l'abbé E. BERNARD, aumônier de l'École normale

PARIS
ANCIENNE MAISON CHARLES DOUNIOL
LES GERVAIS, LIBRAIRE-ÉDITEUR
29, RUE DE TOURNON, 29

1880

HENRI PERREYVE

Paris. — E. DE SOYE et FILS, imprimeurs, place du Panthéon, 5.

HENRI PERREYVE

PAR

A. GRATRY

PRÊTRE DE L'ORATOIRE, PROFESSEUR EN SORBONNE
ET MEMBRE DE L'ACADÉMIE FRANÇAISE

NOUVELLE ÉDITION

Précédée d'une Préface par Mgr A. PERRAUD, évêque d'Autun
et suivie d'une Notice sur les *Derniers Jours de l'abbé Perreyve*
Par M. l'abbé E. BERNARD, aumônier de l'École normale

PARIS

ANCIENNE MAISON CHARLES DOUNIOL
JULES GERVAIS, LIBRAIRE-ÉDITEUR
29, RUE DE TOURNON, 29

1880

PRÉFACE

Quelques mois après la mort de l'abbé Perreyve, j'étais appelé à l'honneur de lui succéder dans la chaire d'histoire ecclésiastique, à la Sorbonne.

Voici par quelles paroles débutait mon discours d'ouverture, prononcé le 25 avril 1866 :

« Je ne puis me défendre d'une douloureuse émo-
« tion en montant pour la première fois dans cette
« chaire. Je m'asseois à la place occupée naguère par
« un ami, je devrais dire par un frère. Je viens con-
« tinuer l'œuvre que la mort a brisée entre ses mains :
« recueillir, s'il se peut, l'héritage de son amour pour
« l'Église ; m'inspirer de son dévouement à la vérité,
« de son intelligence des besoins de notre époque,
« de ce zèle d'apôtre qui était la vie de ses écrits et
« de ses paroles, et qui l'a consumé lui-même bien
« avant le temps.

« Il n'y a pas encore cinq ans, Messieurs, nous
« étions tous là, vous et moi, entourant le jeune pro-
« fesseur d'une sympathie qui allait bientôt devenir

« de l'admiration. Vous vous le rappelez, le fils
« spirituel du P. Lacordaire s'était du premier coup
« révélé le digne disciple d'un tel maître. C'était
« cette pensée nette et forte qui va d'abord au fond
« des choses, et trouve dans la méditation personnelle
« le secret de la véritable et saine originalité ; c'était
« cette parole, tour à tour ingénieuse et émue, dé-
« licate et puissante, à qui l'amour de la vérité et
« l'amour des âmes faisaient comme deux ailes pour
« l'élever souvent jusqu'aux sommets de la haute
« éloquence ; c'était surtout dans sa personne je ne
« sais quel mélange ravissant des plus aimables et
« des plus mâles qualités ; d'une part, « cet esprit
« si élevé et ce cœur si doux », qu'on louait naguère
« avec tant d'autorité sous les voûtes de l'Académie
« française, et de l'autre, cet indomptable élan qui
« le faisait toujours trouver au premier rang partout
« où il y avait une grande cause à défendre, de
« grandes infortunes à consoler, de grandes espé-
« rances à ranimer et à soutenir.

« Aussi, comme après avoir assisté à ses premières
« leçons nous nous étions félicité d'avoir vu les portes
« de la Sorbonne s'ouvrir au jeune abbé Perreyve !
« Comme nous avions applaudi à cette élection si
« intelligente qui venait de recruter, pour les luttes
« difficiles de notre temps, un soldat si courageux, si
« bien préparé, et devant lequel, à cause de son âge,
« semblait devoir s'étendre une longue carrière de
« travaux et de victoires !

« Les travaux ne lui ont certes pas manqué ; et lui,

« qui sut si bien joindre les combats de la plume à
« ceux de la parole, ne descendit pas une seule fois
« dans l'arène sans y faire triompher avec lui la
« grande cause à laquelle il avait voulu se consacrer
« dès l'âge de douze ans.

« De ce côté, nos espérances n'ont pas été trom-
« pées; et quand, il y a deux ans, en 1864, l'église
« de la Sorbonne devenait trop étroite pour contenir
« l'auditoire d'élite que le jeune orateur tenait sus-
« pendu à ses lèvres; lorsque, quelques mois plus
« tard, il donnait au public ces *Entretiens sur l'É-*
« *glise*, qui venaient d'une manière si opportune ré-
« pondre aux doutes, aux difficultés, aux angoisses
« d'un grand nombre d'âmes sur les questions les
« plus controversées de ce temps, tous se disaient :
« A la place du grand athlète de Notre-Dame, trop
« tôt enlevé à son apostolat, Dieu semble vouloir
« mettre ce vaillant jeune homme; il ne porte pas
« le manteau du P. Lacordaire, mais il en a l'esprit
« et le cœur; il en continuera la mission. »

« Vous disiez cela, Messieurs, et vous sembliez
« avoir raison.

« Mais nous, nous ses amis intimes, nous ne le
« pouvions plus dire; nous savions que notre am
« portait la mort dans son sein; nous sentions que
« chacun de ses éclatants succès précipitait le dé-
« nouement que nos prières essayaient vainement de
« conjurer.

« Le reste, Messieurs, vous le savez; grâce à une
« notice que les amis de l'abbé Perreyve ont ac-

« cueillie avec tant d'empressement et de reconnais-
« sance (1), grâce surtout à ce livre récent qui fait
« revivre et qui consacre à jamais cette belle et noble
« physionomie. Le reste, vous le savez : une agonie
« de trois mois supportée avec la plus admirable
« résignation; la mort vue de près pendant des se-
« maines, acceptée d'abord, puis aimée, puis désirée
« comme le plus court chemin pour aller à cette
« Beauté éternelle et à ce Bien suprême dont ce cœur
« voulait être rassasié; le sacrifice des plus belles et
« des plus légitimes espérances de la vie, accompli
« avec une simplicité, une force et, le dirai-je, une
« grâce, qui rappellent la touchante parole de Bossuet
« sur la douceur de Madame, envers la mort; la foi
« la plus vive, inspirant dans ce moment suprême
« chacun de ses actes et dictant chacune de ses pa-
« roles; l'ardent amour de Notre-Seigneur Jésus-
« Christ, établissant sa plénitude dans cette belle
« âme, et transfigurant pour elle tant de douloureux
« renoncements; des adieux empreints de l'affection
« la plus tendre et de la plus virile fermeté à ceux
« qu'il avait aimés ici-bas; l'espérance donnée par
« lui et avidement partagée par ses amis que son
« retour au sein de Dieu ne l'empêcherait pas de tra-
« vailler avec eux pour la sainte cause de Jésus-Christ
« et pour celle de l'Église : tels ont été, Messieurs,

(1) Cette touchante notice sur les *Derniers jours de l'abbé
Perreyve,* a été plusieurs fois réimprimée. On nous saura
gré de l'avoir jointe à ce volume.

« les derniers battements de ce cœur, telles les der-
« nières paroles tombées de ces lèvres mourantes ; tel
« le suprême élan de ce prêtre de Jésus-Christ vers
« le modèle et vers la récompense de son sacerdoce !
« telle enfin, permettez-moi de l'ajouter, la dernière
« leçon qu'il a livrée au respect et aux méditations de
« ses disciples et de ses amis ! »

A quinze ans de distance, je viens de relire ce rapide éloge funèbre. M'étais-je fait illusion en traçant
cette esquisse? La douleur profondément sentie, et
alors toute récente, d'une perte aussi cruelle avait-elle
égaré mon jugement? Ne devais-je pas craindre d'a-
voir, dans un entraînement de cœur bien excusable,
oublié les austères exigences de la vérité et de la sévé-
rité historiques, pour donner à ce portrait un caractère
par trop idéal?

Ma conscience m'absout de ce reproche, et après
avoir eu tant d'occasions, depuis quinze ans, de voir,
de connaître, de comparer les hommes, je crois pouvoir, en rééditant ces pages, faire appel, comme saint
Jérôme, à Jésus-Christ et à ses saints, pour déclarer
« que je n'ai rien dit par complaisance et par adu-
« lation, mais que j'ai tenu le langage d'un témoin
« véridique (1) ».

Aussi bien, le temps fait justice des éloges empha-

(1) Testor Jesum et sanctos ejus me nihil in gratiam, nihil more blandientium loqui, sed quid dicturus sum pro
testimonio dicere. (S. Hieron. Ep. 108, n° 2.)

tiques, et les flatteries tombent sous le poids de leurs menteuses exagérations.

Il en est tout autrement des témoignages dictés par la conscience et confirmés par le sentiment public. Ils grandissent avec les années qui, loin de les détruire, les fortifient et leur impriment une véritable consécration. Je ne crains pas de le dire : plus on pénétrera dans la connaissance intime d'Henri Perreyve, plus on fera savoir de lui ce que Tacite a si bien appelé « la physionomie de l'âme (1) », plus on comprendra l'intensité des sympathies qui entourèrent sa vie et la fidélité des souvenirs qui ont suivi sa mort.

Cette « physionomie de l'âme » à peu près indépendante du cadre historique très simple dans lequel Dieu a enfermé les trente-quatre années de cette vie trop tôt brisée, on la retrouve d'abord dans deux recueils de Lettres (2) qui ont, dès leur apparition, trouvé, de la part d'un très grand nombre de lecteurs l'accueil, le plus significatif et le plus empressé.

Mais, ainsi que je le disais à la Sorbonne, l'âme de notre Henri revit tout entière dans le livre du Père Gratry que le public ne se lasse pas de redemander et dont nous donnons aujourd'hui, en le faisant précéder de cette courte préface, une nouvelle édition.

Qui mieux que celui dont Léon XIII nous faisait naguère l'éloge, en l'appelant « un grand esprit et un grand cœur », pouvait dégager des éléments purement

____

(1) *Forma mentis.* Tacite. *Agricola*, c. XLVI.

(2) *Lettres de l'abbé Henri Perreyve*, 4ᵉ édition. *Lettres d'Henri Perreyve à un ami d'enfance*, 3ᵉ édition.

historiques de cette rapide existence l'idée maîtresse qui en a fait l'unité?

Ce fut assurément un grand honneur pour notre ami d'avoir eu pour biographe le penseur éminent, le contemplateur de génie auquel la philosophie du dix-neuvième siècle restera redevable de *la Connaissance de Dieu*, de *la Connaissance de l'âme*, de *la Morale et la Loi de l'histoire*, des *Sources*, et de beaucoup d'autres œuvres où circule, avec la plus pure sève du Christianisme, une flamme bienfaisante dont la lumière a éclairé tant d'intelligences, dont la communicative chaleur a réalisé un des vœux du Sauveur, en étendant au loin l'incendie de la charité (1).

Mais cet honneur, Henri Perreyve l'avait mérité par la beauté morale de sa vie, vraiment digne d'être proposée en exemple, non seulement à la jeunesse dont il eut à un si haut degré, jusqu'à la dernière heure, les généreuses et séduisantes qualités, mais à cette tribu sacerdotale à laquelle il était si fier d'appartenir.

Nous qui l'avons connu; qui avons vécu dans son intimité; qui avons tant de fois entendu les confidences de son zèle, de sa piété, de son amour pour l'Église, de son inviolable attachement à Rome et au Siège apostolique, de sa tendresse vraiment filiale pour l'auguste vieillard en qui, tout jeunes prêtres, nous allions souvent saluer, avec la plus religieuse et la plus sincère émotion, le successeur de Pierre et le vicaire

---

(1) Ignem veni mittere in terram et quid volo, nisi ut accendatur? (Luc, xii, 49.)

même de Jésus-Christ (1); nous qui nous rappelons en même temps de quelle jalouse et délicate affection il aimait tout ce qu'il y a de grand et de bon parmi les hommes, la patrie, la justice, la liberté, l'honneur; quelle indignation et quel mépris lui inspiraient les attentats de la force ou les ruses hypocrites de l'oppression se cachant sous le masque du droit, nous ne pouvons pas ne pas regretter amèrement cet intelligent et vaillant frère d'armes, à l'heure où, dans la liberté de l'Église, nous avons à défendre la liberté de tous nos concitoyens.

De quel cœur, avec quel accent il eût redit avec nous cette parole de Tertullien, que nous ne nous lasserons pas de répéter à nos contemporains. « Nous ne « vous menaçons pas et nous n'avons pas peur; et si « nous vous adjurons de ne pas combattre contre « Dieu, c'est que nous voulons le salut de tous nos « frères (2).

Évêché d'Autun, en la fête de saint Raphaël archange,
24 octobre 1880.

† ADOLPHE-LOUIS, *évêque d'Autun.*

(1) Voir en particulier ses lettres datées de Rome.
(2) Non terremus qui nec timemus : sed velim ut omnes salvos facere possimus, monendo μῆ Θεομαχεῖν. (Ter ducta 1. Sap.)

CHAPITRE PREMIER.

Chargé par la faculté de Théologie de prononcer l'Éloge de notre bien-aimé collègue, de notre ami, et j'allais dire de notre enfant, Henri Perreyve, je n'aurais pas accepté cette tâche, et je serais resté dans le recueillement de ma douleur, si je n'avais compris qu'il ne s'agit pas ici d'un éloge, mais d'un enseignement sacré, et que j'ai pour devoir de proposer ce modèle de la meilleure et de la plus belle vie à cette jeunesse qu'il aimait tant et dont il était tant aimé.

Puisqu'il est mort si prématurément, je veux travailler, pour ma part, à rendre plus féconde encore sa vie trop courte, et, comme le dit quelque part l'Évangile, je veux « susciter des « enfants à notre frère » mort avant nous.

Il faut que ses travaux, ses écrits et sa vie, ses souffrances et sa mort, soient bénis, et engendrent des hommes qui lui ressemblent.

Laissez-moi dire d'abord toute la conviction de mon âme : c'est que nous avons sous les yeux un rare modèle de la complète beauté humaine.

Tous ceux qui l'ont connu avoueront qu'il est facile de caractériser et cette âme et cette vie par un seul trait, qui résume et domine le reste, et que ce trait se peut exprimer d'un seul mot : LA BEAUTÉ.

Tout ce que le courage, l'intelligence, le dévouement et la bonté peuvent donner de beauté à une âme, tout ce que l'expression d'une telle âme peut donner de beauté au corps de l'homme et à sa face, la nature et la grâce le lui avaient donné. Il en était resplendissant !

Et c'est pourquoi nous l'avons tant aimé. N'est-il pas aussi l'être humain que le P. Lacordaire a le plus aimé? Et n'est-ce pas à lui que ce noble et grand cœur écrivit ces solennelles paroles : « Vous serez éternellement sur mon

« sein, comme un fils et comme un ami? »

Oui, par sa grande beauté morale, il a relevé, guidé, consolé beaucoup d'âmes, imitant en cela son Maître, qui entend « conquérir le « monde et régner, par la splendeur et par « la force de sa beauté. » *Specie tuâ et pulchritudine tuâ intende, prospere procede, et regna.* Sa vie entière ne fut qu'un noble et vigoureux élan pour obéir à l'appel du Maître, qui nous propose, comme terme idéal de la vie, la beauté morale absolue, celle de Dieu même : « Soyez « parfaits comme votre Père céleste est parfait. »

Aller toujours au plus parfait, au plus haut, au plus beau, c'est là la méthode de la vie, comme c'est la méthode de l'esprit. Si quelqu'un, en ce temps, parmi ceux que nous avons connus, a suivi cette méthode dans son travail et dans sa vie, c'est le frère bien-aimé dont nous vous parlons aujourd'hui.

Mais où donc l'ont conduit ces continuels élans vers la plus haute beauté morale? Ils l'ont conduit au sacerdoce, c'est-à-dire à la plus belle forme que puisse prendre la vie de l'homme. Ils l'ont conduit à cet honneur divin qu'il appelle quelque part : « cette joie des

« joies, et cette unique raison de toute ma vie ! »
Aussi, je dois le dire, tout mon effort pour le
louer est devenu l'éloge du sacerdoce et une
exhortation au sacerdoce. Et cette exhortation,
j'ose l'adresser à tous. Car, puisqu'il est ici
question du sacerdoce le plus élevé, qui est le
ministère évangélique dans l'Église éternelle,
tout ce que j'en dirai s'applique, par une réduc-
tion qui s'opère d'elle-même, à tout ce qui se
peut appeler sacerdoce. N'y a-t-il pas le sacerdoce de l'enseignement, celui de la science,
celui de l'art, celui du dévouement et de la
charité, et le très réel sacerdoce de la paternité
dans la famille? Tout devoir accompli en Dieu,
tout bienfait, toute lumière descendant par un
homme sur les hommes, à partir de Dieu, est
un acte sacerdotal. En ce sens donc l'exhortation s'adresse à tous, à tout chrétien, ou, ce
qui est même chose au fond, à quiconque, aux
yeux de Dieu, est vraiment homme de cœur. A
vous surtout, jeunes gens, la vie, les lettres et
les écrits de votre ami, Henri Perreyve, vont
adresser l'exhortation au dévouement sacerdotal
le plus haut et le plus fécond !

Étudions donc ensemble cette noble vie, pour
exciter notre langueur, et nous encourager aux

généreux élans qui vont à l'absolue beauté
morale.

I

Son histoire extérieure est très courte.

Henri Perreyve est né le 11 avril 1831, à
Paris.

Ne parlons pas de ses parents ; ils lui survivent, et ils sont près de nous. Son père, sa
mère, sa sœur, qui fut sa seconde mère, nous
les louons et les bénissons dans leur fils, comme
Dieu lui-même, j'espère, les bénit et les bénira
dans ce fils qu'il leur a repris.

Ses premières études réelles furent l'étude
de l'art et l'étude de la religion. Pendant ce
temps il suivait les classes du collège, avec un
médiocre zèle.

Cependant, au terme de ses études classiques, il était arrivé au but avec un tel bonheur,
qu'on a pu dire, avec raison, qu'avant vingt ans
il était déjà presque un orateur et un écrivain.

Le grand acte, et à peu près l'unique événement de sa vie, fut le choix d'une carrière.
Destiné, dans la pensée de sa famille, à la carrière du droit, incliné, à ce qu'il paraissait, par

la courageuse impétuosité de sa nature, à la vie militaire, il fut appelé par Dieu au sacerdoce ; et cet appel, accueilli dès l'enfance, puis médité pendant les premières années de sa jeunesse, devint, lorsqu'il eut dix-huit ans, la cause de son bonheur, et l'objet de toute son ambition.

Après avoir, d'après le très vif désir de son père, terminé ses études de droit, il vint à l'Oratoire pour commencer l'étude de la philosophie et de la théologie.

Mais gravement malade dès l'âge de dix-huit ans, il déploya la plus grande énergie, et parfois le plus grand courage, pour parvenir jusqu'au sacerdoce.

Devenu prêtre, d'inexplicables alternatives de maladie très grave et de santé presque brillante lui donnèrent des années, tantôt de courageuse souffrance, et tantôt d'un travail ardent, et parfois excessif. C'étaient les sept années qui lui restaient à vivre.

Son remarquable talent d'orateur et d'écrivain se développa très rapidement. Sa réelle puissance de parole, ou, pour mieux dire, sa puissance d'âme, se montra par la conquête, pleine et entière, du plus difficile de tous les auditoires, l'auditoire des lycées.

Quant à ses écrits, après un si petit nombre d'années de travail, il nous laisse environ dix volumes, pleins de promesses et de fruits déjà mûrs.

Nommé en 1860 aumônier du Lycée Saint-Louis, il y laissa de profonds souvenirs et les plus vifs regrets, lorsqu'en 1861 il fut appelé à la Sorbonne, dans la chaire d'histoire ecclésiastique.

Mais partout, entraîné par l'éclatant succès de toutes ses œuvres, il abusa de l'effort, et ne sut pas contenir ses forces. On peut dire qu'il s'est fait tuer par sa faute, comme un soldat qui tombe, en s'avançant au delà de son poste.

Il eût pu vivre, il eût dû vivre. Ici portent nos plaintes et nos reproches.

Mais sa mort a été d'une héroïque simplicité, paisible, sainte et recueillie ; et il vit maintenant pour toujours, et il nous aide, et il nous aime.

Telle est l'esquisse et l'histoire extérieure de cette vie si belle et si courte. Nous allons essayer d'en voir la splendide beauté intérieure, sans jamais oublier notre but, qui est de nous exhorter, nous et les autres, à conquérir, par un aussi courageux élan, la même grandeur morale, et l'emploi sacré de la vie.

II

Son éducation intellectuelle et morale s'est continuée depuis son enfance jusqu'à sa mort. De très bonne heure, l'éducation chez lui fut personnelle, active et libre. De très bonne heure, il eut une volonté, une volonté déterminée par l'amour du beau, et sachant s'y porter librement.

Le sens poétique et religieux, le goût des arts, surtout de la musique et du dessin, furent ses premières inspirations. Et, ce qui est le propre des âmes vivantes, son esprit se portait d'instinct à son objet par la voie la plus simple, par la méthode réelle et naturelle, et jamais par les détours des règles abstraites ou l'ambitieuse multiplicité de l'analyse artificielle.

Il poussa même, dans quelques études secondaires, l'originalité jusqu'à l'indiscipline.

Par exemple, il ne sut ou ne voulut jamais apprendre, en musique, à lire les notes dans aucune clef, ni à connaître aucun des signes musicaux. La musique imprimée, pour lui, n'existait pas. Mais ce qu'il entendait, il le savait, le retenait et le reproduisait avec intelligence et avec émotion, mettant souvent en évidence le fond du sens et l'intention des maîtres, et toute cette essence musicale que trop souvent les plus habiles exécutions ne font qu'envelopper ou dissiper. Que de soirées nous avons passées à l'entendre ! Quelle verve vraie, claire et vivante !

Il dessinait par le même procédé, sans aucun art, reproduisant avec esprit ce qu'il voyait, et faisant ressortir dans les formes le sens des formes.

Pardonnez ces détails, qui paraîtraient insignifiants, s'ils ne caractérisaient cette nature d'esprit, si disposée à procéder en tout par voie de libre inspiration, mais qui sut soumettre plus tard, dans une mesure si admirable, sa grande richesse de verve originale à la règle et à la sagesse.

Mais voici où commencent ses premiers éfforts méritoires dans la vie intellectuelle. Presque rebuté dès l'abord, comme la plupart des écoliers, par la méthode grammaticale abstraite, il n'abandonna pas pour cela le travail, n'augmenta pas le nombre des esprits perdus par une culture manquée, et arriva au but par un autre chemin.

Quel fut ce chemin? Le voici : C'est que, médiocre élève de septième, de sixième, de cinquième au lycée Saint-Louis, il était le meilleur élève des catéchismes de Saint-Sulpice. C'est le travail des catéchismes, suivi avec ardeur, qui l'a conduit au but de l'enseignement secondaire, c'est-à-dire à l'art de penser, de parler et d'écrire.

Les premiers objets de son attention véritable ne furent point ces transpositions de mots dans le vide, et ces formules étranges dont souvent on fatigue la pensée délicate des enfants. L'objet premier de son effort intellectuel, ce fut Dieu, le Père qui est au ciel, sa bonté infinie, sa providence, sa loi; la destinée de l'homme, l'Homme-Dieu venu pour le salut du monde; le bonheur et la gloire promis à la justice. Voilà ce qui d'abord nourrit son âme et occupa tout son esprit.

C'est par là qu'il apprit à penser, à vouloir, à choisir, à concevoir et à aimer les plus grandes choses. C'est là qu'avec l'éducation morale et religieuse, il commençait et poursuivait vraiment son éducation intellectuelle, et c'est pour cela même, je le crois, qu'au terme de ses études classiques, il se trouvait avoir, beaucoup mieux que bien d'autres, atteint le but.

Le Père Lacordaire, parlant de sa propre vie d'écolier, écrivait : « Elève médiocre, aucun « succès ne signala le cours de mes premières « études.... Mais tout à coup, en rhétorique, « les germes se prirent à éclore, et des cou- « ronnes sans nombre vinrent, à la fin de l'année, « éveiller mon orgueil, bien plus que récom- « penser mon travail. »

Telle fut aussi l'histoire des études littéraires de Henri Perreyve.

« En rhétorique, me disait un de ses condis- ciples, après l'avoir connu très faible élève jus- qu'en seconde, où il eut, pour la première fois, un petit prix de version latine, nous le vîmes tout à coup écrire et parler comme un maître, et nous dépasser tous. » A cette époque, ajoute le même témoin, « il était déjà presque un ora- teur et un écrivain ».

Je ratifie, en ce qui me concerne, ce ju- gement. J'ai connu Henri Perreyve lorsqu'il n'avait que dix-huit ans, j'ai ses lettres de ce temps-là ; j'ai suivi ses premiers travaux : l'écrivain, l'orateur, se déclaraient alors déjà, aussi nettement que la fleur dans un bouton qui s'ouvre.

III

Je voudrais proposer en exemple ce rapide élan vers le but dans le plus grand de tous les arts, celui de la parole.

Je me trouve placé par mon devoir au centre des efforts et des institutions par lesquels un grand peuple, celui-là même qui passe pour le plus éloquent de la terre, cherche à conduire l'élite de sa jeunesse au culte vrai de la parole et de la pensée. Or, nous savons ici mieux qu'ailleurs ce qu'il y a d'étranges imperfections et de difficultés presque invincibles dans le premier enseignement classique de la parole. Nous savons combien peu d'esprits sont amenés au culte utile des lettres, au développement réel de la parole et de la raison. Nous savons combien sont repoussés, et parfois éteints pour toujours, par une discipline malheureuse.

Il est une manière d'enseigner qui entreprend de soumettre l'enfant au rude labeur de la réflexion sans objet; on le chasse, par la force et le châtiment, du monde de la nature, du monde du sentiment où il vivait : mais pour l'introduire dans quel monde? Est-ce à Dieu, est-ce à l'âme qu'on le mène? Non pas : on prétend le forcer à vivre dans je ne sais quelle région intermédiaire qui n'est ni Dieu, ni l'âme, ni la nature : limbes ternes et mortels, où il passe des années à contempler l'abstrait, et à retourner en tous sens, et sans cesse, et sans savoir pourquoi, les formes vides du vêtement de la pensée. Que si l'élève est trop docile, s'il a l'esprit naturellement sec et partiel, si le maître ne sait pas corriger par le génie de l'enseignement le vice de la méthode, si le disciple est rivé dans cette voie par le succès et l'amour-propre, je le vois augmenter un jour la secte dangereuse des scribes, des lettrés séparés, des esprits morts, qui peuvent croire que le principe des choses est un principe abstrait, et qui, pour en citer un étrange exemple, réduisent leur conception de l'univers à ce seul point : *Il n'existe que des formules.* Ainsi se multiplie le nombre de ceux qui augmentent la tristesse sur la terre, qui entretiennent le doute et les ténèbres, et brisent l'élan du genre humain. Est-ce donc là le culte vrai de la parole et de la pensée?

Eh bien! notre écolier fut du très grand nombre de ceux qui refusent d'entrer dans ces limbes, et du très petit nombre de ceux qui, n'ayant pas accepté, cette voie, vont au but par un autre chemin.

Qu'on me permette d'étudier ici à loisir, avec amour, la marche de cet esprit dans sa jeunesse, et la beauté sacrée de ses premiers développements.

Voici donc la voie qu'il suivit :

Il pratiqua d'abord, sans la connaître assurément, cette parole d'Evangile : « Laissez « venir à moi les petits enfants. » Petit enfant, il alla droit au Christ par la prière et la piété.

Mais le Christ est le Verbe éternel, la lumière qui éclaire au dedans tout homme venant en ce monde. Il alla, dès ses premiers efforts intellectuels, à la lumière qui éclaire au dedans. Il fit ce que les philosophes enseignent, savoir : que, pour connaître la vérité, il faut aller à Dieu qui est la cause première de tout mouvement intellectuel. Sans bien savoir que c'était Dieu, il alla vers le fond de ce mouvement lumineux qu'il sentait et qu'il entrevoyait en lui. Dieu, dit-on, parle au fond de toute âme, en tout temps. Il écouta, en effet, dans ce fond, où la vérité se fait entendre, où se recueillent les idées. L'art de l'éducation, disent encore les sages, consiste surtout en ceci : ramener l'esprit à lui-même, et de lui-même à Dieu. C'est ce qu'il fit, sans en connaître la maxime. Il alla au Maître intérieur.

Mais voici que le maître extérieur, qui connaît ces maximes, trop souvent n'en croit rien du tout en pratique. Il est bien loin de ramener les esprits à eux-mêmes, et encore moins à Dieu. Souvent, tout au contraire, il empêche le disciple d'aller à Dieu, et s'il rencontre quelque esprit disposé à regarder et à écouter au dedans, il le détourne, et il semble lui dire, comme autrefois le grand prêtre au Prophète enfant, que Dieu même appelait : « Enfant, ce n'est rien! dormez toujours! »

Je le sais, il faut les deux maîtres, et l'on doit écouter les deux; mais que faire quand celui du dehors prétend étouffer l'autre? On sait ce que font alors les enfants. La plupart se retirent, quelquefois pour toujours, dans le retranchement impénétrable de l'inattention, où personne ne peut les forcer. Mais que fit notre cher écolier? Je le sais, car je puis presque dire que je l'ai vu. Il se retirait aussi, je l'avoue, et il savait se défendre très bien contre toute oppression intellectuelle. Mais il se défendait tout autrement que les inattentifs. Son esprit sem-

blait dire : « Il vaut mieux écouter Dieu que
« l'homme, » et, sans qu'il le comprît lui-
même, imitant le Prophète enfant, son attention, dirigée au dedans, disait à Dieu : « Parlez,
« Seigneur, votre serviteur vous écoute. »

Oui, dès cet âge, à douze ans, sa piété réelle,
profonde, habituelle, cherchait la lumière intérieure et la voix de Dieu dans son âme, avec
respect, admiration, adoration. Cela même s'o-
pérait en lui, au collège, dans ses premières
classes.

C'était la source de ses progrès. Car il allait,
par la piété, au Maître principal. La piété, dans
le sens naturel et radical du mot, c'est ce retour indispensable de l'être intelligent et libre,
vers son principe et vers son Père, pour y puiser la vie toujours nouvelle. Et si l'enseignement avorte trop souvent dans les esprits, s'il
est toujours si lent, si difficile, c'est que la
piété manque. On ne va pas au maître principal.
Ces premiers enseignements de la parole qui
portent sur les mots, leurs formes et leurs
rapports, n'arrivent à aucune sorte de lumière.
L'esprit demeure dans la grammaire abstraite,
dans le mot seul, et n'entre pas vraiment dans
la région de la parole et de la pensée. Faute de

piété, l'esprit ne va ni du mot à l'idée ni de l'idée à l'âme, et encore moins de l'âme à Dieu. Par la piété, il franchit rapidement ces degrés, et va de tout à Dieu, et déverse à partir de Dieu, de Dieu à l'âme, et de l'âme à l'idée, et de l'idée aux mots, la vie réelle et la lumière originale.

Je m'explique donc ainsi toute cette éducation et la rapidité de son succès. Je m'explique comment il se trouva au but avant les autres, et fut, à dix-huit ou vingt ans, un orateur et un écrivain, nous donnant un de ces exemples de maturité précoce dans l'art de la parole, qui rappelle ce grand orateur politique de la fin du siècle dernier, lequel, à vingt-trois ans, gouvernait les assemblées délibérantes de son pays.

C'est qu'il avait trouvé la méthode réelle et vivante, laquelle consiste à écouter et à regarder Dieu, la nature, les chefs-d'œuvre; puis à s'efforcer d'imiter ce qu'on voit et ce qu'on entend.

S'étant attaché tout d'abord à la source première, et à la beauté principale, Dieu même, il avait par cela seul, dans l'âme, le principe des plus grands et des plus généreux mouvements, le fonds sublime et inépuisable de l'art, de l'éloquence, de la science et de la poésie. Préparé par cette force intérieure, il saisissait avidement tout ce que le dehors lui présentait de beau, et s'efforçait, sans savoir par quel art, de reproduire le tout de moins en moins imparfaitement.

Il devenait écrivain, en lisant avec admiration nos chefs-d'œuvre anciens et modernes, et il devenait orateur, en tremblant d'enthousiasme au pied de la chaire de Notre-Dame, à la voix du puissant orateur qu'il ne cessa de suivre depuis sa première communion.

En outre, remarquons-le bien, il n'eut jamais pour but direct de devenir ni écrivain, ni orateur, ni d'écrire pour l'honneur d'écrire. Or ce désintéressement radical est la condition essentielle pour arriver à l'art vivant et véritable, seul digne d'ambition.

Il ne s'efforça de parler et d'écrire que par besoin de glorifier et de faire triompher ce qu'il aimait, voulait et admirait, savoir : Dieu qu'il portait dans l'âme depuis l'enfance; la foi chrétienne, dont il n'avait cessé de nourrir sa jeunesse; puis la justice, la liberté, le bien des hommes, le progrès des nations, ces saintes choses que son âme évangélique et généreuse, au milieu du tumulte de 1848, s'était prise à aimer et à vouloir avec passion.

C'est ainsi qu'il devint éloquent.

Voilà, jeunes gens, et je parle aux écoliers mêmes, voilà ce que vous pouvez et devez imiter.

Qu'on ne dise pas qu'il y avait là plus de richesses de facultés, qu'efficacité de méthode, et qu'on n'imite point le génie! Je déclare, au contraire, que tous peuvent imiter cette noble et simple voie, depuis l'enfant qui commence ses études jusqu'à l'homme consommé dans la vie.

Si ces pages sur Henri Perreyve arrivent aux mains d'un enfant de douze ans, je dis que cet enfant pourra comprendre. Il peut comprendre que Dieu, qui est au fond du cœur, et qui à chaque instant réveille en nous et la conscience et la raison, que Dieu, dis-je, est le premier des maîtres; que Dieu seul donne l'intelligence et le goût du travail, de l'amour de ce qui est beau; qu'on peut et doit demander à Dieu ces vertus, et que celui qui les demande avec ardeur les obtiendra. Il peut comprendre que tout péché nous éloigne de Dieu, du travail, de tout ce qui est beau; qu'il ne faut apprendre à parler et à écrire que pour écrire et dire la vérité; que le plus grand talent du monde ne sert à rien, et qu'ordinairement même Dieu nous l'ôte, si l'on manque de cœur, si l'on n'aime sa famille, son pays, tous les hommes nos frères ; si l'on n'a pas pitié de tant de malheureux qui souffrent et s'égarent dans la misère, le vice et l'ignorance ; si l'on n'est pas enfin fermement décidé à consacrer tout son talent, et même sa vie entière, à faire le plus de bien qu'il se pourra, et à défendre jusqu'à la mort la justice et la vérité.

C'est précisément à douze ans, à l'âge où le Christ enfant interroge et confond les docteurs, que l'on comprend ces choses : c'est à quarante qu'on ne les comprend plus. Henri Perreyve les comprit en effet à douze ans (1), et plus tard

---

(1) Voir, dans son testament, ces mots : « A qui j'ai eu le bonheur de me consacrer à douze ans. » Il était réellement alors cet enfant qu'il décrit lui-même * : « Vous rappelez-« vous le temps où vous eûtes douze ans, et où, pour la « première fois, vous vîntes recevoir le corps de Jésus-« Christ ? C'est pour beaucoup d'hommes le grand moment « de la vie, l'âge virginal et angélique. L'esprit n'est plus « dans l'ignorance, il juge déjà et il comprend ; il juge que « Dieu est bon, et que le servir c'est régner. La liberté « s'éveille déjà dans le cœur, mais ce cœur est pur, et les « orages d'en bas ne l'ayant pas encore souillé, il ne se « sent libre que pour obéir avec plus d'honneur. A cet âge, « on croit au ciel, on sent la beauté des choses divines, et « l'on sait s'agenouiller. »

* *Discours sur l'Histoire de France.*

il les fit comprendre aux élèves du lycée Saint-
Louis, à ceux de Sainte-Barbe, et aux enfants
qu'il préparait à la première communion.

IV

Mais revenons à son éducation. Nous l'avons
presque présenté comme doué d'une originalité
quelque peu indocile, d'une verve presque in-
disciplinée. Il avait, en effet, l'art de laisser
passer la parole vide ou fausse, et de se réfugier
très vite dans les impénétrables retranchements
de la conscience intellectuelle. Il choisissait les
maîtres, et, dans chaque maître, il choisissait
encore. Il était ainsi à la fois libre et docile. Il
sentait qu'il n'y a qu'un Maître absolu, et qu'aucun homme n'est ce maître-là. « N'appelez per-
« sonne sur la terre votre maître, dit l'Evangile,
« car il n'y a qu'un Maître, qui est le Christ. »
Mais pourtant, lorsqu'une parole vraie et une
juste leçon l'atteignaient, alors quelle attention,
quelle joie, quelle reconnaissance, quelle tendresse! Comme il saisissait bien le don, et
comme il s'en emparait pour toujours!

Il attirait, on peut le dire, par son universelle capacité et sa splendide intelligence, les leçons des vrais maîtres. Semblable, — mais plus courageusement docile, — semblable à ce jeune homme, de l'Évangile dont il est dit : « Jésus l'aima du premier regard » : *Jesus intuitus eum, dilexit eum*, lui aussi fut aimé, après un seul regard, des plus nobles esprits, qui se firent spontanément ses guides, et dont il n'oublia jamais aucune leçon.

Qu'on me permette d'en citer un exemple : il s'agit d'un souvenir de sa préparation au baccalauréat. Je retrouve dans ses papiers cette note écrite de sa main, en juillet 1849. Il avait dix-huit ans.

« Hier, j'étais au Luxembourg, travaillant la physique que je comprenais avec beaucoup de peine, quand je vis venir à moi un homme à cheveux blancs, portant sur ses traits l'empreinte d'une belle vieillesse. Il s'assit à côté de moi, essuyant son front découvert et me regardant fixement : « Jeune homme, me dit-il, « vous paraissez fatigué de votre travail, que « lisez-vous donc? » — « Je fus un instant surpris et assez mécontent de cette visite inattendue... Allais-je donc perdre mon temps à écouter quelque radotage?... Oh ! que je bénis ce temps perdu! Je montrai à mon visiteur mes livres de physique. Il les regarda tristement et me dit : « Prenez garde d'étudier mal les « sciences naturelles. Elles sont bien belles, « quand on sait en pénétrer l'esprit. Elles sont « nuisibles, quand on les prend à la légère. Un « peu de science éloigne de l'esprit et de Dieu, « beaucoup de science y ramène. Il faut tra- « vailler d'abord pour estimer la matière, pour « comprendre ce qu'elle a de beauté, de régu- « larité mathématique, d'obéissance absolue aux « lois. Et puis il faut travailler encore pour « comprendre combien elle est cependant peu « de chose. »

« Puis, s'élevant à des conceptions plus géné- rales, il se mit à me faire une théorie magni- fique des sciences dans leurs rapports avec la philosophie : il me parla des incertitudes de Descartes et de son école, des progrès de la science moderne, des inductions nouvelles que l'on tentera.

« Comme il flétrissait avec conviction le ma- térialisme grossier qui fait des spéculations intel- lectuelles un métier! Il me parla de ma position et de mon avenir. » « Le succès viendra de « vous seul, disait-il. Travaillez avec dévoue-

« ment. N'aimez pas le monde, n'aimez pas ses
« plaisirs. Si vous êtes riche, défaites-vous de
« vos richesses plutôt que de voir vos facultés
« absorbées par vos plaisirs. C'est un malheur
« que d'être né dans la misère, car la misère
« entrave l'esprit; l'âme souffre quand elle se
« doit mettre au service unique des nécessités
« du corps; mais c'est un plus grand malheur
« encore que d'être né dans l'opulence, car
« l'opulence c'est le règne du corps, c'est l'es-
« clavage de l'esprit. Il faut alors une révolu-
« tion pour vous sauver. »

« Il me parla de bien d'autres choses que j'ai
oubliées. J'étais vaincu par l'admiration, le respect, et ce je ne sais quoi d'antique et de ma-
jestueux qui se reflétait dans ce regard et dans
ces cheveux blancs. Il me quitta brusquement,
et s'éloigna en me disant de prendre courage,
de mettre à profit ma jeunesse, et de me consacrer au service de la vérité.

« Je ne le perdis pas de vue, il entra au
Collége de France, où l'on m'apprit que ce vieillard était M. Biot. »

C'est de la même manière qu'il lui fut donné
d'attirer le Père Lacordaire, lequel aussi l'aima
du premier regard, et qui fut son principal

maître, et fit de cet enfant son fils, son ami et son héritier (1).

Citons maintenant, c'est le lieu, quelques exemples des leçons que le Père Lacordaire lui donnait.

Voici d'abord la première de toutes, celle par laquelle ce maître conquit son disciple.

Henri Perreyve, à dix-neuf ans, suivait assidûment, depuis six ans, les conférences de Notre-Dame; mais il ne s'était jamais fait présenter au Prédicateur. Il fut toujours très réservé et redouta toujours l'indiscrétion. Dirai-je qu'ici il craignait encore autre chose, et pressentait une influence trop dominatrice?

Un jour enfin, il fut conduit chez le P. Lacordaire par des amis, mais ne put rester qu'un instant, pendant lequel le Père paraissait occupé. Mais le P. Lacordaire l'avait vu : tout était dit. Or quel fut, peu de jours après, l'étonnement et l'émotion de l'étudiant, lorsqu'il vit entrer dans sa chambre l'illustre dominicain !

______

(1) Il lui légua tout ce qu'il possédait en propre, ses mémoires, ses manuscrits, tous ses papiers, le constituant ainsi l'héritier de ses pensées et de ses convictions. L'abbé Perreyve a légué les mémoires à M. de Montalembert, et le reste à M. Foisset, qui prépare une vie du P. Lacordaire.

« Mon enfant, lui dit-il, je vous ai mal reçu; je
« viens vous demander pardon et causer avec
« vous. »

Il lui donnait pour première leçon l'enseignement de la bonté. L'indiscipliné jeune homme
fut conquis, et devint en peu de temps disciple,
fils et ami.

Cet enseignement de la bonté, le maître le
répéta souvent. Henri Perreyve avait par-dessus
tout le sens du beau et l'amour du beau; mais
il semblait d'abord, en théorie, ne pas comprendre la relation de la beauté à la bonté, et,
en pratique, ne pas chercher avant tout la
bonté.

« Je suis de votre avis, lui écrivait alors le
« P. Lacordaire; la beauté seule émeut jusqu'au
« fond de l'âme; mais vous avez tort d'opposer
« la beauté a la bonté : il n'y a pas de beauté
« sans bonté. Le beau est l'harmonie du bien
« et du vrai dans une même chose, la splendeur
« confondue de l'un et de l'autre; et si vous
« rencontriez un visage où la rectitude des
« lignes et la grâce des contours fussent par-
« faites, mais sans une expression de bonté
« quelconque dans les yeux et les lèvres, ce
« serait la tête de Méduse. La bonté, il est vrai,

« peut ne pas arriver jusqu'à la beauté ; celle-ci
« suppose une certaine splendeur, et, en ce
« sens, la bonté toute seule n'émeut pas jus-
« qu'au ravissement (1). »

Voilà pour le côté spéculatif de la question.
Un autre jour il lui donne cette leçon personnelle et pratique : « Par-dessus toute chose,
« soyez bon ; la bonté est ce qui ressemble le
« plus à Dieu, et ce qui désarme le plus les
« hommes. Vous en avez des traces dans l'âme,
« mais ce sont des sillons que l'on ne creuse
« jamais assez. Vos lèvres et vos yeux ne sont
« pas encore aussi bienveillants qu'ils pour-
« raient l'être, et aucun art ne peut leur donner
« ce caractère que la culture intérieure de la
« bonté. Une pensée aimable et douce à l'égard
« des autres finit par s'empreindre dans la
« physionomie, et par lui donner un cachet
« qui attire tous les cœurs. Je n'ai jamais
« ressenti d'affection que pour la bonté ren-
« due sensible dans les traits du visage. Tout
« ce qui ne l'a point me laisse froid, même
« les têtes où respire le génie ; mais le pre-
« mier homme venu qui me cause l'impression

(1) Lettre du P. Lacordaire du 2 février 1854.

« d'être bon, me touche et me séduit (1). »

Le disciple, qui d'ailleurs sur ce point ne ré-
sista jamais, fut pleinement convaincu, et il
louait plus tard, comme étant la véritable et
définitive analyse philosophique du beau, cette
assertion sur la beauté de la figure humaine :
« La beauté, comme la lumière du jour, où la
« science saisit trois rayons, la beauté se com-
« pose de ces trois rayons nécessaires : *courage*,
« *intelligence, bonté*. La suppression de l'un
« des trois ôte la beauté ; leur réunion la cons-
« titue. » Et c'est ce qu'il portait dans l'âme ;
et sa vie, en effet, fut le développement des
trois rayons. Par nature, il avait avant tout
le courage, et puis l'intelligence, puis la bonté.
Par culture et par grâce de Dieu, il développa
par-dessus toute chose la bonté, et fit servir à la
bonté et à l'amour des hommes tout son courage et son intelligence entière. On peut le dire,
il se développa en grâce et en beauté devant
Dieu et devant les hommes, jusqu'à son dernier
jour. Mais combien tout cela était vrai, et
combien était franche et pure cette croissance
en beauté ! Ne craignez pas qu'il ait jamais

(1) Lettre du P. Lacordaire du 22 avril 1852.

cherché à être beau, ni qu'il ait, prenant à la
lettre la parole du P. Lacordaire, prétendu
donner « à ses lèvres et à ses yeux par la culture intérieure de la bonté, toute l'expression de
bienveillance qu'ils pouvaient avoir. » Ni pour
ses yeux ni pour son âme, il ne chercha jamais
l'éducation artificielle ni la perfection calculée.

La vraie vertu, comme l'amour vrai, dit la
sagesse chrétienne, consiste surtout à ne pas
s'enfermer en soi-même, mais bien à s'élancer
hors de soi vers son but. S'élancer hors de soi
vers l'œuvre, vers le devoir, vers le salut du
monde, vers Dieu, c'est bien là ce qu'il fit. Et
c'est là ce que lui apprit l'éducation que Dieu
même lui donna dans ces austères préparations
à la mort qu'il dut traverser plusieurs fois à
dix-huit ans, à vingt-trois ans et à vingt-six,
sans parler de la préparation suprême. « L'ha-
« bitude d'être malade et de penser à la mort,
« écrivait-il, (1), m'a rendu très-disposé à aimer
« les hommes. Cela ne fait peut-être pas à tout
« le monde le même effet; mais il me semble
« que, la vie étant chose si frêle et si courte,
« il faut du moins ne pas l'employer à se haïr;

(1) 23 août 1855.

« et que, la mort nous épiant à chaque pas, il
« faut se mettre en mesure de quitter le monde
« en ami. Du reste je n'ai pas de peine à aimer
« les hommes, et le contraire serait de ma part
« une détestable ingratitude. Je suis étonné
« chaque jour de la somme de bienveillance,
« de bonté, d'amitié, que des gens inconnus
« me témoignent ; et si j'ai un regret, c'est de
« me sentir très indigne d'un sentiment aussi
« favorable. »

Mais ce qui montre son âme entière, et tout
ce que la mort vue en face, et traversée en
quelque sorte, avait mis dans son cœur et dans
son esprit d'amour et de bonté, c'est cette page
admirable intitulée *le Retour à la vie*, que nous
citerons tout entière en son lieu, et où le divin
Maître dit :

« Mon fils, ce n'est pas pour toi que tu viens
« de recevoir le don renouvelé de la vie.

« Cette vie qui t'est rendue, tu la dois aux
« hommes pour ma gloire.

« La mort, même seulement pressentie, met
« tout à coup dans une très vive lumière l'ex-
« trême simplicité des choses : les détails dis-
« paraissent ; il ne reste présent à l'âme que
« le salut du monde et Dieu.

« Tel est, mon fils, l'enseignement sacré de la
« mort. Heureuses les âmes qui, l'ayant reçu
« et revenant à la vie, n'en conservent pas en
« vain le souvenir ! »

Henri Perreyve, à dix-huit ans, reçut, pour
la première fois, cet enseignement de la mort,
et, dès son premier retour à la vie, il avait tout
compris, tout retenu. Il était décidé, avec réflexion maintenant, et en toute connaissance, à
suivre Jésus-Christ comme ouvrier, et à donner
sa vie au salut du monde et à Dieu.

CHAPITRE II.

HENRI PERREYVE. — VOCATION.

I

Le grand acte ou plutôt l'unique événement
de sa vie, disons-nous, fut le choix d'une carrière. Je n'aurais pas dû dire : *le choix*, car
jamais il n'y eut de choix. Sa vocation sacerdotale fut absolue, sans hésitation depuis l'âge
de douze ans, et sans un seul jour de regret
jusqu'à son dernier jour. Jamais il ne conçut
un autre emploi de sa vie. Il voyait dans le
sacerdoce (et il voyait cela en toute lumière et
profondeur) la voie sans comparaison la plus
haute, la plus noble, la plus utile et la plus
belle dans tous les sens, que l'homme puisse
suivre sur cette terre. Il croyait qu'aujourd'hui

surtout, dans ce périlleux passage que traversent l'Europe et le monde, les plus nobles courages et les plus vigoureux esprits devraient s'inscrire en plus grand nombre dans la milice de Dieu. Encore adolescent, il y exhorte ceux qu'il aime par les plus saisissantes raisons. Et, grâce à Dieu, il les exhorte aujourd'hui encore, et les exhortera longtemps par son exemple et par le feu sacré répandu, sur ce sujet même, dans ses écrits et dans ses lettres. Quant à moi, je n'épargnerai rien pour donner à ce feu toute sa flamme, et pour en embraser, si je puis, plus d'un cœur.

Répétons-le, ce n'est vraiment ni de sa personne, ni de sa louange qu'il s'agit, mais des splendeurs de Dieu dans les âmes attirées au ministère évangélique. Ces divines forces, au fond, sont les mêmes dans les plus humbles des soldats du Ciel. Mais il en eut si bien dans l'âme la poésie, l'intelligence et l'enthousiasme, qu'on aime à les montrer et à les étudier en lui.

Ecoutez ces premiers mots de son Testament :
« Je meurs, dit-il, dans le sein de l'Eglise « catholique, au service de laquelle *j'ai eu le* « *bonheur de me consacrer à douze ans...* » Et il disait dans ses derniers jours : « Si Dieu me

« rappelait à la vie, je voudrais entrer davan-
« tage dans l'âme du sacerdoce. »

Je retrouve encore ces paroles qu'il écrivait
à vingt et un ans : « Je ne me rappelle pas avoir
« éprouvé un seul doute sérieux au sujet de ma
« vocation depuis peut-être huit ou neuf ans. »

La lettre suivante, écrite, à la veille de son
diaconat, au prêtre qui lui avait fait faire sa
première communion, raconte la première origine de sa vocation sacerdotale. On verra, par
cette lettre et par celle qui suit, qu'il portait
dans l'âme ce que l'on peut appeler les deux
racines de la vocation : d'une part la piété virginale qui se donne à Dieu par tendresse, de
l'autre la clairvoyance et le courage viril qui, à
la vue des souffrances humaines et de la lutte
terrible du bien et du mal sur la terre, se fait
soldat de Dieu, et s'inscrit avec enthousiasme
pour combattre jusqu'à la mort.

                          « 29 mai 1857.

« Vous savez que je rattache toujours à ma
première communion le premier appel de Dieu
au sujet de ma vocation ecclésiastique. C'est
une pensée qui m'est bien heureuse !

« Je vois encore, comme si c'était hier, ce
moment béni où, venant de recevoir Notre-Seigneur à la sainte table, je retournai à ma place,
et là, agenouillé sur ce banc de velours rouge
que je vois encore, je promis à Notre-Seigneur,
dans un mouvement d'amour bien sincère, de
lui appartenir pour toujours, à lui seul. Je sens
encore l'espèce de certitude que j'eus dès ce
moment d'être accepté. Je sens la chaleur de ces
premières larmes, qui tombèrent pour l'amour
de Jésus de mes yeux d'enfant, et l'ineffable confusion d'une âme qui, pour la première fois, a
parlé à Dieu, l'a vu et entendu. Intimes et profondes joies des fiançailles sacerdotales! Avec
quel respect et quel amour j'ai gardé ce souvenir, aujourd'hui que Dieu a daigné confirmer
ces promesses et réaliser le vœu de mes douze
ans! Ah! cher monsieur, cher ami, le croiriez-
vous? ce bien-aimé souvenir m'a donné un sentiment que j'appellerais volontiers la supers-
tition de la première communion. Il me semble
que presque toute la vie dépend de ce jour-là;
que ce jour-là on peut tout conclure avec Dieu;
que ce jour-là, comme me le disait un petit
ange de douze ans, on signe son éternité.

« Beau jour! beau jour que j'aime! Vous y

étiez, cher monsieur. C'est même vous dont Dieu s'était servi pour le faire si beau ! Aussi vous en ai-je gardé une immortelle reconnaissance. Laissez-moi donc, mais non pour la dernière fois, vous en redire encore l'expression, avec les assurances de ma respectueuse et bien tendre amitié. »

Mais le secret de cette vocation était resté enfoui dans son cœur comme un trésor, jusqu'au jour où, à dix-neuf ans, il le révèle à l'un de ses deux chers amis d'enfance par la lettre suivante.

« Florence, 18 mai 1850.

« Toi aussi, tu as donc senti le besoin d'un
« dévouement plus entier, d'un sacrifice plus
« grand?.... Toi aussi, tu as compris que dans
« le temps où nous allons vivre, ceux-là seuls
« seront des hommes utiles, qui auront fran-
« chement pris leur parti de l'abnégation et du
« combat. Toi aussi, tu as entendu la voix qui
« parle à ceux que Dieu choisit, et qui leur
« assigne leur poste. Dieu a voulu t'enrôler,
« toi aussi, dans l'armée qu'il se forme en vue
« de l'avenir. Ecoute, je te remercie de cette
« confidence. En même temps je m'accuse à toi

« d'une faiblesse. Le seul secret que j'aie gardé
« avec toi est celui là précisément que tu m'as
« si franchement confié. Depuis mon enfance,
« l'idée de me faire prêtre avait toujours habité
« dans mon cœur. Jamais cette idée n'en est
« sortie depuis ce temps, quoiqu'elle se soit
« quelquefois obscurcie. Mais cette année, ou
« plutôt ces deux dernières années, elle s'était
« réveillée plus forte et plus puissante, et j'ai
« profité de cette visite que Dieu m'accorde
« d'avoir faite si jeune au tombeau des Apôtres,
« pour déposer tout d'un coup ma vie entière
« entre les mains du Maître. J'ai prié Dieu de
« me faire tel qu'il veut que je sois pour sa
« plus grande gloire et la plus grande utilité de
« nos frères. J'ai fait serment de renoncer à ce
« qu'on appelle la tranquillité, le bonheur, les
« intérêts de ce monde, pour embrasser la vie
« de la lutte et du travail. En aurai-je la force ?
« Je ne sais : je l'espère toutefois, n'ayant placé
« qu'en Dieu mon point d'appui.

« Qu'une vie serait bien employée dans ce
« moment à combattre pour tant de vérités
« menacées ! Quelles causes furent jamais plus
« dignes de dévouement, ou plutôt que de
« causes en une seule, qui est celle de Dieu

« même ! Que de choses vont être décidées d'ici
« à peu de temps par la parole ou par le fer,
« mais en tout cas par le combat ! Oh ! ne lais-
« sons pas usurper notre place dans cette guerre
« nouvelle ; prenons hardiment notre parti ;
« nous sommes nés dans un temps que Dieu a
« prédestiné sans doute à bien des déchirements
« et des douleurs. Sachons donc d'abord ap-
« prendre à faire peu de cas de notre bien-être,
« et prévoyons avec confiance et courage le
« moment décisif. »

Celui qui, à Florence, au mois de mai, et à
dix-neuf ans, écrit ces lignes, et fait *serment
de renoncer à ce qu'on appelle le bonheur, pour
embrasser la vie de la lutte et du travail*, celui-là,
nous pouvons le dire, est un homme, un homme
qui marche, avec une force magnifique, vers la
plus haute beauté morale.

Mais voici que, quelques jours plus tard, il
répond à une nouvelle lettre de ce même ami
par le plaidoyer suivant en faveur de la vocation sacerdotale. Si l'on réfléchit que ces pages
sont presque d'un adolescent, on sera vraiment
étonné de ce qu'on y trouve, non pas seulement
d'éloquence, mais de sagesse, d'élévation et de
maturité, — sauf une lacune touchant la gran-

deur et la sainteté du mariage chrétien, dont il
ne parle pas ici (1).

« Florence, 6 juin 1850.

« Mon cher ami,

« Je reçois ta lettre du 30 mai. Elle m'annonce que tu m'as écrit déjà il y a peu de jours,
et je n'ai rien reçu! Je suis bien fâché de ne pas
lire ce que sans doute tu m'y écrivais de tes
résolutions nouvelles et de l'état de ton âme. Si
j'en juge par le billet que je reçois, tu es agité,
souffrant même, et cela me remplit de tristesse,
n'étant pas là, à côté de toi, pour dissiper tes
pensées noires, et te secouer un peu, s'il le faut,
par mes bêtises d'enfant. Mais je ne veux pas
tarder de répondre à ta demande. Elle est grave
et un peu effrayante. Tu me dis : « Crois-tu que
« je sois tel que Dieu veut ses serviteurs? Suis-je
« donc bien disposé pour l'état du sacerdoce?
« Ai-je la vocation? » Je veux te répondre avec
toute la franchise, toute la sincérité qu'exige
mon affection pour toi. Je te dirai d'abord, mon
cher ami, qu'entre tous les états que je puis
penser, celui-là, qui est celui du courage et du

______

(1) Lisez les *Mémoires d'une Sœur*, de Mme Craven.

dévouement, me paraît le mieux fait pour les besoins et les tendances de ton âme. Je crois que dans le monde tu serais malheureux, étant délicat de cœur, et peu résigné aux *vilaineries* des hommes. Les dons du monde ne sont pas ce que la plupart des gens les croient; ils recèlent, autant que j'ai pu le voir autour de moi, beaucoup de déceptions cruelles. L'ambition, l'amour du bien-être, l'amour du repos, l'orgueil du talent, le désir même de la médiocrité, sont trompés dans ce monde, et peu d'hommes parviennent à leur but. Il n'est pas jusqu'aux affections du cœur les plus pures qui trop souvent ne se tournent contre l'homme en amertume. En un mot, c'est, je crois, chose très rare que le bonheur, si par bonheur s'entend une vie facile, contente et honorée. Donc, changer de point de vue, vouloir autre chose que les misérables bonheurs du monde, dompter des passions qui vous trompent, et renoncer tout de suite à des illusions que tôt ou tard il faut quitter, cela me semble tout d'abord très sage, et, pour de certaines âmes que Dieu a déjà disposées d'avance, très facile. La tienne est assez élevée pour faire bon marché de ces misères. Je ne vois pas que ceux-là qui, autour de nous,

ont suivi la route de la joie et du monde aient
rencontré le vrai bonheur. Les voilà, malheureux, inquiets, et, dans ce temps d'incertitude,
en face des terribles combats qui se préparent,
n'ayant pas même à leur service cette dernière
ressource de l'homme dans les dangers : la liberté du sacrifice. Aussi sont-ils troublés jusqu'au fond de leur cœur, sentant trembler sous
leurs pas le sol où ils avaient semé toutes leurs
espérances. Heureux seront ceux-là qui ne seront pas alourdis par les choses de ce monde,
alors qu'il sera besoin d'activité et de liberté!
Je ne vois pas, pour ma part, mon bon Charles,
qu'il soit si dur de conserver cette précieuse
indépendance. Ce que je te propose, ce n'est
pas de mourir au monde, c'est d'y vivre libre.
Je ne vois pas, encore un coup, l'horreur du
sacrifice, quand on s'affranchit de l'esclavage.

« J'insiste un peu sur cette pensée que tu
pourrais trouver le bonheur, et le vrai bonheur,
dans l'état ecclésiastique, parce que la lettre
d'Eugène que tu m'as transcrite, m'a paru
exagérer un peu le côté austère et triste d'une
semblable résolution. L'amour de Dieu est
beaucoup plus encore l'expression de la vie que
l'expression de la mort. Les amours profanes

font mourir souvent à bien des vertus et à bien des dispositions généreuses. L'amour de Dieu réveille tout, ressuscite tout. Il détruit au contraire dans l'âme les germes de mort que le siècle vicieux y avait jetés. Il double la puissance de l'homme, en ne laissant en lui rien que que d'immortel. Persuade-toi de cette idée que, dans les temps où nous vivons surtout, ceux-là aimeront beaucoup Dieu, qui agiront beaucoup pour le bien des hommes et pour la vérité. De ce côté encore, ton cœur, que je sais ardent pour ce qui est noble, trouvera satisfaction dans l'accomplissement du conseil divin. Je te crois très bien fait pour le détachement des petits bonheurs de ce monde, et l'action dévouée, incessante, courageuse d'une âme libre pour le bonheur de ses frères et la gloire de Dieu.

« Je suis fâché, très-fâché, d'avoir l'air de réfuter auprès de toi ce qu'Eugène a écrit dans sa lettre. Je le sais beaucoup plus avancé que moi dans la voie de la vertu ; il y a en lui des semences de sainteté. Je l'aime beaucoup et je le respecte beaucoup, parce que, devant Dieu, il doit peser cent fois plus lourd que moi dans la mystérieuse balance qui mesure les vertus des hommes. Mais je ne puis m'empêcher de te dire qu'il est allé trop loin, à mon sens, à l'endroit de certains principes. La fameuse maxime que nous devons être dans les mains de Dieu comme un bâton, ou comme un cadavre, (1) ne peut servir, selon moi, qu'à rebuter les cœurs, en choquant la raison qui, après tout, elle

(1) Je connais trop les pensées de Henri Perreyve, sa prudence et sa modestie ordinaires, pour ne pas être certain qu'en parlant ainsi, il était bien loin d'entendre blâmer soit le mot de toutes les anciennes règles, *perinde ac cadaver*, soit le mot analogue (*sicut lignum aut lapis*) de la règle des dominicains, et des autres ordres religieux. S'il en avait eu la pensée, son respect seul pour le P. Lacordaire suffisait à l'en empêcher. En tout cas, son jugement et sa témérité de dix-neuf ans, sur ce sujet, n'auraient pas d'importance. Mais telle n'était pas sa pensée. Il savait que, là où elles sont entendues comme elles le sont, et appliquées sous des règles religieuses, connues et approuvées par l'Église, ces maximes d'obéissance absolue sont aussi vraies, aussi nécessaires, aussi nobles que celles de l'obéissance militaire, qui lance, contre la mort, les bataillons comme des masses matérielles. Ce qu'il blâmait, avec pleine raison, c'est l'abus, absurde et dangereux, que l'on fait trop souvent de ces maximes, hors de leur lieu, hors des cas définis *d'obéissance religieuse* ou *d'obéissance militaire*; c'est cette fausse spiritualité, véritablement destructive de la raison et de la liberté morale, que Bossuet traitait *d'anéantissement pervers*; ce sont ces méthodes ou plutôt ces abus *de direction*, dont j'ai vu des exemples coupables, où l'on prétendrait introduire l'obéissance passive du pénitent au directeur : abus que signalent et condamnent tous les vrais maîtres de la vie intérieure.

aussi, est un don de Dieu. Notre religion n'exige pas cela de ses ministres, et telle n'est pas l'absurdité de nos mystères, qu'il faille renoncer à sa sagesse d'homme et à sa raison pour les aimer. Pour moi, j'avoue que, si la perfection est là, non seulement je suis loin de la perfection, mais je n'aspire même pas à y arriver. Dieu, qui a souvent parlé à mon âme, ne lui a jamais commandé de s'abdiquer elle-même au point de renoncer « à savoir ce qu'elle fait ou « ce qu'elle dit, » pour ne vivre que par la pensée ou l'action divine. Crois-moi, ne t'arrête pas trop à ces mots qui partent d'un cœur enthousiasmé de sa propre ardeur, et qui messiéraient à des néophytes. Consulte à ce sujet des hommes éclairés, et qui auront mieux connu qu'Eugène le côté réel, positif, de la vie ecclésiastique. L'abbé Gratry t'en doit dire mille fois plus et mille fois mieux que nous tous. Tu apprendras d'eux, j'en suis sûr, que, pour être prêtre, on n'en est pas moins homme, et que l'on peut encore parler, agir, raisonner et penser après que l'on a voué sa vie au service de ses frères, dans l'amour du Père commun. Autrement la vie chrétienne serait effrayante, non pas seulement au point de vue de la faiblesse humaine,

mais au point de vue de la dignité humaine.
Et à mon sens elle ne l'est qu'au premier point
de vue. Je veux m'arrêter un peu sur cette
pensée, parce qu'elle doit correspondre intimement à une pensée de ton cœur. Tu t'es senti,
j'en suis sûr, très indigne d'une telle entreprise. Tu t'es considéré faible, pauvre en mérite, ayant à peine l'habitude de quelques
vertus, et tu t'es demandé, avec raison, comment, si peu riche en sainteté, tu oserais approcher de Celui qui fait « jeter dans les
« ténèbres extérieures ceux-là qui n'ont pas la
« robe nuptiale. » J'avoue que la vue de mes
misères me trouble souvent au point de me
décourager tout à fait. Je suis mauvais sous bien
des rapports, mon pauvre ami, et très-mauvais.
Je te fais cette confession (après bien d'autres)
pour te renforcer dans la confiance et l'espérance, toi que je sais meilleur et plus avancé que
moi. Et toutefois je n'ai pas perdu l'espoir, moi,
et j'ai confiance que Dieu, « qui tire le pauvre
« de la fange pour l'élever parmi ses élus, »
écoutera mes prières quelque jour, et me gué-
rira, quand j'aurai longtemps crié comme l'aveugle du chemin : « Jésus ! fils de David, ayez pitié
« de moi ! » Songe donc si tu dois avoir con-

fiance, puisque je ne désespère pas, et que, malgré les contradictions, les faiblesses, les lâchetés que tu me connais, ouvertement, sans rougir, je te dis : « J'ai dessein de me faire « prêtre. » Est-ce une erreur de ma part? Suis-je un peu fou à l'endroit de mon avenir? Cette voix que j'ai cru entendre tant de fois n'est-elle qu'une illusion? J'en repousse le soupçon comme une tentation de l'esprit mauvais. Espérant tout de Celui qui pouvait sauver tout le monde d'une goutte de son sang, je m'efforce et surtout j'ai résolu de m'efforcer à m'approcher de lui. Son secours ne me manquera pas. Cette raison qui m'a souvent consolé et rassuré doit te rassurer aussi, et empêcher que cette vie du sacerdoce t'apparaissant trop difficile et trop rebutante pour les côtés généreux de ton âme, tu ne méprises peut-être une excellente inspiration envoyée par Dieu à un cœur qu'il choisit. Sans doute le fond de tout cela est une pensée grave, sérieuse, austère même à certains points de vue. Il faut renoncer à la joie des fêtes mondaines. Mais les aimons-nous beaucoup? Il faut renoncer aux joies de l'ambition. Mais combien y a-t-il d'orgueils satisfaits sur tant d'orgueilleux? Il faut renoncer aux joies de la famille. Mais le mariage n'a-t-il pas été défini par saint François « un certain ordre où, s'il y « avait un an de noviciat, il y aurait bien peu de « profès? » Et puis toutes les affections s'envolent-elles parce qu'on a donné à sa vie un but plus saint et plus sérieux? Pourquoi donc t'aimerais-je moins, pourquoi te serais-je moins dévoué, pourquoi ceux qui te connaîtront t'estimeraient-ils moins, à mesure que tu les servirais avec une charité plus désintéressée? Aimeras-tu moins l'étude, les livres, la méditation? N'y aura-t-il plus ni poésie, ni idéal pour toi, parce que tu auras approché de plus près la source de toute poésie et l'idéal par excellence? Perdras-tu ton droit et ta place dans la société, parce que tu seras plus dévoué à ses progrès? Seras-tu moins citoyen dans ta patrie, moins amant de la liberté et des améliorations de l'avenir, parce que tu seras serviteur de Celui qui a créé les hommes égaux, et que tu auras fondé toute ta vie sur l'Évangile, le code de tous les progrès à venir? Enfin je veux descendre encore dans les considérations terrestres. Perdras-tu ce que Dieu t'a accordé de talents, parce que tu les auras consacrés au ser vice de Celui qui est le principe de nos intelligences, et qui est le dispensateur de toute vertu? Evidemment non. Ce qu'il faut sacrifier, c'est ce qui nous humilie chaque jour, c'est ce qui nous abaisse, ce sont ces hésitations et ces trébuchements continuels entre le vice et le bien; ce sont ces petites attaches à notre valeur propre, qui tourmentent notre vie, nous rendent malheureux et ridicules; c'est ce vice de la volupté qui fait défaillir notre cœur de dix-neuf ans par le son même de son nom, et qui est l'ennemi de toute grandeur, de tout courage, de toute indépendance morale.

« Oui, voilà l'holocauste que Dieu nous demande. Voilà ce que j'ai tant de peine à arracher de mon âme pour le déposer au pied de la croix. Que te dirais-je donc encore, si ce n'est ce mot que Dieu semble mettre en ma bouche pour qu'il t'arrive avec l'autorité d'un ami : Courage et confiance! Ah! Je voudrais être fait comme toi pour les pensées du dévouement et de la vie sévère! Mais cela peut venir, cela viendra avec le secours de Dieu.

« Encore une fois, mon ami, ne t'effraye pas de la croix. Si lourde qu'elle soit, elle fatigue moins l'homme que les voluptés de la terre. Prends et porte, ou plutôt prenons et portons ensemble ce signe qui a été dans le passé, et qui doit être dans l'avenir le signe du triomphe du bien, de la justice et de la vérité. Je n'aurais pas voulu te parler le premier de mes desseins à ce sujet, car je sais combien ton âme est impressionnable, et je voulais que, si une telle pensée devait tomber sur ton cœur, il n'y eût aucun intermédiaire entre ton cœur et Dieu. Tu dois être content aujourd'hui de cette réserve; toi seul, tu as formé cette espérance. Je n'y suis pour rien que par la prière que j'ai faite à Dieu plusieurs fois, que par la joie que j'en ressens dans mon affection pour toi. J'allais céder enfin à cette gêne si pénible, qui faisait un secret entre nous deux, quand la Providence m'a prévenu dans ton âme. J'en suis heureux, et, ne t'ayant pas inspiré l'idée, j'ai le droit de t'exhorter à la suivre. Voilà pourquoi je me suis permis aujourd'hui avec toi ces graves conseils. »

II

Mais écoutez cette joie, cette confiance, cette assurance, et cette espèce d'ivresse qui éclate dans la lettre suivante, écrite lorsqu'il apprend qu'un autre de ses plus chers amis va suivre la sainte vocation.

« 1er juillet 1851.

« Je ne puis rester discret. La nouvelle
« qu'H... m'a apprise ou plutôt que j'ai devinée
« m'a rempli de joie. Je ne sais si j'ai le droit
« de vous parler de tout cela, avant d'en avoir
« reçu la confidence de vous-même. N'importe.
« Pardonnez-moi ou condamnez-moi, comme
« vous voudrez. Je vous embrasse comme un
« frère en Notre-Seigneur Jésus-Christ, c'est-
« à-dire avec toute la tendresse et toute l'effusion
« qu'il est possible. Je ne puis assez admirer
« les conseils de Dieu. Il nous a groupés par
« l'amitié avant de nous confier son œuvre ;
« nous avions un même cœur avant d'aspirer
« au même sacerdoce ; par là nous sommes
« véritablement une famille, même d'après le
« langage des hommes, et la volonté de Dieu
« n'a eu qu'à se manifester à un seul de nous
« pour que la lumière éclatât en des cœurs si
« fortement unis.

« Courage donc, bienheureux ami, vous por-
« tez nos vocations avec la vôtre : vous n'êtes

« que le premier d'une phalange qui chaque
« jour voit grossir ses rangs. Nous vous félici-
« tons comme on félicite celui qui a devancé
« tous les autres, et le premier qui a posé la
« main sur le but : nous vous entourons de
« notre joie, et nous vous suivons avec orgueil,
« parce qu'encore un coup votre victoire est la
« nôtre, et que nous serons sacrés avec vous.
« Il est vrai vous devez trembler, vous devez
« éprouver de mortelles tristesses, vous pleurez
« peut-être dans la solitude de votre cœur;
« mais ne prenez pas ces effrois pour des hési-
« tations. Non vous n'hésitez pas : je connais
« votre esprit, la fermeté n'y fait pas défaut,
« et l'irrésolution n'y doit trouver que peu de
« prise.

« Je veux voir, dans cet état de l'âme abattue
« et triste, cet effet singulier qui se manifeste
« toujours en nous à la veille d'un événement
« considérable de notre vie. Le bonheur même
« n'est pas exempt de ces craintes.

« Croyez-moi, il en est ainsi de vous. Notre
« pauvre nature craint les secousses et pleure
« de faiblesse, même quand c'est la main de
« Dieu qui la touche. Animez-vous de courage,
« ayez beaucoup de force, et ne prenez pas

« pour des incertitudes sérieuses ce qui n'est
« que la défaillance d'un cœur surpris de sa
« propre gloire, et succombant sous le poids
« de son bonheur. Non ; des rois ont pleuré
« le jour de leur sacre, et vous, au moment
« que vous faites votre premier pas dans la
« voie royale, vous devez éprouver les mêmes
« brisements de l'âme. Allez ; notre orgueil
« et notre joie doivent vous rassurer sur vous-
« même. Nous vous saluons de loin, et nous
« prions le Seigneur de vous donner à l'inté-
« rieur une puissance suffisante pour porter le
« fardeau d'un si grand honneur. Adieu. Tout
« notre cœur et toute notre confiance sont main-
« tenant à vous. Un jour, quand le triste ordi-
« naire de la vie sera revenu, nous vous deman-
« derons du courage pour nos faiblesses. Il n'y
« a place aujourd'hui qu'aux actions de grâce. Je
« suis votre dévoué serviteur en Jésus-Christ. »

Veuillez lire maintenant avec respect, je vous
le demande, cet épanchement de cœur et ces
élans de feu qu'il envoie à son bien-aimé Charles,
qui allait dire sa première messe.

« Hyères, 16 décembre 1857.

« Que le Seigneur soit avec vous !

« C'est la parole sacramentelle du diacre, la
« seule que j'aie le droit de t'adresser, mon
« bon ami et frère, devant les saints autels.

« Je te l'adresse du moins dans toute la
« plénitude de mon cœur, et dans toute la
« profondeur que comportent ces saintes paroles.

« Oui, que le Seigneur soit avec toi, cher
« frère !

« Avec toi ce matin, à l'autel de ta première
« messe, pour accepter tes promesses nuptiales,
« et répondre à tes serments immortels par
« cette réciprocité d'amour qui dépasse tout
« amour !

« Avec toi pendant tout ce grand jour, pour
« maintenir en ton âme le parfum du céleste
« encens, et l'odeur du sacrifice qui a commencé,
« mais qui, Dieu merci, n'a point de fin !

« Avec toi demain, pour te faire sentir que les
« joies du Seigneur ont quelque chose de la per-
« pétuité future, et qu'à la différence des joies de
« la terre, on peut les goûter toujours sans les
« épuiser jamais !

« Avec toi bientôt quand, après les ivresses
« sacrées, tu sentiras qu'il s'agit d'être prêtre
« pour les hommes, et que tu descendras du
« Thabor pour aller à ceux qui souffrent, à
« ceux qui ignorent, à ceux qui ont faim et soif
« de la vraie lumière et de la vraie vie !

« Avec toi dans tes chagrins pour te consoler !
« Avec toi dans tes joies pour les sanctifier !
« Avec toi dans tes désirs pour les rendre féconds !

« *Memor sit omnis sacrificii tui, et holocaustum*
« *tuum pingue fiat !*

« Avec toi, mon Charles, si tu es seul dans
« la vie; si notre amitié t'est ravie bientôt, si
« tu dois ne marcher qu'appuyé sur le bras du
« divin ami !

« Avec toi, jeune prêtre, avec toi vieilli dans
« les luttes du sacerdoce, et dans le service de
« Dieu et des hommes !

« Avec toi le jour de ta mort, qui ramènera
« sur tes lèvres, par la main d'un autre, ce
« même Jésus qui vient d'y être porté par tes
« mains tremblantes !

« O ami ! je réunis tout ce que mon cœur peut
« contenir de désirs heureux, de vœux, d'espé-
« rances ; je réunis tout cela dans un seul vœu :
« *Que le Seigneur soit avec toi toujours !* Ce sera

« ici-bas la vie d'un saint prêtre; un jour ce
« sera le ciel.

« Que le Seigneur soit avec toi !

« Mon Charles, bénis-moi ! Je t'embrasse ten-
« drement, et me sens avec toi pressé contre le
« cœur du divin Maître à jamais bien-aimé !

« Henri Perreyve. »

III

Maintenant, j'y consens, discutons cette audace avec laquelle il excite et pousse ses amis
au sacerdoce, cette confiance enthousiaste qui
lui fait dire à ceux qui semblent hésiter : « Non,
« vous n'hésitez pas ! » et à ceux qui sont
tristes : « Courage ! c'est l'excès de la joie dont
« vous êtes inondés. »

N'est-ce pas là le plus imprudent enthousiasme ?

Non. J'y vois, tout au contraire, la plus pru-
dente sagesse, et la plus lumineuse inspiration :
et j'en prétends tirer une importante leçon dont
nous avons presque tous besoin.

Je dis que la facilité parfaite avec laquelle on
embrasse toutes les autres carrières, tandis

qu'une sombre horreur glace les courages au seuil du sacerdoce, est un malheur, une illusion, et l'une des causes des retards du monde. Je dis qu'un grand nombre d'hommes meurent d'une manière entièrement inutile, qui eussent déployé pour le bien de leurs frères de riches, de nobles facultés, s'ils avaient su donner leur vie au dévouement sacré.

Si quelque chose est évident, c'est qu'il y a mille fois trop peu d'hommes consacrés à l'éducation religieuse et morale du genre humain. D'incalculables richesses morales se perdent, par toute la terre, faute d'ouvriers dans la moisson des âmes. « La moisson est grande, dit le « Christ, mais il y a peu d'ouvriers. » Cette absence d'ouvriers véritables est l'un des traits caractéristiques de l'histoire du monde jusqu'au siècle où nous sommes. Et c'est pourquoi tous les travaux humains, sans exception, sont en retard. « Priez donc le père de famille d'en-« voyer des ouvriers dans sa moisson. » C'est le premier besoin du monde; et c'est là ce qu'il faut demander à Dieu.

Je ne connais donc pas de plus sage enthousiasme que celui qui excite les hommes à devenir ouvriers de Dieu.

Il n'y a pas assez de prêtres, et il y a beaucoup trop de soldats, Or nul n'est prêtre malgré lui, tandis que la force et la loi, chez tous les peuples, obligent des milliers d'hommes, dans chaque génération, à se faire soldats malgré eux. Pourquoi plaint-on les prêtres et ne plaint-on pas les soldats?

L'homme qui choisit le travail sacré de la moisson de Dieu pour emploi de sa vie, choisit la meilleure part. Son ambition est, sans comparaison, la plus grande, la plus noble de toutes, et son œuvre la plus féconde et la plus nécessaire. Le monde nous trompe, quand il nous montre le sacerdoce sous un masque de mort, et tout le reste dans la gloire, la lumière et la vie.

Mais, dira-t-on encore, n'y a-t-il pas lieu d'hésiter quand il s'agit d'engager toute sa vie, et n'est-il jamais arrivé qu'une âme, soutenue d'abord par l'enthousiasme juvénile, ait conçu de mortels regrets de son irréparable sacrifice?

Eh bien! oui, regardons en face ce mortel sacrifice de la consécration à Dieu, dans la vie religieuse ou dans le sacerdoce. La pensée de ce sacrifice épouvante, comme la mort, le monde, la famille, l'amitié, et, par instants, elle remplit de terreur le cœur même qui en entrevoit la beauté.

Il est mort, s'écrie-t-on : il est perdu pour nous! Et que sera-ce, grand Dieu! si, au milieu ou à la fin de sa carrière, il vient à dire : « Je me suis trompé! » Mais n'y a-t-il donc aucun prêtre, n'y a-t-il aucune religieuse, qui ait fait en son cœur cet effroyable aveu : « L'ardeur d'une piété puérile nous a précipités pour toute la vie dans cet abîme dont le fond nous était inconnu. L'enthousiasme nous a trompés! »

Oui, plusieurs ont parlé ainsi, je l'accorde.

Mais, d'abord, y a-t-il plus de déception et de regret, dans le sacerdoce ou la vie religieuse, que dans toute autre direction de la vie, par exemple dans la vie dévouée du soldat, ou bien au foyer même de la famille?

Ecoutez ce qui suit :

Un jeune homme de vingt ans sort de Saint-Cyr, plein d'une énergie débordante et d'un impétueux courage. Un mois après, il assiste, brûlant d'enthousiasme, à sa première bataille. Il est blessé, reste couché par terre pendant trente heures; puis, amputé trop tard, il meurt à l'ambulance le surlendemain. Je l'ai connu, vous l'avez tous connu. C'est par milliers qu'ils meurent ainsi.

Le voilà donc sur le champ de bataille parmi les mourants et les morts, supportant un martyre plus cruel que celui de nos missionnaires. Il est miraculeusement épargné par les chevaux d'un régiment qui passe sur lui comme une tempête; et puis il est blessé une seconde fois par les trains d'artillerie qui suivent. Bercé, pendant des heures, dans ce sanglant sommeil par le bruit du canon, il s'aperçoit enfin du silence qui survient; il cherche à calculer le temps; il comprend que le jour s'écoule, que la nuit vient, et que tout espoir de secours est perdu. Que se passe-t-il alors en lui? Nous le savons. Avant tout il appelle sa mère, et les êtres aimés, et la vie méconnue. Il les appelle, ou dans son cœur, ou avec la voix, par des cris d'indicible douleur. Puis il roule en lui ces pensées : « L'enthousiasme et la gloire !... les « livres, la poésie, les récits militaires, les « uniformes éclatants !... et nous voici trente « mille, peut-être, couchés ici par terre dans « l'agonie !... Pour quelle cause ai-je donné « ma vie ?... Avais-je à défendre ma mère, ou « la France envahie ?... Pourquoi les hommes

« s'égorgent-ils?... Jusqu'à quand durera l'ins-
« titution publique de l'égorgement mutuel?...
« A quoi bon l'héroïque courage de ces deux
« cent mille hommes qui tout à l'heure cou-
« raient au sacrifice comme à une fête?... Ce
« n'est pas pour cela que Dieu a fait la vie... Des
« mots sonores nous ont trompés. Le monde
« s'est moqué de nous. L'enthousiasme dénué
« de sens nous a emportés comme le vent qui
« emporte des pailles... Et nous voici!... Et les
« autres continueront à s'égorger ainsi. »

Je vous demande combien de soldats en Europe, depuis dix ans, ont pensé ces choses en
mourant (1). C'est par cent mille qu'il les faut

(1) Il faut lire les *Souvenirs de Solferino*, cette saisissante
révélation d'un des plus sanglants champs de bataille de
notre siècle. Nous ne savons pas assez ce que c'est que le
lendemain d'une bataille.

Lisez ces quelques extraits :

« Le soleil du 25 éclaire l'un des spectacles les plus af-
« freux qui se puissent présenter à l'imagination. Le champ
« de bataille est partout couvert de cadavres d'hommes et
« de chevaux ; les routes, les fossés, les ravins, les buissons,
« les prés sont parsemés de corps morts, et les abords de
« Solferino en sont littéralement criblés. Les champs sont
« ravagés, les blés et les maïs sont couchés, les haies ren-
« versées, les vergers saccagés ; de loin en loin on rencontre
« des mares de sang..... le sol est jonché de fusils, de sacs,

compter. Et je demande combien de prêtres, pendant ces dix années, ont pensé qu'ils s'étaient trompés. Croyez-vous qu'il y en ait cent?

Que dire de ces légions de religieuses aujourd'hui plus nombreuses que jamais? Ces dévouées

« de gibernes, de gamelles, de shakos, de casques, de képis,
« de bonnets de police, de ceinturons.

« Les malheureux blessés qu'on relève pendant toute la
« journée sont pâles, livides, anéantis; les uns, et plus par
« ticulièrement ceux qui ont été profondément mutilés, ont
« le regard hébété et paraissent ne pas comprendre ce qu'on
« leur dit : ils attachent sur vous des yeux hagards; mais
« cette prostration apparente ne les empêche pas de sentir
« leurs souffrances; les autres sont inquiets et agités par un
« tremblement convulsif; ceux-là, avec des plaies béantes
« où l'inflammation a déjà commencé à se développer, sont
« comme fous de douleur : ils demandent qu'on les achève,
« et ils se tordent, le visage contracté, dans les dernières
« étreintes de l'agonie.

« Ailleurs, ce sont des infortunés qui non seulement ont
« été frappés par des balles ou des éclats d'obus qui les ont
« jetés à terre, mais encore dont les bras ou les jambes ont
« été brisés par les roues des pièces d'artillerie qui leur ont
« passé sur le corps. Le choc des balles cylindriques fait
« éclater les os dans tous les sens, de telle sorte que la bles
« sure qui en résulte est toujours fort grave; les éclats
« d'obus, les balles coniques produisent aussi des fractures
« excessivement douloureuses et des ravages intérieurs ter
« ribles. Des esquilles de toute nature, des fragments d'os,
« des parcelles de vêtement, d'équipement ou de chaussure,
« de la terre, des morceaux de plomb, compliquent et irri
« tent souvent les plaies du patient et redoublent ses
« angoisses.

célestes savent pourquoi elles vivent, pourquoi elles meurent aussi, lorsqu'elles succombent, dans le soin des pauvres, dans l'éducation des enfants, parfois autour des champs de bataille, ou dans les hôpitaux. Elles le savent, et c'est

« Celui qui parcourt cet immense théâtre des combats de
« la veille y rencontre à chaque pas, et au milieu d'une
« confusion sans pareille, des désespoirs inexprimables.
« . . . . Parmi les morts, quelques soldats ont
« une figure calme, ce sont ceux qui, soudainement frap-
« pés, ont été tués sur le coup; mais un grand nombre sont
« contournés par les tortures de l'agonie, les membres
« roidis, le corps couvert de taches livides, les mains creu-
« sant le sol, les yeux démesurément ouverts, la moustache
« hérissée, un rire sinistre et convulsif laissant voir leurs
« dents serrées.
« On a passé trois jours et trois nuits à ensevelir les ca-
« davres restés sur le champ de bataille; mais sur un espace
« aussi étendu, bien des hommes qui se trouvaient cachés
« dans des fossés, dans des sillons, ou masqués par des
« buissons ou des accidents de terrain, n'ont été aperçus
« que beaucoup plus tard; ils répandaient, ainsi que les
« chevaux qui avaient péri, des émanations fétides... Tout
« porte à croire que plus d'un vivant aura été enterré avec
« les morts.....
« Un fils, idole de ses parents, élevé et soigné pendant
« de longues années par une tendre mère qui s'effrayait à
« sa moindre indisposition; un brillant officier chéri de sa
« famille, qui a laissé chez lui sa femme et ses enfants; un
« jeune soldat qui, pour entrer en campagne, a quitté sa
« fiancée et presque toujours sa mère, des sœurs, son vieux
« père, le voilà étendu dans la boue, dans la poussière et
« baigné dans son sang : sa mâle et belle figure est mécon-

précisément pour arracher au désespoir, et peut-être à la mort, par centaines, leurs pauvres frères blessés.

Vous qui avez pleuré votre fille comme étant morte et ensevelie, le jour où elle a épousé

« naissable, le sabre ou la mitraille ne l'ont pas épargné;
« il souffre, il expire; et son corps, objet de tant de soins,
« noirci, gonflé, hideux, va être jeté tel quel dans une
« fosse à peine creusée, il ne sera recouvert que de quel-
« ques pelletées de chaux et de terre, et les oiseaux de proie
« ne respecteront pas ses pieds ou ses mains, sortant du
« sol détrempé et du talus qui lui sert de tombeau. On
« reviendra, on rapportera de la terre, on plantera peut-
« être une croix de bois sur la place où il repose, et ce sera
« tout ! . . . .
« Pendant les journées du 25, du 26 et du 27, que d'ago-
« nies et de souffrances ! Les blessures, envenimées par la
« chaleur et la poussière et par le manque d'eau et de soins,
« sont devenues plus douloureuses; des exhalaisons mé-
« phitiques vicient l'air, en dépit des louables efforts de
« l'intendance pour faire tenir en bon état les locaux trans-
« formés en ambulances, et l'insuffisance du nombre des
« aides, des infirmiers et des servants se fait cruellement
« sentir; car les convois dirigés sur Castiglione continuent
« à y verser, de quart d'heure en quart d'heure, de nou-
« veaux contingents de blessés. . . . . . Ici est un soldat,
« entièrement défiguré, dont la langue sort démesurément
« de sa mâchoire déchirée et brisée; il s'agite et veut se
« lever, j'arrose d'eau fraîche ses lèvres desséchées et sa
« langue durcie; saisissant une poignée de charpie, je la
« trempe dans le seau que l'on porte derrière moi, et je
« presse l'eau de cette éponge dans l'ouverture informe qui
« remplace sa bouche. Là est un autre malheureux dont

Jésus-Christ et refusé cet homme que vous aviez choisi, savez-vous les secrètes pensées de la femme qui a épousé ce même homme? Laissez-moi vous les dire : elles m'ont été racontées souvent. Les voici : « Si la jeune fille qui est

« une partie de la face a été enlevée par un coup de sabre :
« le nez, les lèvres, le menton ont été séparés du reste de la
« figure; dans l'impossibilité de parler et à moitié aveuglé,
« il fait des signes avec la main, et par cette pantomime
« navrante, accompagnée de sons gutturaux, il attire sur lui
« l'attention; je lui donne à boire et fais couler sur son vi-
« sage saignant quelques gouttes d'eau pure. Un troisième,
« le crâne largement ouvert, expire en répandant sa cer-
« velle sur les dalles de l'église : ses compagnons d'infor-
« tune le repoussent du pied parce qu'il gêne le passage, je
« protège ses derniers moments et recouvre d'un mouchoir
« sa pauvre tête qu'il remue faiblement encore. . . . .

« Ne me laissez pas mourir! » s'écriaient quelques-uns de
« ces malheureux qui, après m'avoir saisi la main avec une
« vivacité extraordinaire, expiraient dès que cette force fac-
« tice les abandonnait. Un jeune caporal, d'une vingtaine
« d'années, à la figure douce et expressive, nommé Claudius
« Mazuet, a reçu une balle dans le flanc gauche, son état
« ne laisse plus d'espoir, et il le comprend lui-même; aussi,
« après que je l'ai aidé à boire, il me remercie, et, les
« larmes aux yeux, il ajoute : « Ah! monsieur, si vous pou-
« viez écrire à mon père qu'il console ma mère! » Je pris
« l'adresse de ses parents, et peu d'instants après il avait
« cessé de vivre! Un vieux sergent, décoré de plusieurs
« chevrons, me disait avec une tristesse profonde, d'un air
« de conviction et avec une profonde amertume : « Si l'on
« m'avait soigné plus tôt, j'aurais pu vivre, tandis que ce
« ce soir je serai mort! » Le soir il était mort. . . . . . »

« près de sa mère savait ce que je sais, et con-
« naissait ce que peuvent recéler ces âmes, il
« n'y aurait pas dans le monde assez de cou-
« vents, pour nous y réfugier contre la possi-
« bilité de rencontrer de pareils désespoirs. »
Oui, nous le savons tous, ainsi parlent et pensent
aujourd'hui, par centaines, des âmes désespérées,
attirées dans l'irréparable souffrance par le nom
ravissant de l'amour, et par le nom sacré de la
famille.

Assurément ces désespoirs sont moins fré-
quents que l'amer regret du soldat, mais ils
sont beaucoup plus nombreux que les étranges
regrets, s'il en existe, des épouses du Christ,
ou des soldats de Dieu.

Que conclure cependant de ces faits? Faut-il
abolir la famille? Faut-il détruire l'armée (1)?
Non sans doute, mais il faut comprendre que
les regrets se rencontrent partout, mais là surtout où le monde ne les aperçoit pas.

---

(1) « Certes, s'écrie un grand évêque, je déplore ce mys-
« tère douloureux de la guerre, et je prie, chaque jour, afin
« qu'elle soit évitée, supprimée même, s'il se peut. Mais
« qui donc, en déplorant la guerre, n'admire pas l'armée? »
(*Oraison funèbre du général de Lamoricière*, par Mgr l'évêque
d'Orléans.

Oui, le sacrifice est partout, et s'il est cruel quelque part, et capable de nous écraser tout entiers, c'est lorsqu'on le rencontre horrible et sans compensation, là où l'on ne cherchait que la gloire, et où l'on n'attendait que le bonheur.

IV

Mais la féconde et grande leçon que je veux tirer de ceci, c'est qu'il est un autre emploi du courage et un autre emploi de l'amour. Certes, il ne s'agit pas de diminuer, sur notre terre, ni le courage qui brave la mort, ni l'amour qui fonde la famille. Il les faut augmenter, il les faut appliquer aussi à leur but le plus élevé, et les transfigurer. Et c'est précisément le sacrifice évangélique, le sacrifice sacerdotal, qui transfigure le tout.

Non, l'héroïque courage, si richement déposé par Dieu dans le cœur d'un si grand nombre d'hommes, n'aura pas toujours sur cette terre pour principal ou unique emploi l'égorgement de l'élite des hommes dans chaque génération.

Le sauvage ne connaît qu'une seule occupation qui soit digne de l'homme, la guerre à la tribu voisine. Mais nous qui commençons, par la pensée du moins, à sortir de la barbarie, nous savons autre chose. L'esprit contemporain s'élève à concevoir qu'il faut que la guerre diminue et que le travail croisse! Et l'on devient assez savant pour calculer qu'il n'y a pas trop d'hommes courageux, généreux, jeunes et forts pour combattre dans chaque nation la faim, la misère, l'ignorance, le vice, la maladie, l'iniquité spoliatrice, tous les maux sans cesse renaissants.

Mais il est une sagesse plus haute, qui voit la cause de tous ces maux, qui comprend que la terre est couverte de sang et de larmes, parce que les hommes ne connaissent pas Dieu, ni leur âme, ni la vertu, ni la vérité, ni l'amour. Cette sagesse voit, dans la plus éclatante évidence, que l'emploi suprême de la vie et le grand emploi du courage, est de tout braver, même la mort, pour éclairer les hommes, les enlever à la fureur de l'oppression, de la spoliation, de la destruction mutuelle, les conduire, s'il se peut, à la justice, à l'union et à la la bonté, et briser le filet satanique qui tient le genre humain captif.

Celui qui vit et meurt pour cela sait, à la dernière heure, pourquoi il a vécu. Il savait en entrant dans la vie, que la vie est très courte, qu'il faut la vendre chèrement, et qu'il faut aller au plus haut, au plus utile et au plus beau.

Et si c'est un homme de nos jours, qui soit arrivé jeune encore à connaître l'état contemporain du globe, le fond des mœurs, la racine des difficultés et la source des forces, il voit, comme dans la clarté du soleil, l'urgente nécessité, et, grâce à Dieu, la possibilité d'un grand progrès du genre humain. Mais il voit en même temps que le monde se trouve dans un très difficile passage; que le devoir de l'homme qui veille, est aujourd'hui toute autre affaire cessant, de transformer tout son courage et toute sa force en force et en courage évangélique pour aider, par le plus entier dévouement et le plus énergique effort, la marche périlleuse du vaisseau qui porte le genre humain.

Se figure-t-on ce qui s'ajouterait aux forces et aux ressources du monde, si l'on voyait s'opérer enfin, plus grandement, ce que j'appelle la *transformation du courage?*

Ah! si tout ce qui se dépense de force, de science, de courage, de génie, d'héroïsme, et de généreux sang dans une grande bataille, pouvait être appliqué selon la science, selon l'inspiration de Dieu, c'en serait assez, je le crois, pour transformer le monde entier.

Que sera-ce, quand l'immense et généreuse force du courage militaire qui brave la mort, sera, en très grande partie, employée selon la volonté de Dieu, non plus à l'extermination des hommes, mais à la lutte intrépide et dévouée jusqu'à la mort, contre les maux de toute forme qui accablent l'humanité?

N'avons-nous pas à faire cesser d'abord, sur le globe tout entier, en commençant par nous, la vie sauvage et la vie barbare? N'y a-t-il pas encore, sur notre terre, des tyrans et des monstres, qui écrasent les hommes comme on foule la vendange, et qui font ruisseler les larmes et le sang? N'avons-nous pas à cultiver et à peupler d'hommes libres toutes les parties de notre terre? N'avons-nous pas à cultiver ces parties mortes ou malades de la surface terrestre qui, à chaque instant, nous envoient le souffle empesté de la mort? N'y a-t-il pas des races nuisibles à supprimer dans le règne animal? N'y a-t-il pas aussi, parmi les hommes, des races nuisibles à dompter? Toute l'énergie des plus

nobles cœurs ne devrait-elle pas se tourner
dompter, en effet, non plus seulement par la
force, mais surtout par éducation et régénération, les mortels ennemis de la justice et de la
paix, répandus dans toutes les nations? N'y a-t-
il pas aussi, dans chaque nation, la plus courageuse vigilance à exercer contre toutes les
formes d'oppression et de spoliation qui ne
cessent, chaque jour, de renaître partout? Que
dire de la lutte régulière et absolument décidée
qu'il s'agit enfin d'entreprendre contre l'invincible fléau de la misère, cette exterminatrice
qui tue les faibles par toute la terre, et qui
maintient, pendant la vie entière, dans la souffrance et les larmes brûlantes, le tiers du genre
humain? Mais que dire de la lutte, plus nécessaire et plus urgente encore, qu'il s'agit d'ins-
tituer enfin, dans le monde entier, avec plus
d'ensemble, d'ardeur et d'espérance qu'on ne
le fit jamais, contre l'ignorance et le vice,
sources premières et principales de la misère et
de tous les maux? N'est-il pas temps aussi de
peupler d'ouvriers intrépides et d'explorateurs
clairvoyants les hautes parties de l'esprit humain, que la culture semble abandonner aujour-
d'hui, et qu'aussitôt les ténèbres de l'athéisme

et de la barbarie recommencent à vouloir envahir? Voilà, je crois, les objets du courage, et les obstacles que sauront attaquer et vaincre les armées saintes de l'avenir. Ces grandes impossibilités seront possibles, quand l'immense quantité de courage et de force, détruite par la fureur des guerres, se transformant enfin, comme Dieu le veut, s'appliquera au travail sacré.

N'avons-nous pas le droit, nous chrétiens, d'espérer ces choses, de les vouloir et de les demander, si longtemps après Jésus-Christ, lorsque nous les voyons conçues et annoncées par les Prophètes qui parlaient avant Jésus-Christ? N'avons-nous pas le droit d'exhorter tous nos frères au dévouement qui les accomplira, et, s'il le faut, au sacrifice qui les méritera? Que veut dire Isaïe, quand il parle de ceux qui *transformeront leur courage (mutabunt fortitudinem)*, et auxquels Dieu, en récompense, promet les ailes de l'aigle, et la force indomptable? Que prétend le prophète, quand il exhorte les nations à *transformer dans leur sein le courage (gentes mutent fortitudinem)*? Il veut ce qu'il annonce au début de son livre, à l'endroit où il prophétise Jésus-Christ; qui, dit-il, « doit

« apprendre aux nations à ne plus aiguiser le fer
« les unes contre les autres, mais à fondre le
« fer des épées et des lances pour en faire des
« charrues et des faux. » De bonne foi, est-ce
qu'il n'est pas temps, après vingt siècles d'Évangile, de comprendre ces évidences, quand nous
voyons ce prophète juif les déclarer sept cents
ans avant Jésus-Christ? Ne devrions-nous pas,
vraiment, être honteux de notre aveuglement,
de notre obstination à fouler aux pieds, sur ce
point, toute raison et toute religion? Et n'avons-
nous donc pas mille fois le droit, nous qui
sommes les soldats, trop faibles et trop rares,
de la guerre nouvelle et sacrée, d'appeler à
nous les soldats du vieux monde et de la vieille
guerre, nos braves et nobles frères, qui feraient
mieux que nous sans doute, mais qu'aujour-
d'hui encore un ancien dieu du vieil Olympe,
Mars, ami du carnage, conduit à la boucherie
par millions, écrasant ainsi, presque toujours
dans la stérilité, et souvent dans l'absurdité,
quelquefois dans le crime, les meilleures forces
du genre humain?

Revenons à Henri Perreyve. Je veux montrer
en lui ce que j'appelle la transformation du
courage.

V

Henri Perreyve est assurément l'un des êtres les plus courageux que j'aie jamais rencontrés dans ma vie. Le courage était le plus visible trait de son caractère. A tout âge, dès sa première enfance, il courait droit sur tout danger. Dès son enfance, il savait souffrir de vives douleurs sans se plaindre jamais. Nous l'avons vu plusieurs fois, sans parler de ses derniers jours, en présence de la mort, et le sachant. Je n'ai jamais rien vu d'aussi simple et d'aussi résolu. Je cite, comme l'expression absolument vraie de son état d'âme, ces billets au crayon qu'il m'écrivait se sachant très gravement atteint :

« Mon bon père, je suis toujours souffrant,
« mais jusqu'à présent sans danger. Je suis
« content d'expier mes fautes, et Notre-Sei-
« gneur me donne la vraie et importante lu-
« mière. Tout ceci sera donc bon, soit pour la
« mort, soit pour la vie. »

Et quelques jours après :

« Je ne suis pas très bien, sans qu'il y ait
« aucun danger actuel. Priez pour moi, et

« demandez à Notre-Seigneur de ne me laisser
« en ce monde que si je dois y travailler à sa
« gloire, et y faire mon salut. »

Mais pourquoi se trouvait-il alors en danger
de la vie, plus qu'il ne le disait? C'est précisément par suite d'un acte de courage, poussé
jusqu'à la plus imprudente témérité.

Sa première maladie, qui a décidé de toute
sa vie, est due, sans doute, à des efforts trop
grands pour son âge et ses forces. Pendant que,
sa vocation déjà déclarée, il travaille avec excès
tantôt le droit par obéissance pour son père, et
surtout la philosophie et la théologie par goût,
voici que les journées de juin éclatent, et rien
ne peut l'empêcher à dix-sept ans, malgré son
frêle tempérament, de prendre le fusil, de se
tenir partout à côté de son père, et de faire un
service réel, de jour et de nuit, pendant cinq
jours (1). En même temps il s'était réuni aux

(1) Cet enfant de dix-sept ans écrivait à cette occasion la
lettre suivante :

« Paris, le 7 juillet 1848.

« Monsieur et bien cher ami,

« J'ai reçu votre bonne lettre avec autant de reconnaissance que de plaisir. Aujourd'hui que chacun cherche à
reconnaître ses amis et ses parents pour s'assurer qu'ils

jeunes gens qui instruisaient alors les enfants pauvres du quartier Mouffetard. Il est chargé de l'instruction religieuse. Tous ces efforts dé—

n'ont pas succombé dans la lutte, une lettre, c'est une grande marque d'affection, et j'ai reçu la vôtre avec la joie que procure, de la part d'une personne amie, chaque signe de souvenir.

« Puisque vous avez la bonté de témoigner tant d'inquiétudes pour moi et notre famille, je commencerai tout d'abord par vous rassurer. Mon père et moi nous avons marché tous les jours et même toutes les nuits de la lutte, sans recevoir une seule blessure. Ce n'est pas cependant l'occasion qui nous a manqué, et à chaque instant, devant nous ou à nos côtés, nous voyions tomber les soldats de la ligne ou des gardes mobiles. Ce sont eux que visaient surtout les insurgés, comme sans doute étant les plus redoutables au combat. Toutefois notre légion a eu bien des morts à pleurer. On peut, je crois, les évaluer à 40 à peu près, entre autres M. le chef de bataillon Masson, avoué, homme estimé de tous ceux qui l'approchaient. Je ne vous ferai pas, monsieur, le récit de nos campagnes, les journaux ont retracé dans leurs feuilles tous les épisodes de cette terrible guerre, mais soyez sûr que ni Saint-Sulpice, ni même notre quartier, n'ont eu rien à souffrir. Tout était concentré dans le faubourg Saint-Marceau, et c'est là que notre légion a été envoyée. Je n'y étais pas seul de mon collège et de ma classe (lycée Saint-Louis, Rhétorique). Il y avait beaucoup d'entrainement.

« J'ai été savoir des nouvelles de M. Barch. Il se porte bien, quoiqu'il ait été sous les armes durant tout le temps de l'insurrection. On m'a dit qu'en revenant chez lui il regardait comme un malheur de n'avoir pas reçu quelque honorable blessure. Il est bien vrai que si l'on pouvait conduire soi-même la balle, une blessure, après un tel combat, terminent un cruel vomissement de sang, et mettent sa vie dans un extrême danger.

Il en souffre pendant un an, mais après cela est quelque chose de précieux. Vous voyez donc, monsieur, que les nouvelles sont bonnes pour nous; mais, hélas! Paris a bien souffert de cette terrible lutte. La semaine dernière on ne voyait que services funèbres et convois; hier a eu lieu la cérémonie publique qui consacrait la gloire des victimes. Un immense autel recouvert de draperies argentées, soutenu par de hautes colonnes, et surmonté d'une croix voilée, s'élevait sur la place de la Concorde, en face de la grande allée des Champs-Élysées. Tous les corps de l'État assistaient au sacrifice; des régiments de l'armée, les légions de la garde nationale de Paris, les gardes nationales des départements, la garde mobile, couvraient la vaste place, et le recueillement profond, parce qu'il était vraiment triste, n'était interrompu que par les sourds battements des tambours couverts de crêpe et par les chants religieux exécutés par un nombreux orchestre. Cette place de la Concorde si vaste et si belle, cette immense avenue des Champs-Élysées pleine de troupes et de casques étincelants, la Chambre des députés toute tendue de deuil ainsi que la Madeleine, tout cela, joint à un soleil superbe et à une journée resplendissante, présentait le plus beau contraste entre l'aspect joyeux du temps, la verdeur de la nature, l'éclat d'une armée et le triste appareil d'une cérémonie funèbre. A l'élévation de l'hostie, toute cette multitude a mis un genou en terre, les tambours battaient aux champs, les chœurs chantaient, toutes les cloches de la ville sonnaient à grandes volées : le spectacle était sublime. Il faut avouer que, si notre capitale est horrible à voir le jour du combat, elle est bien grande et bien belle le jour de la victoire et du triomphe! Pardonnez-moi, cher monsieur, ces réminiscences de mes impressions d'hier; vous avez sera-t-il plus prudent ? Nullement. D'autres excès de travail et d'activité ramènent à vingt-trois ans le même mal et le même danger. La nature, de nouveau, lutte pendant un an pour lui rendre la vie. Il renaît, et se remet aussitôt

toujours écouté avec tant de bienveillance mes récits et mes pensées, que je vous demande encore grâce pour celle-ci.

« Aujourd'hui l'on enterre Mgr Affre, une de nos plus grandes gloires, avec les généraux Négrier et de Bréa. Que de dévouements, que de courages, que d'abnégations notre guerre civile a enfantés ! et Dieu n'a-t-il pas voulu, par ce coup terrible qu'il a porté à notre patrie, nous réveiller du sommeil qui nous tenait depuis si longtemps ? S'il en est ainsi, nous bénirons encore cette guerre, qui, en faisant tant de victimes, a peut-être élevé un holocauste de paix vers le ciel ; qui, en faisant tant de morts, a peut-être ressuscité bien des âmes au courage et à l'honneur. M. de Lamartine a dit dans ses *Girondins* : « Une nation ne doit pas regretter son sang quand il a coulé pour faire éclore des vérités éternelles ! »

« Vous voyez, monsieur et cher ami, que je prends notre époque bien en philosophe. C'est anticiper un peu sur la classe que je vais faire l'année prochaine. Au fait, si on me refuse le droit de philosopher cette année, j'aurai toujours, pour m'élever au-dessus des événements, cette autre philosophie qui est la religion, et qui, pour être moins obscure et moins abstraite que la première, n'en est pas moins riche en consolations et moins féconde en dévouements. Vous avez été mon premier maitre en cette science-là, et c'est pourquoi, en pensant à vous, j'aurai toujours en mon cœur un sentiment bien vif de reconnaissance ; permettez-moi d'ajouter, et d'amitié. »

à l'œuvre avec ardeur, et le voici bientôt, en
1857, à vingt-six ans, appelé à faire un grand
pas vers le sacerdoce, à recevoir le diaconat.
Il s'enferme pour la retraite préparatoire au
séminaire de Saint-Sulpice.

Mais qu'arrive-t-il? Le second jour de ces
très fatigants exercices, il est saisi de la terrible
congestion de sang à la poitrine. C'est la menace
de mort, qui peut, de quart d'heure en quart
d'heure, éclater par un flot de sang. Que va-t-il
faire? Il se tait, et il continue, sous la perpétuelle menace de mort, pendant cinq jours,
tous les exercices jusqu'au bout. A force d'é-
nergie il arrive à l'ordination. Couché par terre
au moment du prosternement solennel, il mord
son mouchoir teint de sang. L'ordination finie,
il ne lui reste plus que le temps de se livrer au
chirurgien. On le saigne; il fait encore une
maladie d'un an. Mais il est diacre. Quelques
jours après, j'apprends de lui l'événement par
la lettre suivante :

« Mon bien excellent et très cher père, voici
« ce que vous ignorez. Le second jour de ma
« retraite au séminaire de Saint-Sulpice, j'ai
« été saisi d'une congestion à la poitrine. Je me
« suis dit : Si je sors d'ici avant l'ordination,

« je ne serai pas diacre. Or je veux et dois l'être.
« Alors je suis resté au séminaire, et n'ai point
« quitté les exercices de la retraite. Samedi
« dernier, après l'ordination, j'étais absolument
« à bout de forces. Je n'ai eu que le temps de
« me mettre au lit, où de suite on m'a saigné.
« Aujourd'hui mercredi j'étouffe moins. L'un
« des jours de la retraite où j'étais fort consterné,
« je vous écrivis quatre pages... mais en remet-
« tant la lettre à la personne qui devait la porter
« j'eus un remords : car je me plaignais dans cette
« lettre. Je la saisis donc et je la déchirai.

    « Enfin je suis diacre ! Vous verrez que j'ar-
« riverai ainsi, à force de bonne volonté, peu
« à peu, jusqu'au sacerdoce. *Introibo ad altare*
« *Dei*. J'espère y porter un cœur bien enivré
« de l'amour de Dieu et des hommes ! »

Oui, il y arriva. Et en ce jour, le plus grand
de sa vie, il demanda trois choses :

D'être un prêtre humble ;

De ne jamais commettre de péché mortel ;

De donner son sang pour Jésus-Christ.

Voilà la transformation du courage. Ses trois
grandes luttes contre la mort l'avaient aguerri.
Or, si nous voulons connaître le fruit de son
expérience sur ce point, le but auquel son cou-

rage transformé s'appliqua, lisons ensemble ces nobles pages intitulées le *Retour à la vie*.

Pour faire connaître ce qu'il fut, j'ose citer ce qu'il a écrit; c'est parce que je sais qu'il n'a jamais rien dit, ni rien écrit, sans l'avoir expérimenté, voulu, senti. Parmi les hommes qui ont la foi dans l'âme, il y a de tels écrivains, vrais jusque dans le détail de leur style ! Voyez donc l'état de cette âme dans les paroles suivantes, que je trouve dans le livre dont il dit lui-même : « Ce dont il parle a été souffert « avant d'être écrit. »

Le Retour à la vie.

« Mon fils, ce n'est pas pour toi que tu viens « de recevoir le don renouvelé de la vie.

« Cette vie qui t'est rendue, tu la dois aux « hommes pour ma gloire.

« Que si, étonné de la grandeur de cette pa- « role, tu t'efforces de la restreindre en me « demandant à quels hommes tu dois ta vie, je « réponds, mon fils, que tu la dois à tous les « hommes.

« Un chrétien est un homme universel, qui a
« des droits certains et exceptionnels à s'occuper
« des affaires du monde.

« Un chrétien est un homme qui toute sa vie
« prononce cette prière : « Père, que votre règne
« arrive ! que votre volonté soit faite sur la terre
« comme dans le ciel ! »

« Qu'est-ce à dire, mon fils, si ce n'est que le
« chrétien surveille incessamment toute la terre,
« et prie pour elle ?

« L'Apôtre l'avait compris quand il disait aux
« chrétiens de son temps : « Frères, il nous
« faut d'abord prier pour tous les hommes. »
« Et quand, prenant un cœur universel, capable
« d'embrasser et d'enfermer le monde, il pro-
« testait que personne ne souffrait ni scandale,
« ni faiblesse, ni persécution, qu'il ne les souf-
« frît lui-même, ajoutant que son âme se con-
« sumait chaque jour dans la sollicitude de toutes
« les âmes sur toute la terre.

« Il l'avait compris encore, cet autre de mes
« docteurs, qui, parlant du prêtre, n'a pas craint
« d'écrire : *qu'il est préposé à la garde du monde
« entier*, et qui, montrant dans le prêtre le chargé
« d'affaires de tous les hommes, et non seule-
« ment de tous les vivants, mais de tous les

« morts, a osé dire : « L'univers est confié à ses
« mains. »

« Or ceci, mon fils, est vrai de tout chrétien.

« La mort, dont tu as senti les approches,
« est souvent le langage dont je me sers pour
« faire entendre à mes fils cette grandeur de
« leur vocation.

« La mort, même seulement pressentie, brise
« les liens étroits, étend le cercle des pensées,
« des aspirations, de l'amour. Elle rapproche
« les temps, elle efface les distances, elle rape-
« tisse beaucoup la terre, elle rétablit la relation
« fondamentale de tous les hommes entre eux ;
« elle montre tout à coup, dans une très-vive
« lumière, l'extrême simplicité des choses : les
« détails disparaissent, tout ce qui mourra pâlit ;
« il ne reste de présent à l'âme que le salut du
« monde et Dieu.

« Tel est, mon fils, l'enseignement sacré de
« la mort. Heureuses les âmes qui, l'ayant reçu,
« et revenant à la vie, n'en conservent pas en
« vain le souvenir ! »

Encore une fois, voilà ce que j'appelle la
transformation du courage. C'est la mort vue
en face, et comprise. C'est la vie dévouée tout
entière, par un courage non moins grand que

celui du soldat, mais plus efficacement appliqué au bien des hommes.

VI

Mais il ne s'agit pas seulement pour le ministre de l'Évangile, de la transformation et de la transfiguration du courage. Il est une autre tâche plus difficile encore. Il faut la transformation de l'amour.

Ah! direz-vous, voilà le grand écueil du sacrifice sacerdotal. Est-il permis de sacrifier l'amour qui est la vie de l'âme? Doit-on laisser le cœur de l'homme sans affection?

Je réponds que les hommes en aucun temps, et tout particulièrement aujourd'hui, n'aiment assez ni leur âme, ni Dieu, ni aucune beauté invisible, ni leurs frères dont ils voient la face, ni même la visible beauté de la compagne que Dieu leur donne,

Il s'agit donc d'augmenter l'amour et non de le détruire, et nous disons qu'on l'augmente par le sacrifice.

Voyez d'abord, je vous le demande, ce que devient la vie de l'amour dans les cœurs qui ne sacrifient pas. Ouvrez les yeux, et sachez lire au moins les traits les plus saillants des mœurs du genre humain.

Est-ce que, par exemple, toute la déplorable famille de l'absurde prophète qui mène à la foi par le fer, et au ciel par la volupté, ne suffit pas à vous instruire! Où est l'amour dans ce harem? Où les conduit cette pluralité? Vous le savez. C'est au dégoût et au renversement de la nature. C'est donc la stupide ignorance du sacrifice qui tue l'amour de l'homme pour sa compagne.

Et pensez-vous que l'homme déchu, qui n'est plus même capable d'aimer la beauté matérielle qu'il voit, aimera la beauté invisible de la justice et de la vérité? Aimera-t-il l'honneur, la patrie et le progrès du monde? Cet homme ne connaît rien de tout cela, ni chez Mahomet, ni chez nous. Tout amour est donc aboli pour ceux qui ne sacrifient pas.

Mais, au contraire, tout amour a été rétabli sur la terre par l'Évangile, et n'y peut être aujourd'hui relevé que par la croix et le sacrifice de la croix.

Le sacrement évangélique de l'amour, toujours nécessairement accompagné de sacrifice, relève l'amour dans la famille.

Le sacrifice sacerdotal, parce qu'il est entier, relève tous les amours visibles et invisibles. Il apprend à aimer immensément, et jusqu'à la mort s'il le faut, et son frère et sa sœur qu'on voit, et toutes les beautés invisibles qui composent la splendeur de Dieu.

Je parle ici avec le cœur, l'esprit et l'âme de notre bien-aimé Henri Perreyve. Il a voulu et pratiqué ces choses. Comme il a transformé, dans son âme et sa vie, le grand courage que la nature lui avait donné, il a su transformer aussi l'immense force d'amour dont son cœur était plein.

Je connais l'histoire de son cœur et le prodige de ses sacrifices.

Mais je connais aussi le cœur nouveau que Dieu lui a donné. J'y ai lu ce que veut dire ce mot : *Transfiguration de l'amour.* Et ce mot, je le trouve dans son premier écrit. Il faut lire le touchant et gracieux exemple qu'il en donne, cette ravissante biographie de Rosa Ferrucci, qu'on pourrait appeler *le livre des fiancés!* A la fin du récit et des lettres, il décrit ainsi ce qu'il nomme : *la transfiguration de l'amour par le christianisme.* « C'est la gloire du christianisme, dit-il, d'avoir rendu possible cette sainteté de l'amour que la philosophie antique poursuivait dans ses rêves, mais dont elle n'avait jamais ni contemplé ni donné l'exemple. C'est la gloire du christianisme d'avoir si bien instruit, si bien dirigé le cœur de l'homme, qu'il en a fait ce cœur à la fois si virginal et si fort, capable d'aimer, plus et mieux que jamais, tout ce qu'il faut aimer sur la terre, et capable de l'aimer toujours moins que Dieu! C'est la gloire du christianisme d'avoir fait qu'une enfant, non pas un philosophe, non pas un poète, mais une simple et pieuse enfant réalise, sans le savoir, dans son cœur, tout ce que la sagesse des hommes avait conçu de plus sublime : *le passage incessant de l'amour, à partir des ombres de la beauté, vers l'infinie beauté.* C'est la gloire du christianisme d'avoir en toutes choses ouvert à l'homme un chemin vers Dieu, de lui avoir enseigné à se faire de toutes ses affections comme autant de degrés pour arriver à l'amour absolu : *Ascensiones in corde suo disposuit* (Ps. LXXXIII). C'est enfin la gloire du christianisme d'avoir fait ce prodige, qu'une sainteté si extraordinaire, une perfection si au-dessus de l'homme, ne détruisent ni ne gênent en rien les pures affections de la terre, en telle sorte *que les saints ne vont pas à aimer Dieu seul, à force de n'aimer personne, mais à aimer tout le monde plus qu'eux-mêmes, à force d'aimer Dieu plus que tout !*

« Si l'on veut, après cela, méditer sur la nature intime et sur l'histoire de notre cœur abandonné à lui-même, on sera contraint d'avouer qu'il y a là *une véritable transfiguration.* »

Il parle ainsi dans son premier écrit, et voici que son dernier discours public, prononcé dans l'église de la Sorbonne, ce discours sur « la « Fête de l'amour », comme il s'exprime lui-même, nous donne encore l'idée sainte et vraie de l'amour. J'en veux faire une longue citation :

« Il y a deux grandes lois de l'amour, auxquelles Dieu même a voulu se soumettre, et ces deux lois, je les nommerai : la loi *de la marche* et la loi *du terme.*

« C'est la loi première de l'amour qu'il ne peut vivre qu'à la condition de grandir. Il faut qu'il croisse, qu'il monte, qu'il se fortifie par joies ou par souffrances, qu'il s'approfondisse par son bonheur, ou plus sûrement encore, ici-bas, par ses épreuves et ses sacrifices : en un mot, il faut qu'il marche, et qu'il avance toujours.

« Voilà, vous le voyez du premier regard, pourquoi l'amour est rare sur la terre. Quel être créé sera digne de devenir le but d'une telle marche? Quel bien mortel méritera cette affection toujours croissante? Dieu seul peut satisfaire de si vastes désirs sans les rassasier ni les éteindre. Voilà pourquoi le christianisme a fait une si grande chose en mettant Dieu entre les âmes qui s'aiment. Le christianisme connaît le cœur de l'homme; il sait que, dans tout profond sentiment d'amour, il y a une secrète recherche de l'infini; et que si cette recherche est l'écueil où viennent sombrer les passions profanes, elle est au contraire le soutien et le salut des saintes affections, parce que, seule, elle peut soutenir la marche de l'amour, et le sauver en lui permettant de grandir. Oui, ô Dieu! en vous mettant vous-même dans les cœurs de vos chrétiens, vous leur assurez ce que le monde, sans vous, ne leur donnera jamais : la perpétuité de l'amour! Vous leur apprenez à chercher en eux plus qu'eux-mêmes; vous donnez à leur ardeur croissante un aliment inépuisable; vous les défendez des vulgaires écueils où vient se perdre l'amour profane qui, au lendemain de ses premières joies, expire en se disant éternel.

« J'ai appelé la seconde loi de l'amour la loi *du terme*. C'est à savoir qu'à un moment de la marche, ayant épuisé tous ses dons, l'amour ne trouve plus qu'une seule chose à faire, qui est de se donner soi-même... Et je trouve cette seconde loi gravée par Dieu dans l'Évangile, quand il est dit, à la louange du Fils de Dieu, « qu'il aima les siens jusqu'au terme, *in finem* « *dilexit eos...* » Et c'est alors qu'après nous avoir tout donné, nous avoir nommés ses amis, et nous avoir tout dit, il donne à ceux qu'il aime la présence réelle de son corps, en partage de tout ce qu'il est.

« Voilà le terme et l'abîme de l'amour.

« Il nous a aimés jusqu'à cet abîme, *in finem dilexit.*

« O Dieu, donnez-nous l'amour grandissant qui, à mesure que notre vie s'avance, rende nos jours plus dignes d'être bénis de vous, et notre cœur plus semblable au vôtre !

« O Dieu, donnez-nous l'amour jusqu'au terme, l'amour jusqu'au don de soi-même.

« Heureuses, trois fois heureuses les âmes virginales que, dès le matin de leur jeunesse, Dieu prend pour son service, et qui, dans la marche grandissante de leur cœur, rencontrent de bonne heure le terme béni de l'absolu don de soi-même ! Glorieux est le sort des épouses du ciel qui donnent à Dieu, dès la première heure, tous ces trésors du profond amour qu'elles refuseront de donner aux hommes! Et vous, mes jeunes frères et amis, si, au milieu du chemin de votre ardente jeunesse, et au sein même de votre fière liberté, Jésus-Christ vous dit le mot éternel qui fait les apôtres : « Viens et suis-moi, » comprenez que l'honneur qui vous est fait est grand; courbez la tête sous le poids d'une gloire trop sainte, et acceptez en tremblant, mais en aimant, cette couronne du sacerdoce, qui a ses épines comme celle du Christ, mais qui n'ensanglante le front de l'homme que pour l'amour des hommes et pour la gloire de Dieu.

« Messieurs, il y a deux races d'hommes sur la terre. Il y a la race des hommes qui font du mal aux âmes, et il y a la race de ceux qui leur font du bien.

« L'une porte aux âmes, avec audace et impudeur, le scandale, le mensonge, la souillure, la violence, la trahison, le déshonneur, les larmes brûlantes, le désespoir.

« L'autre porte aux âmes le respect, l'amour, la lumière, la joie des choses pures, les affections immortelles, l'honneur, le courage pour ce monde et l'espérance pour l'autre.

« Ah! messieurs, mourir avec la joie sacrée
de savoir qu'on n'a jamais fait le moindre mal
à une seule âme! Mourir avec la confiance de
n'avoir jamais scandalisé un seul de ces petits!
Mourir avec la certitude bienheureuse de n'avoir
jamais profité d'une infirmité, abusé d'une
pauvreté, trompé une ignorance ; avec l'honneur
de n'avoir jamais rencontré devant soi la faiblesse sacrée de la fille de Dieu que pour la
respecter, la protéger et la défendre ; mourir
enfin en se disant qu'on n'a jamais étendu d'un
pouce l'empire du mal sur la terre, mais qu'on
a étendu, au contraire, les limites sacrées de
l'empire du bien ; qu'on a dépensé son esprit,
ses années, sa fortune et ses forces, à soutenir
le règne de la vérité et de la justice : quelle
joie, messieurs, quelle consolation, quelle ferme
assurance au milieu des ombres du dernier moment, quel honneur devant les hommes, quelle
protection devant Dieu ! »

Et il est mort ainsi, peu de mois après ces
paroles, qui furent son testament public. Il est
mort avec cette joie sacrée.

Qu'on nous permette de parler encore et de
dire, d'après tout ceci, ce qu'est enfin la transformation et la transfiguration de l'amour. Cette

transfiguration est un sacrifice de l'amour, qui augmente l'amour sur la terre. De même que le contraire du sacrifice, ou dans un homme, ou dans un siècle, ou dans une civilisation, anéantit absolument l'amour, — et c'est un fait d'histoire universelle que voient nos yeux; — de même le sacrifice, absolument indispensable, non seulement au prêtre, mais, sous une forme équivalente, à tout chrétien et à tout homme, le sacrifice fait passer l'âme, dans l'ordre de l'amour, de la mort à la vie. Il ne donne point en compensation de l'amour personnel et concret, le vague amour abstrait, philosophique et platonique, du genre humain. Selon nous, ce ne serait rien. Il donne l'amour réel et personnel, l'amour substantiel et parfait, qui est la vie, qui est le bonheur, qui est la force fondamentale du monde. On passe absolument et réellement de la mort à la vie, et des ténèbres à la lumière. On entre dans les entrailles du christianisme. On comprend que le Christ et ses premiers apôtres n'ont pas dit de vains mots, mais révélaient un monde nouveau, quand ils ont parlé de l'amour. On sait ce que veut dire Jésus quand il s'écrie : « Je donne ma vie pour ceux que j'aime. » Et l'on entend le sens de ces mots de saint Jean :

« Nous savons que nous sommes passés de la
« mort à la vie parce que nous aimons nos frères.
« Qui n'aime pas demeure dans la mort. »

L'âme alors, unie avec les âmes et avec Dieu,
se trouve et se sent établie dans un état qui, par
lui-même, est le bonheur. C'est le bonheur,
parce qu'on aime, non pas en apparence, mais
en réalité, non pas les vêtements ou les figures,
mais les personnes. On touche les esprits et
les âmes, les personnes réelles et vivantes : on
touche Dieu même et il suffit. Rien ne donne le
bonheur sans cela, et rien ne l'ôte avec cela,
Celui qui est en cet état, ou qui seulement se
souvient d'y avoir été quelquefois, celui-là
sait la vie; il aime et adore Dieu; il aime les
hommes en esprit et en vérité; il regarde avec
un ardent amour toute la terre. Il bénit tous ses
frères par chaque battement de son cœur; il
aime avec une divine force ceux qu'il voit près
de lui; il admire avec enthousiasme les plus
beaux et les plus lumineux; il enveloppe d'une
immense compassion les plus souffrants et les
plus sombres; et il lui est tout à fait impossible
de concevoir comment on peut employer sa vie
à autre chose qu'à sauver des ténèbres et conduire à la vie, au bonheur, à l'amour et à la

beauté, tous ces êtres humains si chétifs et si tristes, mais capables pourtant de devenir si beaux, si lumineux, si heureux et si grands.

Eh bien! c'est là l'œuvre sacerdotale!

Voilà l'esprit de la sainte et sublime vocation!

M'aimez-vous? dit le prêtre éternel, m'aimez-vous? — Oui, Seigneur. — Eh bien! mon fils, devenez pasteur d'hommes, devenez pêcheur d'hommes pour les mener tous à la gloire, à l'amour, au bonheur éternel.

Voilà l'appel des ouvriers de Dieu. Il est grand temps que leur nombre s'accroisse, non seulement pour relever le monde qui baisse, mais pour y entreprendre, avec une audace toute divine, l'œuvre des grands progrès que demande et annonce l'Evangile, et que sa vertu sait produire, quand on ose se livrer à la foi, et travailler dans l'espérance et dans l'amour.

Eh bien! de ce point de vue je comprends enfin ces étonnants désirs du sacerdoce qu'exprime Henri Perreyve lorsque luttant, depuis des années, contre la maladie, il croit voir que, par la volonté de Dieu, la mort peut-être va l'arrêter avant qu'il soit arrivé à la divine grandeur sacerdotale. Comme la fiancée qui, en face de la mort, renonce au fiancé pour cette vie, et adore la volonté de Dieu, il écrit ces lignes à l'ami qui va monter à l'autel avant lui :

« Décembre 1857, Hyères.

« Ecoute, mon Charles, ce matin même, à
« travers les brûlants désirs du sacerdoce que
« je ressens depuis ces temps derniers, un sen-
« timent plus fort encore que ces désirs s'est
« fait jour dans mon âme. J'ai senti que je sacri-
« fierais même *cette joie des joies* et *cette raison*
« *unique de toute ma vie*, à la volonté de mon
« maître Jésus, et j'acceptais de mourir avant
« d'être monté à l'autel, bien que la mort en ce
« moment *fût un sacrifice de mille vies, une dou-*
« *leur de mille morts !* »

Oui, l'œuvre sacerdotale, l'étonnante mission d'aider Dieu, cette fonction divine qui, en ce moment même, doit arrêter la décadence du monde, et lui faire accomplir le splendide progrès que Dieu veut et que nous savons : oui, cette fonction divine mérite ces brûlants désirs, et je comprends que ce grand et vigoureux cœur, ce lumineux esprit ait appelé sacrifice de mille vies, et douleur de mille morts, la privation du sacerdoce.

CHAPITRE III.

HENRI PERREYVE. — ORGANISATION DE LA VIE.

I

Nous pouvons donc le dire, Henri Perreyve a eu le bonheur et l'honneur, par l'élan de sa riche nature, sous l'impulsion de la grâce de Dieu, d'aller, dès sa jeunesse, et même dès son enfance, vers ce qu'il faut évidemment nommer la suprême beauté de la vie, savoir : la vie donnée et consacrée, par amour de Dieu et des hommes, au travail et au sacrifice pour le salut du monde. Il a choisi, dès le premier jour, la plus haute forme de cette consécration : le sacerdoce chrétien.

Or, dans le sacerdoce, il a voulu aller encore au plus parfait et au plus beau. Comme une armée offre une grande diversité d'armes, le sacerdoce renferme aussi une riche diversité de fonctions. « Il y a, dit saint Paul, division du « travail, et diversité de dons parmi nous : « *divisiones operationum sunt.* » et il ajoute : « Mais entre tous ces dons spirituels, cherchez « les plus élevés... Ambitionnez surtout la pro- « phétie. *Æmulamini autem meliora charismata... « magis autem ut prophetetis.* »

Mais qu'est-ce donc que la prophétie ? « La « prophétie, dit le grand apôtre, c'est le don de « parler aux hommes pour les élever, les ex- « horter, les consoler. » *Nam qui prophetat, hominibus loquitur ad ædificationem, exhortationem, consolationem.*

Eh bien ! notre jeune frère pratiqua le conseil de saint Paul. Entre les dons spirituels et entre tous les ministères, c'est la *prophétie* qu'il voulut. Porter aux hommes l'exhortation et la consolation, c'est cela même que, dès son enfance, il osa désirer. Etre envoyé, lui aussi, par le Seigneur Jésus, avec ceux dont l'Evangile dit (1) : « Voici que je vous envoie des pro- « phètes, et des sages, et des écrivains ; » être

____

(1) Ecce ego mitto ad vos prophetas et sapientes et scribas.

envoyé de Dieu pour parler, pour écrire, afin d'éclairer, d'exhorter et de consoler, voilà ce qu'il voulut, décidément et clairement, à dix-huit ans, et, dès cet âge, il entreprit de se préparer à ce suprême honneur.

Mais que va donc faire l'homme qui, presque encore enfant, ose concevoir une pareille ambition, et qui veut être l'un de ces scribes (*scribas*) que Dieu envoie contre les scribes terrestres? Comment va-t-il se préparer à ce travail et à ce combat? Et d'abord il ne fera pas comme les scribes qu'envoie l'orgueil et non l'amour; qui s'élancent, sans qu'on les appelle, et se saisissent, sans préparation ni mission, de l'instrument sacré de la parole. Les scribes terrestres n'ont besoin d'aucune discipline; ils n'ont besoin de rien apprendre, de rien savoir, ni de penser à rien. Le mouvement de leur passion suffit à tout, joint au hasard des mouvements que prend la plume entre leurs doigts. Mais il en est tout autrement de tous ceux qui aspirent à servir vraiment leur pays et le genre humain. Nos ingénieurs, nos professeurs, nos officiers et nos marins ont tous le nécessaire courage de s'enfermer dans les hautes écoles, pendant de longues années.

Que sera-donc de ceux qui aspirent à l'art divin d'éclairer, de guider, d'exhorter, de consoler les hommes au nom de Dieu !

Israël avait ses écoles de prophètes, et l'Église catholique a aussi ses écoles de prophètes, de missionnaires, de martyrs, de docteurs, d'écrivains et de sages : ces écoles se nomment *séminaires*, soit parce qu'on y cultive les semences de sagesse que Dieu donne, soit parce qu'on y élève l'enfance et la jeunesse des ouvriers de Dieu. Henri Perreyve, comme tout autre aspirant aux travaux et aux honneurs du sacerdoce, voulut se soumettre à l'épreuve de cinq années d'études philosophiques et théologiques, sous l'austère discipline du recueillement, de la règle et de l'obéissance.

Mais, ici encore, son continuel empressement vers la perfection idéale l'engagea dans une des plus belles entreprises qu'ait méditées, depuis des siècles, le génie chrétien : entreprise dont le succès, un jour, sera, je ne crains pas de l'affirmer, l'une des meilleures ressources du monde.

Le génie de l'Église catholique, en effet, depuis trois siècles, travaille à un admirable progrès. Depuis le concile de Trente, les ouvriers de ce progrès, saint Philippe de Néri, saint Charles Borromée, saint Vincent de Paul, et d'autres non moins grands devant Dieu peut-être, se succèdent et travaillent à ces deux choses : l'organisation des écoles pour l'aspirant au sacerdoce, et l'organisation de la vie du prêtre. La première partie du problème commence à être résolue, en pratique efficace, dans presque tout le monde catholique. Les hautes écoles de la science sacrée et de la discipline sacerdotale sont fondées depuis le milieu du dix-septième siècle. Et quant aux écoles secondaires, préparatoires à ces hautes écoles, et dans lesquelles, dit le concile de Trente, l'on peut recevoir les enfants au-dessus de douze ans, ces écoles, longtemps déclarées impossibles, existent enfin depuis un demi-siècle, et c'est la France qui les a fondées. L'éducation du prêtre, aujourd'hui, est donc organisée.

Mais l'organisation de la vie du prêtre séculier n'est pas encore achevée, et ce qui manque peut se dire en un mot : le prêtre séculier est trop seul !

Certes le missionnaire, auquel la mort enlève son compagnon, continue seul avec son crucifix; et le curé de campagne, cet autre missionnaire,

trop souvent isolé dans les régions les plus dé-
sertes de l'ignorance et de l'indifférence, sera
longtemps aussi bien seul. Mais ne peut-on du
moins diminuer beaucoup le douloureux et
dangereux isolement du plus grand nombre des
soldats du Christ? L'Évangile dit que « Jésus
« les envoie devant lui deux à deux : » *Misit
binos ante faciem suam*... Et nous savons pourquoi : « C'est qu'il faut être au moins deux
« pour s'aimer (1). » Et c'est pourquoi un autre
docteur nous assure que « la vie commune et
« sociale est presque essentielle à l'état ecclé-
« siastique (2). » Et n'est-ce pas pour le prêtre
surtout que l'Esprit-Saint prononce cette aimable bénédiction : « O joie sainte et heureuse
de la vie intime entre frères ! »

Et c'est là ce qu'ont essayé les grands saints,
et les grands serviteurs de Dieu, qui ont voulu,
sous l'impulsion du concile de Trente, travailler à la perfection de l'ordre sacerdotal. Ils
ont entrepris, précisément, de rendre le prêtre
séculier moins seul. Sans vouloir faire de tous
les prêtres des religieux, enfermés sous la règle,

(1) Quia minus quam inter duos charitas haberi non
potest.
(2) Le cardinal de Bérulle.

ils ont pensé à établir des communautés frater-
nelles, facilement accessibles aux prêtres séculiers, ils ont voulu concilier l'union avec la
liberté, le mouvement propre et la communauté.

Ils avaient dans l'esprit cet idéal que Bossuet
a rendu populaire pour toujours lorsqu'il parle
de « ce dessein de société sacerdotale, qui ne
« doit avoir d'autre esprit que l'esprit de
« l'Église, ni d'autres règles que ses canons, ni
« d'autres supérieurs que ses évêques, ni d'autre
« lien que la charité, ni d'autres vœux que ceux
« du sacerdoce et du baptême. »

Or nul n'a mieux compris cet idéal que le cardinal de Bérulle, qui, lorsqu'il fonde l'Oratoire
de France, affirme partout qu'il ne s'agit pas de
fonder un ordre nouveau, mais qu'il s'agit uniquement de l'ordre sacerdotal. Cet ordre, dit-
il, n'a été fondé par aucun saint, mais par Dieu
même, par Notre-Seigneur Jésus-Christ, qui en
est le perpétuel supérieur : grand ordre universel qui n'a vraiment d'autres chefs que le
vicaire de Jésus-Christ et les évêques, mais qui,
selon le désir de l'Église, exprimé par le dernier concile œcuménique, peut et doit recevoir,
comme progrès de la vie et des mœurs ecclé-

siastiques, une plus parfaite organisation libre, autour de cette organisation fondamentale et nécessaire qui est d'institution divine. C'est là, dis-je, ce que le cardinal de Bérulle a compris et cherché à réaliser dans la congrégation de l'Oratoire.

Mais ce bel idéal est peut-être encore mieux réalisé dans l'Oratoire de Saint-Philippe de Néri. Quelle conception profonde et simple, originale et partout praticable, que la forme d'association que voici : existence de très petits groupes de prêtres, réunis en commun, sans vœux ; très libres dans leurs travaux, mais s'aidant, s'encourageant et s'exhortant entre eux : ces groupes demeurent absolument indépendants les uns des autres, et ne relèvent, comme il convient aux membres de l'ordre sacerdotal, d'aucun autre pouvoir central que le pouvoir central de l'Église catholique, et le pouvoir prochain de chaque évêque. Point de supérieur général, point de maison centrale ; aucune maison n'en gouverne aucune autre, pas plus qu'aucune famille, dans la commune, ne gouverne les autres familles. Voilà qui peut facilement s'étendre et s'établir partout, et puissamment contribuer à l'organisation de la vie du prêtre, pour tout le clergé séculier, dans tous les diocèses du monde.

Ne se peut-il en effet qu'un jour la plupart des prêtres catholiques, par toute la terre, arrivent à profiter de cette forme d'association fraternelle, soit comme membres résidants, soit comme membres dispersés d'un tiers ordre, et trouvent en ces centres de travail associé, en ces lieux de prière et d'étude, qu'on pourrait nommer *Oratoires*, des ressources qui doublent leurs forces?

Quant à l'Oratoire de France, dont je suis membre, je n'entends certes point le déprécier à cause de son gouvernement centralisé. Je ne puis contredire saint François de Sales qui, parlant du cardinal de Bérulle, affirme « qu'il eût « volontiers quitté son diocèse pour vivre sous « la conduite de ce grand homme, *parce qu'il* « *n'y avait rien de plus saint et de plus utile à* « *l'Eglise de Dieu que sa congrégation de l'Ora-* « *toire.* » Et si j'osais contredire saint François de Sales, je me soumettrais en tout cas à l'autorité de l'Église qui, au dix-septième siècle, et récemment au dix-neuvième, a loué, a béni, a établi canoniquement cette belle institution. Il y a là une pensée très grande, d'une d'heureuse et féconde nouveauté. L'Oratoire est vraiment une forme d'association fraternelle entre prêtres séculiers : il n'y a pas de vœux ; l'autorité réside dans la congrégation elle-même (1); les vrais supérieurs sont les évêques ; et les constitutions sont perfectibles par les assemblées générales.

N'est-il donc pas très bon qu'il y ait un grand Oratoire de cette forme, qui, par le nombre des ouvriers et des maisons, par sa solidité relative et sa perfectibilité, puisse, sous quelques rapports, servir de type ou de point d'appui aux associations plus simples des prêtres de chaque diocèse, sous l'influence de chaque évêque ?

Que serait-ce si ces essais d'association et de communauté intellectuelle et morale pouvaient se multiplier en effet, et recevoir du Saint-Esprit la vie toujours plus abondante, pour l'organisation de la vie du prêtre ? Alors, que

____

(1) « La puissance et autorité suprême et entière réside dans le corps de la congrégation dûment assemblée, à laquelle le supérieur général demeure soumis, et est obligé de suivre la pluralité des suffrages en toutes choses, sa voix néanmoins comptée pour deux. » Lisez, à ce sujet, le beau livre du P. Adolphe Perraud : *l'Oratoire de France au dix-septième et au dix-neuvième siècle.* Ce livre me paraît destiné à exercer une heureuse influence, et à éclairer beaucoup de vocations.

de généreux courages isolés, que de cœurs at-
tristés trouveraient, dans le facile accès de
foyers fraternels d'étude et de prière, le point
d'appui de leurs efforts et de leur ministère!
Qui sait si l'association des moindres forces,
parmi tant d'ouvriers évangéliques, dont le
cœur porte l'amour de Dieu et de leurs frères,
ne rendrait pas possibles les immenses entreprises de zèle, de science, de charité, dont cette
crise du monde a besoin? Voyez les forces gi-
gantesques que l'association industrielle met
aux mains des nations. Cette forme d'association n'est pratiquée que depuis trente ans dans
le monde, et voici qu'elle perce les isthmes et
les montagnes, et qu'elle va ramener à l'unité
toute la surface du globe. Ne pourra-t-on pas
voir éclater, à leur tour, les effets encore plus
magnifiques de l'association intellectuelle, de
l'union des efforts pour le travail moral et religieux? Est-ce qu'alors aussi l'on ne percerait
pas les isthmes et les montagnes du monde
moral et religieux, qui séparent l'Orient, et
l'Afrique, et l'Asie de ce foyer occidental de la
civilisation véritable? Est-ce qu'alors aussi l'on
ne pourra pas entreprendre de retrouver, dans
le monde intellectuel, et l'harmonie des sciences

entre elles, et l'harmonie de toutes avec la nécessaire, universelle et infaillible foi du genre humain? Est-ce qu'alors aussi l'on ne parviendra pas à ramener enfin quelque paix dans l'esprit humain, et dans l'esprit de chaque nation?

Or, je le demande, est-il probable que la puissance d'union et d'association capable de produire ces grandes choses, commence à se développer ailleurs que parmi les ouvriers évanliques, unis déjà dans la même foi et dans le même amour, unis de plus dans la vigueur du dévouement sacerdotal?

Je sais bien que tout cela est depuis longtemps commencé; que le christianisme luimême est la force essentielle d'association et pour les âmes et pour les œuvres; que l'Église catholique en est la manifestation vivante (1);

____

(1) « Mais, depuis quelque temps, la génération contemporaine, trop oublieuse du passé, s'est emparée de ce principe de l'association, et, l'appliquant à tout, a voulu en dénier l'usage et le droit à l'Église qui, la première, en avait donné l'exemple. Littérature, industrie, commerce, exploitations agricoles, perfectionnements politiques ou scientifiques, ne peut-on pas dire que tout a été placé sous le régime de l'association? Dès lors, comment trouver étrange ou mauvais que des prêtres, dociles aux plus hautes inspirations de l'Évangile, s'associent librement, pour accomplir avec plus

que, par exemple, dans notre siècle, *l'Association pour la propagation de la Foi* a précédé, en France, d'un quart de siècle l'ère de l'association industrielle. Je dis seulement que l'une des plus grandes ressources du monde à venir se manifestera quand, dans la grande milice sacerdotale, l'organisation de la vie du prêtre par la libre association aura porté ses fruits. Comme on voit aujourd'hui les ouvriers européens s'efforcer, dans tous les pays, d'organiser enfin, par la libre association, leur vie si difficile, — et ils auront, s'ils y parviennent, opéré l'un des grands progrès de la vie des nations; — de même, lorsque les ouvriers de Dieu y seront parvenus, on verra se réaliser les grandes choses qu'annonçait, au douzième siècle, la voix véritablement prophétique si approuvée par saint Bernard, et qui disait : « Qu'en ce temps- « là les prêtres de l'Évangile s'établiront dans

de perfection les devoirs de leur état, et pour devenir plus capables, en mettant en commun les résultats de leurs études, de lutter avec succès contre l'ignorance et la fausse science ?

« Par ce côté encore, la constitution de l'Oratoire ne se trouve-t-elle pas en harmonie avec le caractère, les besoins et les exigences de notre temps ? » (*L'Oratoire de France* par le P. Ad. Perraud, p. 390.)

« une invincible force et une indomptable droi-
« ture : » *firmissima vi rectitudinis consistent.*

Eh bien ! c'est avec toutes ces espérances et
ces idées, plus ou moins clairement entrevues,
que Henri Perreyve fut conduit, par la bonté du
Père céleste, au lieu même où il devait trouver
les deux choses qu'il cherchait, savoir : l'École
de discipline sacerdotale, et, dans cette même
École, prise pour asile et foyer d'union fraternelle, la véritable et providentielle organisation
de sa vie.

II

En ce temps-là donc, en effet, cet ami si intime et si cher, que, dans ses lettres, il appelle
« Mon Charles ! » lui annonçait sa vocation au
sacerdoce. Lui répondait : « Toi aussi, tu as
« donc entendu l'appel de Dieu ! Pour moi,
« depuis l'âge de douze ans, je suis consacré à
« cette cause. »

Les voilà déjà deux pour marcher ensemble :
Misit binos ante faciem suam. Mais Charles avait
un frère, lequel faisait alors partie de cet admirable groupe de jeunes hommes, tous élèves de
l'École normale, qui, vers 1848, dans ce bouil-

lonnement des esprits et des âmes, avaient
conçu l'enthousiaste résolution de renoncer aux
voies ordinaires de la vie, pour se dévouer tout
entiers au bien des hommes. Ils méditaient
aussi de passer ensemble leur vie, de travailler
ensemble, chacun avec les instruments qu'on
lui avait donnés, au triomphe de la foi chrétienne, comme source nécessaire de la paix, de
la science, de l'ordre, de la justice et de la liberté.

Or ce petit groupe était un germe dont allait
naître l'une de ces plantes que le Père céleste
a plantées, et qui ne seront point arrachées.
Bientôt Henri Perreyve, conduit par Charles,
se joignait à eux; et, peu après, par un heureux concours de circonstances providentielles,
tous ensemble s'étant emparés, si j'ose ainsi
parler, s'étant, dis-je, emparés, non sans effort,
d'un saint prêtre qui se chargea de les conduire,
il se trouva qu'ils allaient réussir dans l'entreprise déjà si souvent essayée en ce siècle, de
rétablir l'Oratoire de France.

Henri Perreyve raconte, dans un manuscrit
intitulé *Souvenirs intimes sur Frédéric Ozanam*,
comment il fit un jour confidence de ses projets
à ce maître qu'il aimait tant.

« Vers ce temps, dit-il, je quittai les Eaux-Bonnes, et partis pour une petite tournée en Espagne. Peu avant mon départ j'avais été dîner chez M. Ozanam. Le soir nous avait réunis autour du foyer, nous parlions de choses intimes. Je crus le moment arrivé de déposer dans ce noble cœur le secret de ma vocation religieuse. Je le fis simplement, facilement, avec joie et honte à la fois... Car, me disais-je, que pensera-t-il de moi qu'il voit si léger, si ami du plaisir, si *enfant* dans le moindre sens du mot? Et me pardonnera-t-il de joindre à ces goûts frivoles une résolution si sérieuse? Mais je ne sais quoi me rassurait, et, le premier mot tombé, tout le reste passa bien naturellement de mon âme dans la sienne.

« Ce soir-là, surtout, je connus le cœur de M. Ozanam. Il y eut des larmes d'affection, de paternelle indulgence, et aussi de sainte ardeur et d'enthousiasme dans la voix qui me répondit. Notre désir de servir Dieu dans le culte des sciences et des lettres, notre projet de réunion avec M. l'abbé Gratry, alors aumônier de l'École normale, et le rêve d'une congrégation studieuse que nous n'appelions pas encore l'*Oratoire* : toutes ces belles espérances, tous ces germes, tous ces rêves qui pouvaient n'être que des illusions, prirent vite une figure vivante, réelle, dans cette âme qui croyait facilement aux belles choses. Il nous vit déjà, non seulement comme nous n'étions pas alors, mais même comme nous ne serons pas de longtemps, et si quelque chose pouvait me consoler de ne pas l'avoir eu près de nous, dans ces humbles commencements que Dieu a bénis, ce serait la pensée que du moins il a connu notre berceau. Il m'accompagna longtemps ce soir-là de ses encouragements et de ses vœux, il me serra fortement contre sa poitrine, et nous nous quittâmes.

« Je regagnais ma demeure, enivré de joie, d'espoir et de force. Je sentis le besoin de savourer mon bonheur dans la solitude, loin des hommes. Il était fort tard. Mais ce désir l'emporta, et je pris un sentier qui conduisait vers les hauteurs. Je marchais comme fou de joie, regardant le ciel et non la terre. Tout à coup je retirai le pied, un mouvement irréfléchi me fit jeter en arrière ; j'étais sur l'extrême bord d'un ravin. Un pas de plus, et je tombais dans le vide.

« J'eus peur, et je renonçai à ma promenade nocturne. »

Cher enfant bien-aimé, n'ayez pas peur. Ce jour-là, vous étiez porté par les anges. Je crois à ces gracieux détails de providence : *In manibus portabunt te, ne forte offendas ad lapidem pedem tuum.* Les anges vous ont porté pendant toute votre vie et jusque dans le sein de Dieu.

Vos beaux rêves aussi étaient vrais, ainsi que l'enthousiasme de notre généreux Ozanam. Sachons attendre. Après votre mort, cher enfant, et après la mienne, ce germe qui s'appelle maintenant l'*Oratoire*, portera ses fruits, lorsqu'au temps opportun l'Esprit-Saint versera sur cette tige, aujourd'hui encore incertaine, frêle, incolore, son rayon de science, et son rayon d'intelligence.

Quoi qu'il en soit, il se trouva qu'un jour, avec une émotion profonde et une joie qui ne peut se décrire, ce groupe d'amis unis en Dieu prit possession de sa terre promise, laquelle était un humble toit capable d'abriter sept personnes. Le rêve était réalisé, en son germe du moins. C'est là qu'ils allaient vivre ensemble, prier ensemble et travailler ensemble.

Alors se déroulèrent, dans l'enthousiasme d'une vie naissante, quelques années de vrai bonheur, de vie intime et fraternelle, d'amitié sainte, de véritable fécondité d'esprit et d'âme. Là se formèrent, sous une austère et douce inspiration et sous un humble et saint exemple, de véritables cœurs sacerdotaux, bons et patients, humbles, aimants et courageux. Là aussi commençait avec la plus joyeuse ferveur l'étude spéciale du prêtre, le travail de philosophie et de théologie. Là aussi commençait, pour plusieurs, l'expérience de l'association intellectuelle véritable, de ses difficultés, de ses fécondités.

Là, enfin, s'écoulait un âge d'or, dont notre aimable Henri Perreyve était la joie.

Que dire de la débordante allégresse des conversations, et j'allais dire des jeux, dont il était l'âme?

Que dire de ces entretiens de piété profonde, après lesquels on pleurait, on s'embrassait, et l'on tombait à genoux pour remercier Dieu?

Arrivait-il qu'à la chapelle l'un des Pères, expliquant l'Évangile, parlât avec quelque émotion, Henri, tout particulièrement, était si reconnaissant que, lorsqu'il ne pouvait assez tôt témoigner son bonheur de vive voix, il écrivait des lettres comme celle-ci, qui montre bien l'état intérieur de cette âme, et l'état intérieur du petit groupe, racine de l'Oratoire :

« On ne peut s'empêcher de vous dire, bon
« et cher Père, qu'on a été heureux ce matin
« pendant votre homélie et longtemps encore
« après, et qu'on l'est encore maintenant,
« toujours à cause d'elle.

« Il faudra cependant que vous sachiez une
« chose, c'est que, pendant votre discours, il y
« a telle âme, très petite et faible, qui tressaille,
« qui comprend, qui se donne à Dieu, qui lui
« demande ses bénédictions pour vous, qui va
« ainsi de Notre-Seigneur à vous et de vous à
« Notre-Seigneur, et qui ne trouve enfin son
« repos que quand elle a dit profondément :
« Jésus, ce que notre bon Père nous dit, c'est
« vous qui me le dites. Jésus, vous savez si
« ces grandes idées qu'il nous donne ont été
« rêvées et désirées par mon cœur. Jésus, je
« veux suivre sa pensée jusqu'au bout : je me
« donne à vous pour faire de moi ce que vous
« voudrez, pour servir ces pauvres frères que
« nous aimons, pour détourner les âmes du
« faux idéal, pour faire du bien. Cette âme
« dit cela, mais quand elle vient de vous en-
« tendre, elle le dit avec tant d'amour, tant
« de larmes, tant d'espérances, que le sillon
« se creuse, et qu'elle demeure toute péné—

« trée d'énergie pendant plusieurs heures !

« Me pardonnez-vous, Père, de vous dire
« tout cela? Mais que voulez-vous?... je ne
« savais comment me consoler du bonheur que
« vous m'avez fait sentir ce matin. Cette joie
« me trouble; je voudrais faire quelque chose,
« et je ne puis et ne suis rien. Il y a une dis-
« proportion comme ridicule entre ce que je
« désire et ce que je suis. De là une sorte de
« malaise, une sorte de tremblement intérieur
« qui fait qu'on voudrait des choses immenses.
« Je connais bien ce sentiment-là. Les choses
« très belles m'y jettent infailliblement : une
« très belle musique, une très belle joie d'amitié,
« un très beau discours. Que de fois je l'ai rap-
« porté de Notre-Dame, quand ç'était le règne
« du Père Lacordaire ! Eh bien ! je ne le con-
« naissais plus depuis longtemps; mais vous
« me l'avez rendu, et voilà pourquoi je vous
« remercie; voilà bien sûr pourquoi je vous
« écris... Je le découvre maintenant, et ne le
« savais vraiment pas en commençant ma lettre.

« Tout ceci veut vous dire, mon bon Père,
« qu'on prie pour vous, qu'on vous aime, qu'on
« se sent votre enfant, votre élève; qu'on vou-
« drait à la fois être un étranger pour avoir le

« droit de vous faire des compliments, mais
« non, qu'on aime bien mieux être à vous, et
« qu'on vous promet de bien se donner à Notre-
« Seigneur.

« Et là-dessus on vous laisse tranquille, non
« sans quelque honte et confusion de tout ceci
« (à quoi soi-même on ne comprend pas grand'-
« chose), mais que Dieu, je crois, comprend
« mieux que nous, et qu'il doit aimer.

« A vous bien respectueusement en Notre-
« Seigneur, »

Filioli, diligite alterutrum ! « Mes petits en-
« fants, aimez-vous les uns les autres ! » L'apôtre
de l'amour, du haut du ciel, inspirait ce pré-
cepte à nos cœurs.

Là, les intelligences sentaient qu'elles étaient
bien, pour étudier ensemble la vraie philosophie, à la fois théorique et pratique, et pour
entrer dans la théologie à la fois par le cœur et
l'esprit.

Là se pratiquait en effet ce que demande un
philosophe, noble esprit, qui ne put qu'entrevoir ces choses, lorsque, dans ses spéculations
attristées, il enseigne que la « philosophie est
« une affaire d'âme, comme la poésie et la re-
« ligion ;... que les âmes poétiques, religieuses

« et philosophiques sont sœurs, parce que la
« poésie, la religion et la philosophie sont
« les trois manifestations d'un même senti-
« ment (1). »

Cela même, en effet, se pratiquait dans cette
école réelle de philosophie. On voyait et l'on
comprenait, par la vie dont on vivait soi-même,
que la religion, la poésie et la philosophie sont
les manifestations d'une même vie. On voyait
bien que la prière quand elle est vraie, et la
pratique morale quand elle est énergique, sont
sources de lumière et de philosophie ; on voyait
que l'élan poétique de l'âme est aussi nécessaire à la science que l'expérience et l'observa-
tion ; qu'en vérité, « la philosophie est une
« affaire d'âme, comme la poésie et la religion,
« et que si l'on n'y met que son esprit, il est
« possible qu'on devienne philosophe un jour,
« mais il est démontré qu'on ne l'est pas en-
« core (2). »

Ces serviteurs de la lumière à laquelle ils
étaient consacrés tout entiers, opéraient la philosophie en esprit et en vérité. Mais ils com-

(1) Jouffroi, *Mélanges philosophiques* (2ᵉ édit.), t. Iᵉʳ, p. 417.
(2) *Id., ibid.*

prenaient avant tout qu'en face de la lumière immense et de la science sans fin, ils étaient et seraient toujours enfants et commençants : humilité nécessaire et savante que doit donner la vraie philosophie, et qui dispose à la théologie, c'est-à-dire à la respectueuse méditation des données divines révélées, plus grandes que notre esprit, vérités dont on porte en soi la substance par la foi, mais dont l'intelligence ne peut épuiser le mystère.

III

Mais ce qui importe surtout dans cette histoire, c'est l'expérience qui se fit alors de la réalité, de la nécessité et des difficultés de l'association intellectuelle.

Les hommes ne pensent guère en commun. Voilà une triste vérité pratique. Ils mettent en commun, après coup, le résultat de leurs efforts d'esprit. C'est quelque chose, c'est même beaucoup, et c'est ce qui se fait, fort heureusement, depuis trois siècles, pour l'ensemble des sciences physiques et naturelles. Mais au point de départ, dans l'effort qui cherche et qui trouve, chaque esprit opère seul. Or les esprits ne pourraient-ils pas, par l'union, multiplier la force de leur élan et la vigueur de leurs facultés?

J'ai bien souvent pensé qu'un groupe de cinq ou six esprits vivant ensemble, s'aimant entre eux, travaillant en commun dans le même sens et dans le même lieu, cherchant ainsi à pratiquer l'un des sens du mot apostolique : « Ils « étaient tous ensemble dans le même lieu et « dans le même esprit, *Erant omnes unanimiter* « *in eodem loco*, » constituerait une force intellectuelle dont on n'a pas encore calculé la puissance. Cela fait, autant que j'ai pu l'entrevoir par une courte expérience, une espèce de fleuve intellectuel sur lequel on se sent porté. Chacun marche; mais le chemin lui-même marche aussi. Ce n'est pas la force de six, c'est la force de toutes les combinaisons que l'on peut faire avec six unités, dont chacune est une force vive.

Il y a là des faits qu'il faudrait enfin, ce me semble, commencer à connaître, et j'en dis avec assurance ce qu'un physiologiste (1), dans l'étude de faits analogues, a dit depuis un quart de siècle : « Qu'il est temps que la science tienne

(1) Burdach.

« compte de phénomènes si nombreux et si
« bien constatés, quoique étranges. » Il s'agit
de la communication directe des âmes, ordre
de faits aussi quotidiens qu'admirables, que la
grossière inattention de la fausse science et de
la vie triviale s'obstineront bien longtemps encore à ne vouloir pas regarder.

Pour moi, des expériences certaines m'obligent à dire que non seulement les mouvements
de cœur, mais encore les mouvements intellectuels, sont, en certaines circonstances, trans-
missibles directement d'une âme à l'autre, et
qu'il n'est besoin pour cela ni de tables ni de
trépieds. Ces influences nous pénètrent tous,
tous les jours, mais personne n'y fait attention.
J'affirme ici ce que j'ai vu, revu, expérimenté
par moi-même; et quand la science, un jour,
commencera le défrichement de cette riche et
immense région, on s'étonnera d'avoir eu si
longtemps des yeux pour ne pas voir.

Déjà Frédéric Fichte, dans sa Psychologie,
en parle avec intelligence. Burdach, dans sa
Physiologie, ainsi que je viens de le dire, af-
firme le fait comme expérimentalement certain.
Laplace en traite dans un opuscule peu connu.
J'admets les faits qu'il cite, sans admettre son

hypothèse. Je préfère Fénelon quand il dit :
« C'est en ce centre que se touchent les hommes
« d'un bout du monde à l'autre. » — Quoi! les
esprits et les âmes se toucheraient en Dieu! Non!
non! disent l'ignorance et l'habitude, et le sens
lourd du matérialisme pratique. — Mais là,
dans ce nid où nous étions ensemble, si rapprochés de cœur, de pensées, d'espérances, que
de fois l'on se sentait comme envahi par des
éclats d'âme venant directement d'autrui, et
poursuivi par des fermentations de sentiments
et de pensées qu'un autre nous envoyait! il y a
tel détail que l'on ose à peine raconter, parce
qu'étant vrai, il est invraisemblable. — « Mais
« qui donc, depuis hier soir, et cette nuit même,
« et toute la matinée, s'est obstiné à suivre cette
« idée dont il n'était cependant pas question
« hier? Il me semble que c'était vous! — C'est
« moi-même, en effet, » répondit aussitôt Henri
Perreyve.

N'entrons pas plus avant dans ces analyses
psychologiques, et n'allons qu'à ce qui est manifeste pour tous. Ce qui est manifeste, c'est
qu'en une pareille société d'esprits, chacun est
et se sent plus fort.

Donc, ainsi soutenus et portés l'un par l'autre,

pleins de confiance et d'espérance, nous méditions de réaliser un jour cet atelier de travail intellectuel où, plusieurs travaillant ensemble dans le même sens et dans le même lieu, *Omnes unanimiter in eodem loco*, on pourrait entreprendre enfin l'encyclopédie véritable (1).

Nous savions que ceci avait été déjà conçu par saint Philippe de Néri (2).

(1) Voir le Discours sur le devoir intellectuel des chrétiens au dix-neuvième siècle. (*Les Sources*, nouvelle édition, p. 183.)

(2) C'est ce que résume ainsi, dans son récent ouvrage, le P. Adolphe Perraud, l'un des membres du groupe primitif : « Baronius a fait connaitre lui-même, dans la préface de son tome IIIe, comment tout ce vaste dessein avait été conçu avant lui par saint Philippe, et dû au zèle dont il était consumé pour les intérêts de l'Église. Là éclate cette merveilleuse intelligence des besoins propres à chaque siècle, qui doit être le flambeau perpétuellement allumé au milieu de la milice toute sacerdotale de l'Oratoire.

« Lutter contre les erreurs opposées à la foi, en s'emparant de leurs propres armes et en les retournant contre elles; opposer à la science fausse, exclusive, passionnée, l'érudition la plus loyale, la plus large, la plus désintéressée; ne laisser l'ennemi se cantonner et s'établir sur aucun point des connaissances humaines; mais, comme les apôtres vont à toutes les nations du monde, envoyer des missionnaires dans toutes les sciences, pour les éclairer toutes de la lumière de la révélation, et les faire toutes servir au progrès du règne de Jésus-Christ; accepter cette lutte permanente dans les conditions mêmes où la mettent les divers siècles et les diverses civilisations; se faire tout à tous pour gagner tous les esprits à la foi et tous les cœurs

Nous remarquions que le **P.** Thomassin, à lui seul, avait entrepris une sorte d'encyclopédie chrétienne, dans cette suite d'ouvrages intitulés : *l'Art d'enseigner chrétiennement* les philosophes païens, les historiens, les poètes, les langues, la philosophie, et les sciences naturelles. Nous apercevions en même temps, ce qui depuis est devenu bien plus visible, savoir : l'invasion générale, dans toutes les directions de la pensée

à la charité de Jésus-Christ ; et, par conséquent, livrer le combat, ici sur le terrain de l'Écriture sainte et de l'exégèse biblique, là sur celui de la philosophie, de l'histoire, des sciences naturelles : puis faire de la manifestation du beau dans les arts un moyen d'attirer les âmes ; suivre, s'il le faut, dans ses évolutions la pensée moderne, et ne pas permettre à la science antichrétienne de confisquer le domaine des sciences sociales et politiques, et d'en faire le monopole de la raison révoltée contre la foi ; mais sans relâche et sans découragement, sanctifier le travail par la prière, se multiplier pour suffire à tout, et pour ramener à la majestueuse unité de l'Évangile la discordance des sagesses purement humaines : telle est la marche que, dans son intelligente sollicitude pour les intérêts de la vérité, saint Philippe traça aux membres de l'Oratoire au milieu des luttes passionnées du seizième siècle. Baronius commence cette tradition ; plus tard, les fils du cardinal de Bérulle la recueilleront fidèlement, et par les Lami, les Thomassin, les Morin, les Malebranche, et d'autres, se perpétuera cette ferme et vaillante milice toujours vouée à l'apostolat de la science, et par lui, aux conquêtes et aux progrès de la vérité catholique. » (*L'Oratoire de France*, p. 24.)

et sous toute forme littéraire, de l'esprit d'incrédulité, de négation, de haine au christianisme. On s'empare aujourd'hui de tout pour l'attaque, disions-nous, emparons-nous de tout pour la défense. Dans chaque détail isolé de la science, on croit trouver un témoignage contre le christianisme; répondons à ces discordants témoignages, et à ces cris sans fin sous chaque buisson, par une œuvre d'ensemble, par l'unanimité des témoignages de la science comparée; démontrons l'harmonie des sciences entre elles et avec l'Évangile, dans une encyclopédie véritable.

Et nous concevions l'espérance d'accomplir un jour cet ouvrage, ou du moins de fonder une tradition de pensées et d'efforts, un atelier de travail encyclopédique, qui, par l'union des forces et le nombre des ouvriers, accomplirait enfin ce qu'au commencement de ce siècle Joseph de Maistre nous annonçait. « Attendez, disait-il, l'homme de génie qui va paraître, et qui, fort de l'affinité naturelle de la science et de la religion, les réunira, dans une admirable lumière, pour mettre fin aux mauvais siècles d'incrédulité que traverse l'esprit humain. »

Nous avions conçu l'ambition d'établir un

lieu de travail permanent, une source d'efforts
intellectuels, une ligue de travailleurs, de penseurs véritables, de penseurs en commun, qui
contribueraient pour leur part à la démonstration de l'harmonie des sciences et de la religion ;
à « ce travail enfin que Dieu, disait un grand
« évêque, demande depuis près d'un siècle à la
« France, sans pouvoir encore l'obtenir. »

Oui, telles étaient alors nos espérances, et
elles subsistent aujourd'hui, aussi grandes, mais
plus éclairées.

Le premier temps d'une entreprise, c'est l'immensité de l'espérance et de l'ardeur. Le second
temps, entamant les difficultés, et entamé par
elles, touche trop souvent au désespoir. Sachons
traverser cette épreuve, et arriver à ce troisième
temps qui est celui de l'obstacle vaincu, de
l'invasion et du triomphe de l'idéal dans le réel.
Courage ! la claire vue des difficultés est le
commencement du triomphe. C'est le second
pas du progrès. Ceux mêmes qui entreprennent
sans présomption, et s'attendent aux plus grands
obstacles, apprennent, en essayant, quelle est la
nature de l'obstacle et la forme des difficultés.

Eh bien ! s'il s'agit de l'apostolat philosophique et scientifique, voici les deux difficultés :

difficulté de recueillement, et nécessité du travail extérieur quotidien.

L'encyclopédie véritable, et la démonstration de l'harmonie des sciences et de la religion, ne peut se faire par juxtaposition du détail des sciences. Ce sont au contraire ces détails et ces sciences que quelques grandes, simples, et profondes idées, vues jusqu'au fond, doivent pénétrer, doivent, en quelque sorte, dissoudre et liquéfier au feu, et puis transfigurer dans la lumière, comme quand la force de cristallisation, opérant dans le feu, coordonne le carbone et le transfigure en diamant. Or, pour un tel ouvrage, ce ne sont pas des esprits dispersés dans la poussière des faits, ce sont des esprits recueillis et rapprochés de Dieu, capables d'intuition et de contemplation, qui en pourront accomplir quelque chose.

En tout temps le profond recueillement de l'esprit dans la vérité substantielle, dans les sources centrales de lumière, dans ce fond où le calme, la paix, la certitude et le bonheur devraient pourtant attirer les âmes, ce nécessaire et bienheureux recueillement est, plus qu'on ne pense, difficile à la nature humaine. Mais dans les époques agitées où tout est lutte, où les cris de la presse quotidienne troublent tout, où l'on n'entend plus rien que le déchaînement de tous les vents dans l'atmosphère intellectuelle, alors il est plus difficile que jamais d'habiter dans ce sanctuaire où se recueillent les idées et où parle la vérité. On veut agir, on veut parler, on veut combattre. Nul ne veut rester dans sa chambre, comme le demande Pascal. Nul ne veut s'enfermer avec Dieu, *clauso ostio*, comme le dit l'Évangile, pour interroger la lumière dans sa source la plus recueillie.

Qui donc veut croire à la présence réelle de Dieu, à la nécessité et à la possibilité de le voir et de l'interroger pour connaître la vérité? Eh! mon ami, me disait un pieux archevêque, mais qui donc aujourd'hui veut cela? Et qui donc travaille à sortir de l'incurable vie de surface dont se contentent la plupart des esprits?

Voilà la difficulté intérieure. Mais il en est une autre tout extérieure, et non moins redoutable, puisque d'ailleurs elle engendre l'autre; c'est la nécessité du travail extérieur quotidien pour gagner le pain quotidien.

L'intuition et la contemplation ne sont pas un travail visible. La préparation éloignée de l'œuvre immense qui sera la science comparée, non achevée, mais fondée dans ses bases, ce travail éloigné n'est qu'un germe, qui ne pourra porter ses premiers fruits visibles qu'après de longues années d'efforts. L'effort pour ramener les sciences à l'harmonie dans l'éternelle philosophie, dans l'éternelle, nécessaire et universelle religion du genre humain, est l'un de ces grands travaux séculaires destinés à échouer souvent dans les premiers essais.

C'est une entreprise, disions-nous, que Dieu demande, depuis bientôt un siècle, à l'esprit humain sans pouvoir l'obtenir. Or l'on pourrait citer plusieurs groupes de prêtres qui, de nos jours, en France, se sont réunis dans la bonne volonté d'essayer. Tous, après quelques années de lutte contre la faim, tous ont été forcés, pour vivre, de se faire professeurs de grammaire, ou bien préparateurs au baccalauréat.

Ah! si l'ancien Oratoire de France avait vécu, s'il n'avait eu un siècle d'interruption, si ses maisons, ses bibliothèques, ses collèges, ses retraites, ses traditions de travail et de recueillement, avaient subsisté dans leur moindre partie, l'entreprise de la synthèse des sciences et de leur transfiguration dans la lumière chrétienne étonnerait aujourd'hui le monde par sa grandeur et sa splendeur. La philosophie et la science générale ne seraient pas dans l'état où elles sont. Les risibles sophistes qui troublent aujourd'hui les esprits sans défense n'auraient pas osé se montrer. Les puissants ouvriers de la philosophie entière et de la science relevée jusqu'à Dieu eussent fait comprendre au monde, dans l'ordre intellectuel, le mot de Pascal : « Il « faut que la religion soit tellement le centre, « que tout y aboutisse. » Ils eussent magnifiquement continué et développé Thomassin. Ils eussent profondément perfectionné la tradition de Malebranche, qui, comme l'ont dit ses contemporains, et comme s'exprime le P. André, *christianisait la philosophie*, et ramenait, d'un autre côté, toutes les sciences à cette philosophie devenue chrétienne.

Ce sont eux qui auraient su mettre en lumière le vrai génie du christianisme dans l'ordre de la philosophie et de la science. Ils eussent saisi dans son vrai sens la grande inspiration d'harmonie et d'unité par laquelle, dans le premier quart de ce siècle, la Providence sollicita l'esprit humain, mais dont abusa l'Allemagne.

Voilà ce qu'auraient fait nos Pères. Nous, si nous n'avons pas leur génie, nous nous efforce-

rons, quand le soleil de l'intelligence se lèvera
sur nous, d'égaler leur patience, leur travail et
leur bonne volonté.

IV

Mais il ne s'agissait pas seulement, dans l'O-
ratoire, d'un essai d'association intellectuelle:
L'Oratoire a surtout en vue l'organisation de la
vie du prêtre séculier, quelle que soit sa vocation spéciale.

« Etes-vous capables de grandes études, écrit
« l'un des anciens Oratoriens (1), l'Oratoire vous
« donnera du repos, des livres, même des chai-
« res pour enseigner. Aimez-vous la retraite, il
« y a des maisons de ville et de solitude. Vous
« sentez-vous portés à la pénitence, vous trou-
« verez chez elle (cette communauté) des exem-
« ples de l'abstinence des Chartreux. Le zèle de
« la maison de Dieu vous dévore-t-il le cœur,
« elle vous donnera le choix des missions et des
« cures. Aimez-vous le chant et la splendeur du
« culte, elle vous en donnera les ministères.
« Enfin sa charité fait qu'elle est toutes sortes de

____

(1) Voir *l'Oratoire de France*, p. 95.

« communautés, et cependant elle ne ressemble
« à aucune, parce qu'elle n'est point détachée
« des évêques, et qu'elle est liée à tous les supé-
« rieurs naturels. »

Quant à H. Perreyve, ce qu'il était venu chercher à l'Oratoire, nous l'avons déjà dit. Comme
il allait toujours, en toutes choses, au plus beau,
il n'avait garde d'oublier le conseil de saint
Paul : « chercher toujours les meilleurs dons,
surtout celui de consoler les hommes. » Il
cherchait moins encore l'intelligence scientifique du vrai, que la vue de son splendide éclat,
qui émeut, ravit et console. Et s'il avait l'honneur de faire partie du noyau primitif qui réta-
blissait l'Oratoire, c'est qu'il y voyait avant tout
une école d'amour pour les hommes, un lieu où
l'on poursuivrait avant tout *l'intelligence du
pauvre*, la science de tout être souffrant ou de
cœur ou de corps, la science aussi des sociétés
qui souffrent et qui chèrchent, la science enfin
de ce que leur pourrait apporter l'Évangile. Ah !
quelles ardeurs se déployaient dans ces conférences dont lui-même parle ainsi dans l'éloge
d'Hermann de Jouffroi, l'un des membres ex-
ternes de nos réunions :

« Cette conférence était tenue chaque semaine

« dans la chambre de l'un des Pères de l'Ora-
« toire, et son but n'était autre que de parler
« des ouvriers, des pauvres, des déshérités de ce
« monde et de chercher le remède à leurs maux.
« Comment vous retracer les saillies éloquentes
« de sa parole dans ces réunions?

« Comme son cœur bondissait; comme il
« battait fort, et à l'unisson du cœur de Jésus-
« Christ, roi éternel des pauvres! comme il sa-
« vait défendre franchement des convictions qui
« choquent l'orgueil du monde et scandalisent
« son égoïsme! »

Ainsi parle-t-il de son aimable et admirable
ami.

Mais lui-même, comme il méritait plus encore
tout ce qu'il dit de son ami! « Il appelait de
« toutes les forces de sa belle âme un épanche-
« ment de plus en plus fécond de l'Évangile,
« dans les lois et les règlements des sociétés
« humaines. »

Mais avec quelle sagesse, dès lors, et quel
zèle contenu, et quel éloignement des banales
utopies, il concevait ces progrès de l'alliance
du ciel et de la terre! En même temps, avec
quelle vigueur il maintenait le sens de la parole
évangélique fondamentale : « Que votre volonté

« soit faite en la terre comme au ciel. » Et n'est-
ce pas lui qui, pour convaincre les découragés,
découvrit dans saint Chrysostome ces textes
étonnants où l'illustre docteur ose charger chaque chrétien de répondre du monde entier, et
lui ordonne de travailler à rendre peu à peu la
terre semblable au ciel?

Et comme il comprenait que tout ce zèle devait rester toujours *selon la science*, et que, parmi
les sciences, l'histoire, le droit, la morale appli-
quée, la politique et l'économie politique, sont
les sciences principales dans lesquelles il nous
faut introduire aujourd'hui l'Évangile!

V

Oui, c'est bien là l'esprit qu'il faudra toujours
souhaiter à l'Oratoire, si, comme nous l'espé-
rons, il doit vivre et se développer. Puisque le
trouble est surtout visible dans la vie politique
et sociale, n'est-il pas nécessaire que les âmes
dégagées de passions apportent les lumières
pacifiques là où sévit la tempête de ténèbres?
Comme les anciens contemplatifs méditaient
l'âme en face de Dieu, ne se peut-il que de nou-

veaux contemplatifs, s'il en doit exister encore, méditent la société humaine en face de Dieu ? Et, puisque le plus grand de nos maux est précisément la tourmente de colère et de haine, qui ne fait qu'augmenter sans cesse depuis bientôt un siècle, quelle serait la bienheureuse gloire de l'effort vraiment évangélique, qui essayerait de vaincre la colère et la haine ! Qu'est-ce qui divise avant tout les intelligences, sinon la division des cœurs? Oh ! qui saurait détruire ou seulement diminuer parmi nous ces passions ténébreuses, mères des nuages et des tempêtes, quels torrents de lumière celui-là ferait entrer dans les esprits ! Je suis certain que dans toutes les Églises chrétiennes et dans toutes les écoles de philosophie (je n'excepte que celles qui récusent la raison), il est des milliers d'hommes qui n'ont pas d'autre obstacle à la foi pleine que les ténèbres engendrées par la passion et l'ardeur du combat. Mais serait-il donc impossible d'introduire dans la lutte des esprits un élément nouveau, la bonté, la bonté absolue, ce propre caractère de ce qui est de Dieu !

Les écrivains envoyés par le Christ (*ecce ego milto ad vos scribas*) ne pourront-ils pas essayer une forme nouvelle de polémique, qui n'a jamais encore été introduite dans le monde, et qui serait précisément la polémique de l'Évangile? Cette polémique nouvelle prendrait pour règles fondamentales ces mots du Christ : « Bienheureux sont les pacifiques; bienheureux « sont les doux parce qu'ils posséderont la « terre. — Celui qui dit à son frère : Vous êtes « un insensé, méritera d'être condamné. — « Que si l'on vous frappe sur une joue, pré- « sentez l'autre. — Imitez votre Père céleste « qui verse sa rosée sur les méchants comme « sur les bons. »

Ce sera là, un jour peut-être, la polémique du prêtre. Peut-être l'Oratoire, ou, pour mieux dire, les Oratoires, s'ils se répandent partout comme organisation de la vie du prêtre, essayeront-ils d'en donner quelque exemple. On me dira sans doute que déjà l'Oratoire de Paris a péché contre cet idéal, et qu'étant attaqué à tort, il s'est par trop vertement défendu. Est-ce vrai? Si l'on trouve que c'est vrai, je le confesse, et ce serait un tort d'autant plus grand que nous avions médité souvent la possibilité d'une conduite plus parfaite. Mais, disons-le, à côté de ces imparfaits, il est des âmes meilleures. C'est à Henri Perreyve que l'un de nous pro-

posait par écrit ce qui suit : « Êtes-vous, cher
« enfant, fermement convaincu de ceci : que si
« jamais les travaux d'une partie d'entre nous
« prenaient la forme de publications suivies,
« l'essentiel caractère qu'il faudrait donner à
« nos études et à nos discussions, ce serait la
« douceur et la charité absolue ?

« Il n'y a rien qui soit plus difficile, et cela
« touche à l'impossible. Il est facile de com-
« mencer avec une douceur embaumée. Dans
« les premiers discours tout est suavité. Mais
« quand viennent les contradictions, les inin-
« telligences, les ignorances, les oppositions
« sans bonne foi, les négations aveugles et les
« passions farouches, alors on s'indigne d'abord
« d'une indignation contenue, et puis d'une
« indignation qui éclate.

« Eh bien ! faisons une ligue ; soutenons-
« nous mutuellement pour empêcher, à force
« de bons propos, ce qui est presque inévi-
« table.

« Il est, dit-on, des adversaires de mauvaise
« foi. J'y consens, mais ce n'est pas à eux qu'on
« parle. Ceux-là, ne les supposons jamais de-
« vant nous. Nous ne nous adressons qu'à la
« bonne foi, qui veut la vérité. Dès lors la dou-

« ceur absolue est de droit et devient la plus
« grande des forces.

« Eh quoi! des ministres de l'Évangile ne
« pourraient-ils donc jamais, une fois, entre-
« prendre un solennel effort de polémique et
« d'apologétique, dans l'esprit même de saint
« François de Sales, qui, dans ses controverses,
« supportait toute contradiction, toute absur-
« dité, toute injure, comme Jésus les soufflets,
« et finissait par tout dompter dans la force
« divine de la douceur et de la patience absolue ?
« Oui, cher enfant, il y a là une force que nous
« n'avons pas encore essayée, une force divine
« inexploitée, non par les saints, mais par les
« écrivains. Eh bien ! s'il est de véritables écri-
« vains envoyés par le Christ (*ecce ego mitto ad*
« *vos scribas*), cette force-là sera la leur. Je suis
« fermement convaincu que, si l'on avait la
« constance de suivre cette voie malgré tout ;
« si l'on savait, à force de le vouloir et de le
« demander à Dieu, n'être jamais ni sec, ni
« dur, ni, ce qui est bien pis, ironique et surtout
« aigre-doux; si l'on s'habituait à l'art de dé-
« couvrir, dans le moins raisonnable adversaire,
« un millième de raison, s'il s'y trouve, pour
« l'adopter, le louer, s'en servir, comme le

« chimiste, dans une masse quelconque, dé-
« couvre un millième d'or ; si l'on savait être
« toujours, avec science et lumière, impertur-
« bablement évangélique, doux comme l'agneau
« de Dieu, je suis convaincu, dis-je, qu'on
« ferait des miracles.

« Tous ceux qui croient à l'Évangile, et puis
« tous les amis de la justice et de la raison, se-
« raient pour ces vrais pacifiques. Mais il faut
« pour cela la patience absolue et imperturbable,
« sans y manquer jamais une fois.

« Nous serons doux peut-être à l'égard de
« nos adversaires déclarés. Mais si nos propres
« amis nous frappent, si nos propres soldats
« tirent sur nous, serons-nous, contre ces adver-
« saires absolument inattendus, serons-nous
« absolument doux ?

« Eh bien ! alors même il faut être doux.

« Quand l'indignation la plus sainte et la
« plus légitime sera soulevée dans votre âme,
« eh bien ! vous l'exhalerez par la prière et par
« des larmes, mais non par vos écrits.

« Comprenez-vous cela, mon enfant bien-
« aimé ? Le voulez-vous absolument, inébran-
« lablement ? »

Il me semble qu'il a compris et pratiqué.

Quoique bien jeune, il a su écrire des volumes et prononcer bien des discours sans jamais blesser aucun homme.

Mais voici comme lui-même exprime cette conviction :

« La douceur est une force; et il importe d'autant plus d'établir cette vérité, que beaucoup d'âmes, confondant la douceur avec la faiblesse, se défient de cette vertu comme d'une puissance d'énervement, et lui adressent chaque jour les plus étranges reproches.

« Rien n'est plus ordinaire, en effet, parmi nous que d'entendre murmurer autour d'elle les mots de concession, de transaction avec l'erreur, d'affaiblissement de la foi, de lâcheté même et de trahison, jusque-là qu'il n'est pas tout à fait sans péril de prendre aujourd'hui la défense d'une vertu si scrupuleusement et si sévèrement surveillée.

« Mais ici je rencontre la doctrine des saints; et, comme nous entendions tout à l'heure saint Bernard expliquer la parole du Sauveur : « Bienheureux les doux, car ils posséderont la « terre, » par la grâce d'un empire intérieur donné à l'âme douce sur elle-même, voici maintenant l'admirable saint Jean Chrysostome qui nous montre, dans cette terre promise à la douceur, la possession des âmes et la conquête des hommes par l'apostolat. Comment les doux possèdent-ils la terre? se demande ce grand saint. « Parce que, répond-il, ils peuvent con-« quérir autant de domaines qu'il y a de cœurs « d'hommes. — Pour moi, poursuit ce docteur, « je ne connais rien de plus violent et de plus « irrésistible que la douceur. Il faut donc dis-« cuter avec les Gentils et avec les ennemis de « la foi, en véritable esprit de condescendance « et de charité ; car la charité est une grande « maîtresse pour convertir ; » et ailleurs : « Rougissons d'attaquer nos ennemis avec la « violence des loups. Demeurons agneaux et « nous serons vainqueurs, quel que soit le « nombre de nos ennemis. Si nous nous trans-« formons en loups, soyons sûrs de la défaite, « parce que le divin Pasteur nous abandonne ; » et enfin : « Ouvrez les filets de la charité, jetez « le doux appât de la miséricorde pour retirer « votre frère de l'abîme. Montrez-lui charita-« blement ses erreurs et ses préjugés. S'il veut « se rendre à votre voix, il vivra ; s'il résiste, ne « vous rendez pas coupable vous-même par « dureté, mais discutez toujours avec patience

« et avec douceur, de peur que le souverain
« Juge ne vous demande compte de son âme. »
Qu'elles sont graves, chrétiens, ces dernières
paroles ! et qu'elles sont pleines de l'esprit de
Celui « qui ne brisa jamais le roseau courbé,
« qui n'éteignit point la mèche fumante en-
« core ! »

« Mais pourquoi vous donner la doctrine des
saints, quand le Sauveur lui-même a pris soin
de tout dire sur ce grand sujet, quand il a con-
firmé ses paroles par tous les exemples de sa
vie ! A quelque page que vous ouvriez le saint
Évangile, vous ne trouverez en ce divin livre
que le commandement de la douceur, la condamnation des entreprises violentes contre les
âmes, et les promesses de la victoire à la seule
charité. Toute la suite des divins enseignements
garde le même caractère. Rien qui autorise la
violence sur une seule âme, rien qui méconn-
naisse l'honneur et les droits de la conscience,
rien qui permette au zèle apostolique « ces
« tons superbes et avantageux, cette aigreur
« et cette fierté, cette force hautaine et con-
« tentieuse, » j'emploie le langage de Bossuet,
dont s'arment trop souvent ces imprudents
serviteurs de l'Évangile « qui, emportés par

« leur propre sens, au lieu de se faire un zèle
« de leur religion, se font une religion de leur
« zèle. » C'est le langage de Bourdaloue. »

Voilà dans quels sentiments H. Perreyve se
préparait à la conquête des âmes.

VI

Mais je n'ai pas tout dit sur sa préparation
sacerdotale. Je n'ai rien dit de ses études théologiques, ni du bonheur qu'il eut, comme toute
cette première génération de l'Oratoire, de
rencontrer le plus étonnant, peut-être, des professeurs de théologie, cet humble prêtre dont
la virginale et timide modestie ne permettra
jamais que le nom soit connu : sachant tout, et
travaillant toujours ; ayant pour monde unique
sa cellule, et n'en sortant jamais ; ne connaissant sur la terre que ses livres et son crucifix,
et notre Père céleste « qui est dans le secret : »
Pater qui est in abscondito ; malgré sa science
immense, sa mémoire prodigieuse de tous les
faits et de tous les textes, n'ayant jamais, à son
avis, assez de temps pour préparer la plus petite
leçon aux cinq ou six jeunes hommes qui cons-

tituent son auditoire, et qui gardent aujourd'hui encore, comme un trésor théologique, auquel ils ont encore à peine touché, les cahiers de leur professeur.

Que Dieu le récompense pour le zèle qu'il a déployé en ces commencements, et pour tout ce qu'il a mis dans les fondements de l'Oratoire. Il mettait en ce petit groupe la science théologique la plus profonde, comme un autre y mettait, par la parole et surtout par l'exemple, le germe des vertus et de la sainteté.

Tel était le bonheur de sa préparation sacerdotale. Et ce lieu de préparation était en même temps, à ce qu'il paraissait, un asile pour toujours, une famille intellectuelle, un foyer de sainte amitié, en un mot l'organisation de sa vie.

« Je ne puis assez admirer, disait-il, les con-
« seils de Dieu. Il nous a préparés par l'amitié
« avant de nous confier son œuvre; nous avions
« un même cœur, avant de porter le même
« sacerdoce; nous sommes véritablement une
« famille, même d'après le langage des hom-
« mes. La volonté de Dieu n'a eu qu'à se
« communiquer à un seul, pour que la lumière
« éclatât en des cœurs si profondément unis... »
Et tout cela était réalisé. Ils vivaient en effet

ensemble, et travaillaient ensemble, s'aimant, se soutenant les uns les autres, et se préparant l'un par l'autre à leur bienheureuse destinée.

Mais pour H. Perreyve, après deux années de cette vie heureuse et féconde, de cet âge d'or de vie sacerdotale, un obstacle vint tout briser : ou, pour mieux dire, un événement qui paraissait devoir être la ruine de toutes ses espérances, vint l'arracher à ces douceurs, pour le mener à une plus haute école, l'école de la souffrance sous la main de Dieu seul.

Tout à coup, un matin, à la suite d'un vomissement de sang, il se trouva en danger de mort.

Eh bien! ceci fut véritablement sa suprême préparation sacerdotale, car ce fut en ces années de souffrance et d'épreuve, supportées avec le plus étonnant courage, c'est après un retour à la vie vraiment inespéré, qu'il reçut de Dieu même la leçon que voici : « Mon fils, « ce n'est pas pour toi que tu viens de recevoir « le don renouvelé de la vie. Cette vie qui t'est « rendue, tu la dois aux hommes pour ma « gloire. »

La mort, qu'il venait une seconde fois de regarder en face, avait brisé les liens étroits qui pouvaient encore retenir son âme, et lui avait de nouveau montré dans une très vive lumière l'extrême simplicité des choses, ne laissant de présent à son âme que le salut du monde et Dieu.

Alors il est au vrai point de vue sacerdotal; son ministère peut commencer.

CHAPITRE IV.

HENRI PERREYVE. — MINISTÈRE.

I

Parmi cette riche diversité de dons, de travaux et de ministères qui, dans l'Église de Jésus-Christ, composent le service de Dieu et des hommes, nous savions d'avance le travail et le ministère que Henri Perreyve dut choisir. Il devait aller au plus beau. Il devait suivre le conseil de saint Paul : « Parmi les dons spiri- « tuels désirez les meilleurs, et avant tout le « don de prophétie. » Saint Paul explique, avons-nous dit, ce qu'il appelle le don de pro- phétie. C'est le don « de parler aux hommes « pour les élever, les exhorter, les consoler. »

Tel devait être son ministère : tel fut le don que Dieu lui fit.

Oh! que les choses sont belles, si on savait les voir, si l'on apercevait l'intérieur des âmes et les opérations de Dieu!

Voici un pauvre enfant dans une école de théologie; son âme est pleine de désirs et d'élans. Et pendant que ces quelques « étudiants « de Dieu » méditent ensemble l'Évangile, et que l'un des aînés est chargé d'exhorter les autres : « Pendant ce temps, comme il l'écrit « lui-même, il y a telle âme, très petite et très « faible, qui tressaille, qui comprend, qui se « donne à Dieu. Je me donne à vous, ô Jésus- « Christ, pour faire de moi ce que vous vou- « drez, pour servir ces pauvres frères que nous « aimons, pour détourner les âmes du faux « idéal, pour faire du bien aux hommes. Cette « âme dit cela, et elle le dit avec tant d'amour, « tant d'espérances et tant de larmes!!... Ah! « je voudrais des choses immenses; mais je ne « suis rien, et je ne puis rien. »

Eh bien! nous avons ici un exemple d'une prière exaucée. Cet enfant, dans cette humble école, que le monde ne connaît pas et ne comprend pas, demande des choses immenses et les obtient. Il obtient beaucoup plus que ne promet le rêve de toutes les ambitions, plus que la gloire et plus que le génie. Il obtient quelque chose de l'esprit des prophètes, le don sacré de parler aux hommes et de les consoler!

Il obtient dix années de courage et d'efforts à travers la souffrance, et, à ce prix, quelques-unes des inspirations du Saint-Esprit consolateur lui sont données pour les transmettre aux hommes. Il aura peu vécu, mais il aura relevé et consolé des âmes; et, en mourant, il laisse quelques paroles de lumière et de feu, qui exciteront, relèveront et consoleront bien des cœurs; il a plus fait que le plus glorieux des enfants de la terre. Il a été, à la suite du Christ, un bienfaiteur parmi ses frères. Il a été l'un de ces puissants ouvriers qui maintiennent au milieu des nations la croix du Christ et la vie de Dieu.

II

Dieu, dis-je, lui a donné de laisser, en mourant, quelques paroles de lumière et de feu qui relèveront et consoleront bien des âmes. J'applique ceci surtout à son principal ouvrage : *la*

Journée des malades, livre qui, si mon cœur ne m'aveugle pas, est peut-être de ceux qui doivent vivre longtemps. Ce livre a presque la sobriété, la simplicité et le poids des livres immortels. C'est un livre réel composé de la vie de celui qui l'écrit.

Voici les premiers mots qu'il adresse au lecteur. C'est toute la préface de l'ouvrage.

« Ce livre a été écrit, cher malade, pour vous
« consoler, vous fortifier et vous distraire dans
« les longueurs de l'infirmité ou de la convales-
« cence. Il ne se recommande à votre attention
« que par une seule circonstance : c'est qu'il
« n'est pas né d'un effort d'esprit, mais d'une
« expérience personnelle et prolongée du sujet
« qu'il traite. Ce dont il parle a été souffert
« avant d'être écrit. »

Or, s'il est quelque chose que l'auteur ait souffert, et qu'il ait expérimenté par lui-même dans ses longues maladies, c'est la lutte, inces- sante et patiente, pour travailler quoique ma- lade ; c'est le confiant courage qui ressuscite le corps par l'âme et l'âme par Dieu. Nous avons été tous témoins, dans le détail, de la plus éton- nante de ses guérisons, celle que lui-même a considérée comme particulièrement bénie de

Dieu, quoiqu'il ne sût pas bien alors quelle avait été la profondeur désespérée du mal.

Il sait donc, par sa propre expérience, que Dieu peut ranimer l'âme et le corps, et c'est sa propre vie qu'il raconte dans le chapitre intitulé : *Courage et travail,* où je trouve les lignes suivantes :

« C'est l'âme qui porte son corps, et le fait
« vivre et respirer comme il lui convient. Tou-
« tes les grandes passions, la passion de la
« gloire, celle de la science, celle même des
« plaisirs, donnent à l'âme cette extraordinaire
« autorité sur les sens.

« Pour nous, chrétiens, il est une passion qui
« doit posséder notre âme : celle de travailler en
« ce monde, sans trêve et sans relâche, à la
« venue du royaume de Dieu, et au triomphe de
« la justice.

« Heureuses les âmes, et il s'en trouve, que
« cette passion possède jusqu'au point d'ab-
« sorber en elle toutes les autres, et de leur
« tenir lieu de passion pour la gloire, pour
« l'ambition, pour la science, pour le plaisir,
« pour le bonheur lui-même ! Ces âmes-là de-
« viennent, au service de Dieu et des hommes,
« tout volonté, tout courage, tout travail, tout

« sacrifice. Elles ne s'arrêtent plus à considérer
« tristement si la fatigue augmente ou si la mort
« semble approcher : elles s'oublient, elles se
« donnent, elles consentent à perdre leur vie
« pour l'Évangile, et perdant cette vie d'égoïsme
« et de lâcheté, qui défigure et dégrade la plu-
« part des âmes, elles retrouvent la vraie vie
« selon la promesse du Sauveur, la vie géné-
« reuse, large et féconde, celle qui, même en ce
« monde, trouve déjà sa récompense dans la
« grandeur de ses œuvres, et l'abondance inat-
« tendue de ses joies.

« Les joies du travail, je parle du travail
« chrétien, accompli avec sacrifice, donné à
« Dieu, poursuivi sous son regard et dans sa
« compagnie! qui saura les redire, quand même
« il les connaîtrait depuis longtemps? Un tel
« travail d'abord conquis sur les répugnances
« du corps, et sur sa faiblesse, ne tarde pas à
« tourner en remède. »

Nous l'avons vu pratiquer toutes ces choses
avec un courage héroïque.

Mais quelle puissance de consolation n'a pas
dû lui donner la plus grande des douleurs de
son âme, cette épreuve dont je sais l'histoire ; et
qu'il a traversée en s'appuyant sur Jésus-Christ,

avec plus de courage encore que dans ses souffrances corporelles ! Il faut lire le magnifique
chapitre intitulé : *le Crucifix*.

« Elle est venue, Seigneur, l'heure de la dé-
« tresse, et mon âme n'en a pu supporter le
« poids.

« J'ai senti toutes mes forces intérieures
« ployer en même temps sous le fardeau d'une
« amertume trop grande, un flot de larmes
« monter tout à coup, et jaillir de mes yeux.

« Dans cette angoisse, dont la violence m'a
« effrayé, j'ai cherché du secours. J'ai promené
« mes regards autour de moi, j'ai cru que tant
« de souffrances finiraient par évoquer un con-
« solateur. Mais j'étais seul, et le consolateur
« n'a point paru.

« Alors j'ai aperçu ton image, ô Jésus-Christ ;
« l'instinct du salut m'a jeté vers elle ; je l'ai
« saisie d'une main tremblante, et mon visage
« baigné de pleurs s'est reposé sur elle.

« On pleure bien sur ton image, ô divin Cru-
« cifié ! Les larmes des hommes la connaissent.
« Il y a entre ta croix et les douleurs humaines
« une éternelle conformité.

« A travers mes larmes j'ai regardé tes mains
« percées pour l'amour des hommes ; mes lè-

« vres ont rencontré les clous qui attachent tes
« pieds, et ma main, qui serrait ton image, s'est
« posée sur la plaie de ton cœur.

« Qu'ai-je dit, qu'ai-je entendu? Je ne sau-
« rais me le répéter à moi-même. Je suis resté
« longtemps dans l'union avec toi, baisant tes
« plaies, serrant dans ma main ta tête chargée
« d'épines, m'enivrant de ta croix.

« J'ai longtemps baigné de pleurs cette croix
« que tu baignas de ton sang. Je n'ai pas eu la
« force de prononcer une parole, mais il y
« avait, dans le fond de mon âme, celle que
« toi-même, ô Jésus! tu prononças au moment
« suprême : *Mon Père, je remets mon esprit entre
« vos mains.* J'ai suivi dans tous les replis de
« mon âme, longtemps et dans des profondeurs
« inconnues de moi, le retentissement de cette
« parole. Alors la paix est venue. Je me suis
« comme endormi sur ton cœur, et peu à peu
« l'amour a vaincu la souffrance.

« Une consolation étrange, inespérée, que
« j'ai senti ne point venir de moi-même, est
« doucement entrée dans mon esprit, et tandis
« que je m'étonnais de ce changement soudain,
« cette douceur a grandi jusqu'à devenir sem-
« blable à la joie.

« Je pleurais encore, mais c'était presque de
« bonheur, et au lieu des plaintes irritées qui
« grondaient tout à l'heure en moi, c'était
« maintenant le cantique involontaire de l'ac-
« tion de grâces.

« Une force calme est venue. J'ai senti que
« j'étais renouvelé pour le combat, et que ma
« volonté venait d'être trempée sept fois dans
« le sang de l'Agneau. »

Cette page, lecteur, est scrupuleusement historique. Je le sais. Puissiez-vous, si votre âme
est brisée de douleur et touche au désespoir,
en expérimenter la certaine et admirable réalité !

III

On peut juger, par les pages qui précèdent,
qui sont sa vie plutôt encore que des écrits, à
quel point il a dû posséder le don de consoler
et d'exhorter. Il y était incomparable. Dieu
l'avait comblé de cette grâce que saint Paul
nomme, dans l'ordre des ministères, la plus
haute grâce (*meliora charismata*), et de ce don
de prophétie qui est, retenons-le bien, le don

de *parler aux hommes, et de les éclairer, et de les exhorter, et de les consoler.*

Cet art sacré de parler aux hommes, de parler à chacun sa langue, de se faire entendre de tous, il l'avait à un degré rare. De là l'universel succès de ses discours en présence de tout auditoire. Sa parole attirait à Dieu, éclairait, consolait, exhortait avec le même succès les hommes les plus considérables par l'esprit, aussi bien que le plus pauvre enfant des catéchismes. L'effet de ses conférences sur l'assemblée la plus choisie, dans ses prédications de l'église de Sorbonne, fut tel qu'après un de ses discours, nous avons entendu l'un des plus grands orateurs de ce temps, et l'un des meilleurs juges de la parole, s'écrier, dans l'excès de son enthousiasme : « Celui qui n'a pas en- « tendu cela, ne sait pas jusqu'où l'éloquence « humaine peut aller. »

J'ai sous les yeux une carte de visite du noble comte de Montalembert, dont le généreux cœur aimait tant notre ami, qui le lui rendait bien! Sur cette carte déposée chez l'abbé Perreyve après l'un de ses discours de Sorbonne, je lis ces mots écrits au crayon : « Mon ami, on me « refuse l'entrée. Mais je veux vous dire que je

« suis ému et ravi, comme je ne l'ai pas été
« depuis vingt ans, depuis que celui dont vous
« êtes le digne successeur enivrait ma jeunesse
« à Notre-Dame. »

Mais j'aime encore mieux son succès au lycée
Saint-Louis, et surtout au collège de Sainte-
Barbe. Je ne sais s'il y a eu, dans le cours du
dix-neuvième siècle, un autre prêtre en France
qui ait su conquérir à ce point le plus difficile
de tous les auditoires, l'auditoire des lycées.

Tous ces enfants, et tous ces jeunes gens,
l'entendaient par ce qu'il leur parlait dans leur
langue. Et ne l'oublions pas : parler à chacun
dans sa langue est un don du Saint-Esprit :
audiebat unusquisque lingua sua illos loquentes.
L'Esprit d'amour parle toute langue, par cette
grande loi qui fait qu'une mère parle la langue
des nouveau-nés. Il avait pour tous ces jeunes
gens, — il m'en entretenait souvent, — un tel
amour, un tel respect, une telle idée de l'avenir
possible de ces âmes, une telle estime des ressources cachées dans chacun de ces cœurs, qu'il
en tenait vraiment la clef, et se faisait, dès qu'il
se présentait, reconnaître comme un ami.

Je n'oublierai jamais ce qui m'a été rapporté
de l'une de ses conférences au grand collège

du lycée Saint-Louis. Il s'agissait du sujet le plus délicat que puisse aborder la parole. Ce ne fut qu'un récit. Il raconta une mort dont il avait été témoin, et le crime qui avait été cause de cette mort. Ceux qui ont entendu ce récit s'en souviendront pendant leur vie entière. Ils n'oublieront jamais l'innocente et douce victime, et ces deux créatures mises à mort par l'un de ces crimes que nos lois ne savent pas atteindre, mais qu'atteignent celles d'Amérique. Et lorsqu'il s'écria : « Cet homme, dit-on, est « un homme comme il faut, plein d'honneur « et de sentiments élevés, et peut-être même « religieux! Messieurs! est-ce là l'honneur qui « sera le vôtre, et la religion que vous aurez? » Il y eut un de ces effets profonds qui vont jusqu'au centre des âmes. On voyait les larmes couler des yeux de ces jeunes hommes, et lorsqu'il eut fini, plusieurs s'approchèrent et lui dirent : « Merci, monsieur! vous nous avez éclairés pour toujours! »

Voici quel fut son début à Sainte-Barbe. Le Directeur l'avait prié de vouloir bien, pour le carême de 1862, donner une conférence aux élèves de l'école préparatoire et du grand collège, tous les quinze jours seulement, le di-

manche matin. Il y eut à ce sujet une innovation
de détail, qui retardait d'autant l'heure tradi-
tionnelle de la sortie, ce qui, nous le savons
tous, constitue pour tout écolier le plus douloureux contre-temps.

C'est sous de tels auspices que le nouveau
prédicateur monta en chaire devant un millier
d'auditeurs quelque peu chagrinés. Mais on
n'eut pas plutôt entendu cette voix, vu cette
figure, et compris ses premières paroles, que
les dispositions changèrent absolument : l'attention la plus vive s'éveilla; la plus agréable sur-
prise se fit voir, et le surlendemain les élèves
du grand collège adressèrent au préfet des
études la lettre suivante, pour lui demander de
rendre hebdomadaires, s'il se pouvait, les conférences que l'avant-veille ils avaient un instant regretté d'avoir à supporter tous les quinze
jours :

« Monsieur le Préfet, les élèves du grand col-
« lège vous prient de remercier M. l'abbé Per-
« reyve des belles et bonnes paroles qu'il leur
« a fait entendre dimanche dernier. Peuvent-
« ils mieux lui témoigner leur gratitude qu'en
« lui demandant de renouveler tous les huit
« jours, à Sainte-Barbe, des conférences aux-

« quelles ils prennent un si vif intérêt? Peut-
« être que la santé et les travaux multipliés de
« M. l'abbé Perreyve ne lui permettront pas
« d'accéder à nos désirs. Quoi qu'il arrive, il
« n'aura pas moins le droit de compter sur la
« reconnaissance que lui assurent, de notre
« part, et son dévouement et cette parole si
« remarquable et si sympathique à la jeunesse.

« Fait à Sainte-Barbe, ce mardi 11 mars
« 1862. » — (Suivent les signatures.)

IV

Cet incomparable succès sur tous les auditoires, et sur le plus difficile de tous, s'explique par la belle doctrine de saint Paul exposée
dans ce merveilleux Traité de la parole sacrée,
que nous trouvons aux chapitres XII, XIII et
XIV de la première Épître aux Corinthiens.

Le grand Apôtre exhorte ceux qui parlent
aux hommes, à ne point leur parler dans *une
langue inconnue*. Celui, dit-il, qui parle à l'assemblée dans une langue inconnue, celui-là
parle à Dieu, non pas aux hommes. Il s'édifie

lui-même, mais il n'édifie pas l'Église. Car il parle et personne n'écoute; *nemo enim audit.*

Qu'est-ce à dire? qu'est-ce donc que cette langue inconnue, qui est pourtant un don de Dieu (xii, 10 et 11), qui parle à Dieu (xiv, 2), qui énonce les mystères de l'esprit, *spiritu autem loquitur mysteria* (xiv, 2), qui édifie celui qui parle (xiv, 4), et que personne n'écoute, *nemo enim audit* (xiv, 2)? Qu'est-ce que cette langue-là? Je ne le sais que trop. C'est la parole sacrée elle-même, laquelle énonce en effet la doctrine, profère les mystères de l'esprit, que Dieu comprend, mais que les hommes ne comprennent pas, et que personne n'écoute. — J'ai proclamé la vérité, dit le prédicateur qui a parlé dans la langue inconnue ; mais ils ne m'ont point écouté; c'est leur faute. — Oui, le prédicateur a dit la vérité, et ils ont tort de ne pas apprendre cette langue, dans laquelle on leur parle. Mais écoutons encore saint Paul : « Que celui qui parle dans une langue in-« connue, dit-il, demande, dans la prière, le « don de l'interpréter, « *oret ut interpretetur* « (xiv, 13). » Car pour moi, dit l'Apôtre, j'aime mieux ne dire que cinq paroles intelligibles, que dix mille dans une langue inconnue (xiv, 19).

Oui, les mystères de l'esprit, les grands mystères du Christianisme, il ne suffit pas de les
dire en des formules, vraies devant Dieu, mais
que personne n'entend. L'apôtre et le prophète
sont précisément ceux qui ont le don d'interpréter les obscures et profondes formules, et
pour chaque homme et pour chaque siècle.
Traduire en langue vulgaire la langue mystérieuse et sacrée, comme Jésus-Christ lui-même
énonce en paraboles les vérités cachées depuis
le commencement du monde; renouveler la parole dans chaque siècle, et selon la nouveauté
du siècle, et selon l'éternelle antiquité du vrai,
c'est là ce que saint Paul appelle interpréter les
termes de la langue inconnue. Mais pour le
savoir faire, la première condition c'est, comme
l'exige l'Évangile, de connaître le temps où l'on
vit : *Hoc autem tempus quare non probatis;* c'est
de savoir que le Verbe éternel est Roi de tous
les siècles; et qu'aucun temps, ni aucun peuple,
ni aucun homme, ne saurait être vide de son
inspiration; que tout homme et tout siècle a, en
ce moment même où l'on parle, un but, une
vocation et une mission que les maîtres de la vie
intérieure appellent *l'ordre du moment présent;*
et que *cet ordre du moment présent* est la volonté

actuelle du Dieu caché, *Pater qui est in abscon-dito*, que tout siècle, aussi bien que tout homme, porte en lui. Or, c'est précisément ce Dieu caché, présent au fond de tous les temps et de tous les esprits, que le Prophète chrétien doit annoncer et découvrir, et dans chaque homme et dans chaque siècle, comme le faisait saint Paul aux Athéniens.

Je sais fort bien que le faux siècle, le siècle corrupteur et corrompu, enveloppe aussi tous les temps, et qu'il est justement le voile ou plutôt le linceul qui recouvre le Dieu caché. Mais ce Dieu, à son tour, qui habite dans les profon-deurs, est la cause et la vie, l'idéal et l'inspira-tion qui s'agite au fond de tout cœur, au fond de de toute époque pour déchirer le voile, rejeter le linceul, et tout pénétrer de lumière, de force, de joie, d'élan.

Eh bien! comment, dans le détail de la pré-dication, faire aimer Dieu ou à cet homme ou à ce siècle, sinon en lui montrant le Dieu caché qui est en lui, c'est-à-dire l'idéal dont peut-être il abuse, et le mouvement de Providence dont son élan, peut-être, est la perturbation? Com-ment surtout conquérir la jeunesse d'une épo-que, sinon par l'élan même qui la pénètre et qui l'emporte? Tout idéal est Dieu. Tout mouvement a Dieu pour cause première. Il est donc possible toujours de ramener à Dieu tout idéal et tout élan.

Cela posé, pour appliquer tout ceci à mon siècle, si mon siècle paraît emporté par un irrésistible mouvement, accompagné d'un cri universel, où je distingue ces mots : *liberté, égalité, progrès;* est-il si difficile de découvrir ici l'impulsion de notre Dieu caché, et d'écouter dans la voix du peuple la voix de Dieu? Est-il si difficile de ramener le cri de liberté à cette liberté des enfants de Dieu, que saint Paul donne comme le but du progrès du monde, et comme l'unique moyen de ce progrès? « La création « attend, dit-il : elle attend la manifestation des « enfants de Dieu; elle gémit sous la servitude « de la corruption, et sera délivrée dans la « glorieuse liberté des enfants de Dieu (1). »

Est-il si difficile, encore une fois, de ramener le cri de liberté à toutes ces idées primitives de liberté chrétienne, de liberté morale et religieuse, de liberté des âmes contre le vice, l'erreur, la concupiscence et l'orgueil : sainte

____

(1) Rom., VIII, 22.

liberté de l'âme en Dieu, sans laquelle il est démontré, même par les adversaires, que tout progrès de liberté civile et politique, et religieuse, et internationale, est absolument impossible?

Est-il si difficile d'appliquer aux peuples modernes les paroles du Sauveur et du Libérateur, qui, répondant à ces esclaves qui lui disent : « Nous sommes libres, » leur enseigne en ces termes la vraie loi de la liberté : « Celui qui « fait le mal est esclave du mal : Si le Fils de « Dieu vous délivre, alors seulement vous serez « vraiment libres ? »

Est-il si difficile encore de ramener le cri d'égalité au *fiat æqualitas* de saint Paul : « Que « l'égalité s'établisse; » et à cette étonnante épître de saint Jacques, qu'on peut appeler l'*Epitre de l'égalité?*

Est-il si difficile, enfin, de reconnaître que la mission divine des siècles où nous entrons est en effet d'arriver à cette phase nouvelle de l'ère nouvelle, que le Seigneur lui-même nous a prophétisée, lorsqu'il donne au monde cette éternelle et magnifique loi du progrès, que nul encore ne comprend bien : « Si vous restez dans « ma parole, vous connaîtrez la vérité, et la vé-

« rité vous donnera la liberté? » C'est la loi du progrès et des phases du progrès. Elle signifie que, pour l'humanité entière, aussi bien que pour l'âme de chaque homme, si la parole de Dieu, la foi chrétienne demeure en nous, à cette condition seulement, mais à cette condition en effet, des siècles de connaissance scientifique du vrai seront donnés aux sociétés humaines, et que ces siècles de vraie science conduiront à la liberté. D'où il suit qu'en effet le problème à résoudre par la chrétienté, depuis qu'elle s'est constituée après la dissolution du vieux monde, est d'arriver, dans la foi du Christ, à la connaissance de la vérité, et par la connaissance de la vérité, à la possession de la liberté. C'est l'impulsion de Dieu, et c'est sa volonté. Là est l'effort du Dieu caché. Donc, si je vois tout mon siècle emporté dans ce mouvement, sans le comprendre, et toujours repoussé loin du but, parce qu'il comprend mal, n'est-ce pas le moment de lui dire avec saint Paul : « Ce que « vous adorez sans le connaître, je viens vous « l'annoncer? » *Quod ergo ignorantes colitis hoc ego annuntio vobis!*

Voilà ce que fit, pour sa part, notre admirable ami. Voilà ce qu'avant lui avaient fait le

P. Lacordaire et bien d'autres. Lui-même
loue ainsi le P. Lacordaire de sa prophétique
clairvoyance :

« On a, dans ce peu de lignes, tout le pro-
gramme politique du P. Lacordaire. L'union de
la religion et de la liberté en est l'idée fondamentale, et l'attachement sincère, loyal, inviolable aux principes que le monde moderne
cherche douloureusement, mais obstinément,
à concilier, en est la première application pratique.

« On pouvait hésiter sur le choix des moyens,
mais l'œuvre à accomplir n'était pas douteuse.
Il n'y avait rien à faire, ou il fallait entreprendre
de réconcilier la société moderne avec l'Évangile, en lui montrant que les principes fonda-
mentaux de sa nouvelle existence, loin de rencontrer dans le christianisme un implacable
adversaire, ne s'étaient développés dans le
monde qu'à la lumière des idées chrétiennes. Il
fallait lui dire que la liberté politique, si elle
n'était ni la licence révolutionnaire ni le prête-
nom de l'anarchie, pouvait être chère à l'Église
catholique, et désormais l'une de ses garanties
terrestres les plus assurées. Il fallait lui montrer
dans l'Évangile la source de tout progrès social;

de tout acheminement légitime à une moins
grande inégalité entre les hommes, le livre par
excellence des petits et des pauvres, sans lequel
toute réformation sociale ne serait jamais qu'un
rêve plus ou moins taché de sang. Il fallait lui
dire enfin que l'intolérance civile, celle qui
consiste à substituer les violences du glaive ou
de l'autorité terrestre à l'apostolat de la parole
et à convertir le sabre à la main, loin d'être,
comme on l'affirmait depuis soixante ans, un
article de la foi catholique, n'était qu'une épou-
vantable doctrine, condamnée par les saints et
odieuse à l'Église.

« Il fallait lui dire ces choses, les lui dire
avec une conviction sincère comme l'honneur,
les lui dire avec une modération et une prudence
d'autant plus grandes, que toutes les passions
veillaient en armes autour de ces grandes idées,
prêtes à tout confondre et à tout compromettre. »

Oui, c'est bien là ce qu'il faut faire, ou bien
il n'y a rien à faire, et il faut alors nettement
renoncer à conquérir ce siècle et les suivants.
Nous aurions beau, pendant la suite des générations, répéter les doctrines éternelles dans la
langue inconnue, personne n'écouterait : *Nemo
enim audit.* Et nous pourrions continuer ainsi à

décroître toujours, et à laisser s'écouler loin de nous les siècles et les générations.

Mais quoi! Ceux d'entre nous qui ne veulent pas traduire les formules éternelles en langue contemporaine; ceux qui refusent de prêcher à ce siècle le Dieu qu'il sert ou croit servir, sans le connaître; ceux qui refusent de lui parler sa langue, ceux-là ne le déclarent-ils point? N'avouent-ils pas que rien n'est plus possible? « Tout est perdu, disent-ils : les siècles et les générations tombent de plus en plus dans l'abîme. Nul ne peut les en retirer. Le monde touche à sa fin. Pour nous, sauvons nos âmes! Mourons en élevant notre drapeau! Mourons enveloppés dans les formules sacrées de l'éternel *Credo*. »

Voilà, certes, d'héroïques soldats. J'ai vu, dans plus d'un cœur chrétien, ce sombre et obstiné courage de mort. Mais il me semble que ce n'est pas là l'héroïsme dans sa plus haute beauté. C'est l'héroïsme un peu chagrin de l'apôtre Thomas qui, apprenant que Lazare est mort, s'écrie : « Allons et mourons avec « lui! » J'aime mieux la lumineuse et divine allégresse qui dit : « Notre ami Lazare dort, « allons le réveiller. »

Vous prétendez que le monde présent est Lazare, mort depuis quatre siècles. Alors même,
vous le voyez dans l'Évangile, il faudrait dire
avec Jésus : « Notre ami Lazare dort, allons le
« réveiller ! » Mais, certes, le monde contemporain n'est point Lazare, immobile et muet dans
la tombe. Ses grands cris et ses prodigieux
mouvements le rendraient plutôt comparable
à ce terrible possédé qui se nommait *Légion*.
Mais, quand il en serait ainsi, est-il donc au-
dessus des forces de Celui qui a vaincu le
monde, de chasser cette légion? Mais non, cette
comparaison même est fausse. Le monde moderne n'est pas ce possédé. Il y a dans ce
monde deux mondes, deux siècles, deux cités :
les deux cités sont dans chaque peuple, et presque dans chaque âme. Prétendre que la cité de
Dieu va être vaincue par l'autre est une terreur
panique, dont je n'ai pu pendant longtemps
concevoir l'existence. Aujourd'hui seulement
je l'explique.

Je vois des esprits très logiques et des âmes
pleines de foi, qui contemplent le monde moderne emporté par un irrésistible mouvement.
Ils voient parfaitement qu'aucune force ne peut
arrêter cet élan, et que, plus on s'oppose à lui,

plus on est écrasé. Donc, si ce mouvement est pervers jusque dans sa racine, s'il est celui de la cité du mal, il est clair que le monde est perdu, et la cité de Dieu est vaincue sur la terre.

Mais moi, je dis : Ce mouvement de notre siècle est *un signe des temps* que nous devons savoir comprendre : *Signa autem temporum non potestis scire?* Il faut analyser cette force et découvrir la cause première de cet élan. Eh bien ! la cause première de tout mouvement, sans aucune exception, c'est Dieu. Donc, nous devons l'affirmer d'avance, la cause première du mouvement contemporain, c'est Dieu. C'est Dieu même, c'est Notre-Seigneur Jésus-Christ qui veut, d'une volonté toujours plus forte à mesure que le monde avance, la liberté croissante de tous les hommes et de tous les peuples dans la justice et dans la vérité. Sans doute le mauvais siècle pervertit de mille manières le mouvement qui vient de Dieu. Mais c'est cette perversion qu'il faut vaincre et non ce mouvement. Et, s'il est quelque chose d'assuré, c'est que nous ne vaincrons la perversion qu'en nous aidant du mouvement lui-même, et de son principe qui est Dieu ; comme saint Paul ne brisait les idoles qu'en découvrant au milieu des idoles le vrai Dieu, inconnu et caché.

Encore une fois, le découragement absolu de ceux d'entre nous qui se trompent sur la manière de reconquérir les nations, est la preuve la plus éclatante de ce que je soutiens, savoir : que nous serons indéfiniment repoussés, toujours de plus en plus vaincus, tant que, méconnaissant les signes du temps, nous nous obstinerons à lutter à la fois contre ces deux choses, l'élan qui vient de Dieu, et la passion qui pervertit l'élan ; tant que, par conséquent, nous n'aurons pas appris à vaincre, par l'élan même de Dieu, la perversion que l'homme en fait. Nous l'apprendrons certainement un jour, quand même il nous faudrait encore, pour nous instruire, trois siècles de désastres, et la ruine presque entière de l'Église.

Disons-le donc sans cesse : pour éclairer ce siècle, le délivrer du mal, le ramener à Dieu, il faut procéder comme saint Paul, qui brisa les idoles, parce qu'au milieu d'elles il sut voir le vrai Dieu, inconnu et caché. Certes, notre siècle est plein des idoles de la liberté, mais le Dieu même a bien peu d'autels. Si vous en trouvez quelque part, il y faut écrire les deux mots que

lut saint Paul sur l'autel oublié : *Ignoto Deo.*
Car, qui donc parmi nous connaît la liberté,
celle qui est Dieu et qui est la justice? Qui a la
science de la liberté? Qui a l'amour de la
liberté? Où sont-ils, les fidèles et les adorateurs
de la liberté?

La liberté! Vous en avez l'idolâtrie et la su-
perstition : *Quasi superstitiosiores vos video*, dit
l'Apôtre : vous en avez l'idolâtrie et la super-
stition, mais non l'adoration en esprit et en vérité. Ce sont·là les adorateurs que cherche la
liberté, et que le monde attend.

Le moment n'est-il donc pas venu de dire à
notre siècle : « Ce que vous adorez sans le con-
« naître, je viens vous l'annoncer? » Écoutez!
Vous vivez, depuis trop longtemps, au milieu
d'une révolution dont le mouvement vous emporte, et que vous ne parvenez pas à diriger ni
à conduire au terme. Vous êtes entrés dans ce
nouveau moment de l'histoire, dont on a dit :
« La Révolution n'est pas un événement, c'est
« une époque. » La moitié d'entre vous s'écrie :
« La Révolution, c'est le mal, » pendant que
l'autre moitié dit : « C'est la justice. » Oui
certes, voici le mal : ce sont toutes ces idoles.
Et voici la justice : c'est le Dieu inconnu que

j'annonce. Démêler ces contraires, briser le mal, glorifier la justice, voilà votre devoir, et en même temps votre salut. Oui ! DÉMÊLER LA RÉVOLUTION A LA LUMIÈRE DE L'ÉVANGILE, dans la science, dans la paix, dans la fraternité, voilà le problème du moment, et la tâche principale des apôtres de la vérité et des prophètes de la liberté.

Tout cela, il le comprenait, le pratiquait et l'enseignait. C'est en ce sens qu'il était de son temps et parlait la langue de son siècle. Il imitait en cela saint Paul, dont Bossuet dit si à propos : « Les Épîtres de saint Paul, si vives, si « originales, si fort du temps, des affaires et des « mouvements qui étaient alors ! » Il n'avait garde de flétrir aucun des mots que le présent tient en honneur. Tout mot qu'on honore est une force. C'est l'une des cordes de l'instrument qui calme et qui exhorte, qui charme et qui console. *Honneur, raison, nature, patrie, courage, amour, science, liberté, progrès,* pourquoi flétrir ces mots splendides? O poètes, ô prophètes, ô apôtres! donnez-leur tout leur sens, leur plus grand sens. Ce sera toujours le plus beau, le plus juste et le plus sonore.

Tel fut l'esprit de son ministère.

V

Qu'on lise, pour s'instruire sur ce point, l'admirable préface de Henri Perreyve aux lettres du P. Lacordaire. Là il nous montre comment ce noble et clairvoyant esprit enseignait à son cher disciple l'art de parler aux hommes de notre temps.

« Ami, lui écrit Lacordaire, notre pays est
« perdu s'il ne revient à la religion. Il s'agitera
« sans doute de nouveau, mais ce sera une agi-
« tation stérile, tant qu'il n'aura pas ouvert les
« yeux à la lumière qui tombe, par Jésus-Christ
« et l'Évangile, de l'éternité. Vous êtes appelé,
« mon enfant, à travailler à cette régénération,
« et cette pensée doit vous consoler de tout,
« ou du moins vous donner la force de tout
« supporter. Pour moi, j'éprouve une joie indi-
« cible en me rendant le témoignage que, de-
« puis vingt-sept ans, jour de ma consécration
« initiale à Dieu, je n'ai pas dit une parole
« ni écrit une phrase qui n'eût pour but de
« communiquer à la France l'esprit de vie, et
« de le lui communiquer sous des formes ac-

« ceptables par elle, c'est-à-dire avec douceur,
« tempérance et patriotisme. Vous ferez de
« même un jour. »

Il fit de même, en effet, et voici comment,
dans cette même préface, il pose à la jeunesse,
qui l'écoutait, le grand problème, à la fois religieux et politique de notre siècle :

« Que ne faudrait-il pas attendre de vous,
« jeunes hommes de ce temps, si vous accep-
« tiez avec intelligence et courage la direction
« de ce religieux génie?

« Vous recevriez de lui l'héritage des trésors
« dont l'absence éloigne trop cruellement de
« nous la grandeur et la paix.

« Vous seriez des chrétiens antiques dans des
« hommes nouveaux; vous seriez d'humbles
« serviteurs de Dieu dans des citoyens fiers et
« libres; vous auriez les convictions de l'éter-
« nité, dans l'intelligence des temps.

« Vous tiendriez la solution de ce problème
« terrible, qu'une voix deux fois auguste disait
« naguère être par excellence « le problème du
« siècle », l'alliance de la religion et de la li-
« berté.

« Avez-vous jamais pensé à la grandeur des
« destins qui peut-être vous attendent?

« Quand l'œuvre de la destruction sera finie
« dans notre tremblante Europe, quand l'orage
« révolutionnaire aura renversé ce que Dieu
« veut laisser périr, et que les farouches exécu-
« teurs de ce travail de mort auront, à leur
« tour, disparu sous les ruines, ce sera l'heure
« de retrouver les fondations du temple, et
« de relever ses murs pour la paix du siècle à
« venir.

   « C'est vous, jeunes hommes, qu'attend une
« si grande heure du monde; c'est sur vous
« qu'elle a compté.

   « Que jetterez-vous donc dans ces fonde-
« ments où le siècle prochain espère trouver
« son repos? Prenez garde alors, oh! prenez
« garde de préparer encore aux hommes des
« tremblements et des ruines!

   « Que les travaux, que les larmes, que le
« sang de vos pères vous aient alors instruits!
« Plaise à Dieu que vous ayez compris que les
« fondements des sociétés humaines sont choses
« sacrées, et que c'est trop peu, pour la solide
« grandeur des générations qui doivent y vivre,
« que d'y jeter de l'or, de la puissance, du pro-
« grès, de la gloire même et du génie!

   « Il y en a UN qui est la pierre angulaire.

« *Hic est lapis*. Quiconque a voulu bâtir sans
« cette pierre n'a rien élevé que le premier vent
« n'ait dispersé, que le premier torrent n'ait
« détruit : celui-là, rien ne le remplace !

« Voyez l'histoire de vos pères.

« Quiconque a fait sans lui de la gloire, n'a
« réussi qu'à déchaîner sur la terre le monstre
« sanglant des batailles sans fin.

« Quiconque a fait sans lui de l'industrie, n'a
« réussi qu'à abrutir les hommes, à transformer
« les âmes immortelles en rouages souffrants
« et irrités qui tournent, blasphèment, et se
« brisent dans la nuit.

« Quiconque a fait sans lui de la science,
« s'est enfoui dans les sables de la raison pure
« et de l'altière critique.

« Quiconque a fait sans lui de l'autorité, a
« glissé dans le sang des victoires révolution-
« naires.

« Et quiconque a fait sans lui de la liberté,
« s'est réveillé, partout, serré à la gorge par
« un soldat, qui lui a dit en le chargeant de
« fers : Je suis la liberté !

« C'est que celui dont je parle leur manquait !

« Amis, c'est celui-là surtout qu'il faut con-
« naître, et dont il faut porter le nom éternel

« dans les fondements de l'édifice à venir.

« Toutes nos grandeurs passées ont connu ce
« nom divin ; nos épreuves et nos périls le sa-
« vent aujourd'hui plus que jamais. Je voudrais
« avoir, pour vous le redire, le cœur du P. La-
« cordaire : c'est le nom de Jésus-Christ. »

VI

Mais de tout ce qui se rapporte au succès de
sa parole et de son ministère, il me reste à dire
le plus beau.

J'avoue que tout ce qui précède serait à mes
yeux sans valeur, s'il en eût été satisfait. Mais
lui, toujours rempli de l'idéal le plus splendide,
n'avait garde de croire qu'il l'eût jamais atteint.
Si le génie est toujours mécontent de ses plus
admirables chefs-d'œuvre, que sera-ce du généreux cœur qui aime et conçoit Dieu, et qui
travaille à établir le règne de l'éternelle beauté
sur toute la terre, et avant tout sur sa propre vie ?

Ici l'humilité est manifestement l'indispensable et principal caractère du vrai.

Nous avons déjà dit que le lendemain de son
ordination sacerdotale, en montant à l'autel de
sa première messe, il fit à Dieu trois demandes;

dont la première était celle-ci : *la grâce d'être un prêtre humble.*

Or, dans ce caractère ardent, franc, sensible et impétueux, dans cette vie continuellement comblée d'éloges, d'amitiés, de tendresses, de succès, l'humilité vraie et profonde n'a pas cessé de subsister et de s'accroître.

On sait qu'il est à peu près impossible de faire accepter à personne une correction, un jugement quelque peu restrictif ou limitatif. Il en était tout autrement de notre ami.

Voici quel était avec lui mon perpétuel discours : « Recueillez-vous! recueillez-vous! Votre science n'a pas toute l'étendue, ni votre esprit toute la profondeur qu'il pourrait avoir. Si vous ne travaillez beaucoup, dans le recueillement et pendant des années, vous resterez tel que vous êtes, et ce ne sera pas tout ce que vous pouvez. » A quoi il répondait : « Ceci est absolument vrai, et je le vois. Je veux m'y conformer. Je vous comprends entièrement. »

Parmi les lettres qu'on a bien voulu me confier, j'en trouve une (1), perle précieuse, où son

____

(1) A M. l'abbé Ansault, l'un des aumôniers de Sainte-Barbe.

humilité va plus loin que n'allait ma pensée.
En ce moment même de sa vie où commençait
pour lui, de la part de plusieurs, l'ère d'une
admiration sans mesure, voici qu'avec une manifeste sincérité il porte sur lui-même le jugement trop sévère que voici :

« Je vous remercie de tout ce que vous avez
« dit de bon pour moi. J'y vois l'effet constant
« de votre indulgente amitié... Il y a quelque
« temps j'ai redouté que vous n'ayez découvert
« en moi une profonde faiblesse d'orgueil, hé-
« las!... Mais je vous ai connu davantage, et je
« n'ai pu conserver cette horrible crainte. Vous
« êtes sincère, et vous méritez par conséquent
« que je le sois aussi.

« Or sachez que je me rends parfaitement
« compte de ma situation intellectuelle. Je me
« sens un talent médiocre, qui jette maintenant
« sa flamme la plus vive, mais s'épuisera bien-
« tôt. Je ne me sens rien de profond, de gran-
« dement original et de puissant. Quand on
« rapproche de ma chétive et frêle personne, —
« et je ne sais pourquoi on l'a fait plusieurs
« fois cette année, même publiquement, — des
« noms comme ceux du P. Lacordaire ou d'O-
« zanam, j'en éprouve une sensation si pénible

« intérieurement que je ne sais comment l'ex-
« primer. Si je prétendais succéder à de tels
« hommes, je m'apprêterais pour les vingt an-
« nées qui vont suivre, si Dieu me les donne,
« le plus amer des mécomptes, car, après un
« temps de faveur, le public aura vu la corde,
« et saura bien à quoi s'en tenir. Mais, Dieu
« merci ! je n'ai rien de tel dans l'âme, et je
« ne demande à la Providence que de faire un
« peu de bien, comme je le puis, c'est-à-dire à
« un rang nécessairement inférieur dans l'ordre
« scientifique et intellectuel, à quelques jeunes
« esprits qui passeront par moi, et iront ensuite
« plus haut que moi.

« Ce que je vous dis là, cher ami, est encore
« périlleux à dire, car il y a de fausses modes-
« ties, et, si je ne connaissais pas votre cœur,
« j'en aurais pu craindre le soupçon. Mais,
« encore une fois, j'ai confiance en vous main-
« tenant. Ne me faites donc plus d'éloges, et ne
« me trompez pas sur moi-même. Travaillons,
« travaillons, travaillons ! Nous serons toujours
« assez ignorants, assez faibles, assez dominés
« par les préjugés courants, et par les petites
« craintes serviles qui nous entourent. Que
« Dieu ait pitié de ce travail, et qu'il nous

« accorde, puisque c'est la vocation qu'il nous a
« donnée, la grâce de faire un peu de bien pour
« sa gloire à cette chère jeunesse, qui est si
« avide de sa parole, et qui a si étrangement
« faim et soif de l'Évangile. »

On le voit, ce jugement, visiblement humble
et sincère, est la vue perspicace du point faible
qui se fût développé en lui, comme en tout
autre homme de son âge, s'il avait cessé de travailler et de se recueillir, et, de creuser, par un
effort toujours renouvelé, de plus riches profondeurs dans son âme. Ce jugement eût pu
devenir vrai, mais ne le fut jamais. Peut-être
Henri Perreyve en courut-il un instant le danger.
Mais il n'y pouvait pas rester. L'obstacle était
vaincu, quand la mort intervint. Et cette victoire
est le plus beau triomphe de cette âme forte,
originale, profonde, véritablement religieuse et
bénie de Dieu.

CHAPITRE V.

HENRI PERREYVE. — L'IDÉAL.

J'ai dit que notre aimable et noble Henri Perreyve s'était fait du ministère évangélique et de la vie sacerdotale un si magnifique idéal, que d'une part il ne put jamais, grâce à Dieu, se trouver satisfait de lui-même, et qu'en outre il était sans cesse provoqué à monter encore et toujours, dans sa vie, vers une plus haute beauté.

Il ne fut qu'une seule fois en danger de s'arrêter et de se limiter : c'est quand la dispersion des œuvres et l'abusif emportement du zèle lui firent perdre le recueillement. Nous parlerons de ce grave danger de sa vie. Ici nous avons le bonheur de pouvoir mettre sous les yeux du lecteur ce plan idéal de sa vie, tel qu'il l'avait conçu. Nous avons retrouvé la trace de ce qui se passa dans son âme, de ce que sentit et comprit son généreux cœur, lorsque, arrivé en présence de ce qu'il appelle : « Cette joie des joies « et cette unique raison de toute ma vie, » l'ordination sacerdotale, il se prépare dans la retraite à cet honneur divin. C'est alors qu'il travaille en son âme, par la plus vigoureuse et la plus lumineuse méditation, à ce que nous avons appelé la transformation du courage et la transfiguration de l'amour. C'est alors qu'il fait à Dieu, par écrit, les promesses qui ont vraiment guidé sa vie. Il en a conservé les notes que l'on va lire, et que nul ne connut avant sa mort. Je le remercie, pour ma part, du bien que cette lecture vient de faire à mon âme. Mes frères dans le sacerdoce, vous le remercierez aussi, et vous prierez pour lui. Vous, jeunes gens, dans le cœur de qui fermente quelque ambition de devenir des bienfaiteurs parmi les hommes, vous comprendrez que la forme la plus énergique du dévouement, c'est le sacerdoce catholique. Et vous, dont la carrière est autrement tracée déjà, vous sentirez qu'une part d'esprit sacerdotal est applicable à la vie de tout homme qui prétend justifier son passage sur la terre.

Voici donc comment il conçut et sa vie et sa mort de prêtre de Jésus-Christ.

Le manuscrit est ainsi daté : *Retraite de saint Eusèbe. Rome*, 1857. J'y trouve quatre méditations, écrites dans cet ordre : LA CHASTETÉ; LA MORT SACERDOTALE; LA PERSÉCUTION; L'AMOUR DES HOMMES. Je cite les trois dernières.

I

LA MORT SACERDOTALE.

« Les prêtres doivent regarder la mort comme une des fonctions de leur sacerdoce. Elle est leur dernière messe.

« C'est de ce point de vue, Seigneur, que je veux méditer la mort aujourd'hui, à vos pieds, contre votre croix, contre cette croix ensanglantée qui porte le salut du monde. Fortifiez mon cœur pour cette méditation qui doit être féconde.

« La mort, — j'ai bien des raisons d'y penser souvent. D'abord, parce que je suis homme, et que la mort est la compagne inséparable de notre vie. On la voit partout, on la sent chaque jour;

elle frappe dans les parents, dans les amis, avant de frapper en nous-mêmes, et de tout terminer là, pour nous, en ce monde.

« J'y dois penser encore parce que je suis malade ; parce que cette frêle vie a paru s'éteindre, il y a peu de jours ; parce que les plus doctes des hommes m'ont déclaré frappé à mort ; parce que je sens en moi-même la présence et le travail de ces germes de mort, qui luttent contre la vie et l'emporteront à coup sûr plus ou moins tôt.

« J'y dois penser enfin parce que je serai prêtre ; et même je n'y veux penser aujourd'hui que comme prêtre.

« Qu'est-ce donc que la mort pour le prêtre?

« O Verbe incarné, vous êtes le prêtre par excellence, et le modèle de tous les prêtres. Mais, si je cherche quel a été, dans votre vie, le moment sacerdotal par excellence, je vois clairement que c'est l'instant de votre mort. Vous étiez prêtre dans l'humilité de la crèche ; vous étiez prêtre dans la chasteté de votre vie ; vous étiez prêtre dans la pénitence du désert ; vous étiez prêtre dans le sermon de la montagne ; vous étiez prêtre dans l'institution de vos sacrements, et surtout dans le testament de votre Eucharistie. Mais, sur la croix, vous êtes prêtre davantage. C'est le moment solennel de votre sacerdoce, c'est le sacrifice par excellence et l'acte essentiel de votre pontificat. L'instant où vous inclinez la tête pour rendre l'esprit à votre Père, et où vous ordonnez à la mort d'approcher et de frapper le dernier coup, cet instant consomme tout. Tout est achevé, rien ne reste à faire : cet instant sauve le monde.

« Je comprends même, très-clairement, que vous n'aviez pris une chair humaine que pour l'accomplissement de ce dernier sacrifice. Car, encore que ce vêtement de chair ait été, pour vous, employé à instruire les hommes par la parole et l'exemple, vous pouviez leur révéler vos secrets comme jadis par les prophètes, ou directement, ainsi, que vous fîtes à Moïse sur le Sinaï. Mais, pour souffrir et mourir, il vous fallait une chair, et ainsi la mort est le grand but et la raison souveraine de votre incarnation.

« Ce corps mortel, dont vous fûtes revêtu au jour de l'incarnation, ne fut donc jamais pour vous, ô Christ, que la matière du sacrifice, le moyen de pouvoir souffrir, de pouvoir mourir, et ainsi de racheter le monde.

« Seigneur, c'est ce que ce corps mortel doit

être pour chacun de ceux qui partagent votre sacerdoce. Ils doivent s'en servir, comme vous, pour prêcher la vérité, pour édifier les hommes par les exemples de leur vie, pour secourir les misères, les douleurs, les faiblesses humaines, pour compatir à tous les maux de l'humanité, d'autant plus et mieux qu'ils les ressentent. Mais l'usage essentiel, l'usage sacerdotal qu'ils en doivent faire, est de mourir. Ils doivent commencer cette mort dans la chasteté, la continuer dans la mortification, et la consommer enfin dans la vraie mort, qui est leur oblation finale et leur dernier sacrifice. Ils doivent donc s'y prendre de loin pour mourir : comme vous, Seigneur, qui, longtemps avant votre passion et votre mort, les prédisiez, et en parliez souvent à vos disciples.

« Ils doivent s'y préparer, comme ils se préparent à célébrer la sainte messe, parce que c'est vraiment une messe que la mort d'un prêtre, unie à votre mort, et consommée dans la vôtre pour le salut des hommes.

« Ils doivent l'offrir pour l'avènement du royaume de Dieu sur la terre, pour le développement de la foi et de l'espérance parmi les hommes, pour le salut du monde. Ils doivent se transporter en imagination au lit de mort comme à un autel, et là offrir leur sang pour l'expiation du mal, comme fait le prêtre quand il élève le calice vers la croix.

« Ils doivent enfin désirer la mort comme vous désiriez votre passion, *malgré les angoisses et les horreurs que vous deviez y connaître*, pour l'amour de Dieu et pour l'amour des hommes.

« Que sera-ce donc, mon Dieu, si, au lieu de regarder ainsi la mort, vos prêtres la regardent comme une ennemie? s'ils la craignent? s'ils la fuient? s'ils en redoutent les moindres atteintes, les moindres approches, comme d'affreuses et intolérables visions?

« Que sera-ce, mon Dieu, si, au lieu de respecter et d'aimer la mort comme la plus solennelle fonction de nos jours de fête, et le plus digne sacrifice de notre vie, nous la craignons?

« Et cependant, si je m'examine, je découvre en moi des restes de cette crainte lâche, inintelligente, découragée, païenne.

« Les accidents, les atteintes mortelles qui ont menacé dernièrement ma vie, loin de m'en détacher, m'y ont pour ainsi dire attaché davantage, et par des liens plus secrets et plus instinctifs.

« J'éprouve plus d'angoisse, plus d'horreur qu'autrefois, dès que les premiers symptômes de mon mal reparaissent, et que l'écho de la mort se fait entendre.

« C'est cela, Seigneur que je vous conjure aujourd'hui d'effacer, d'exterminer en moi. Je sens que vous le voulez, et que vous le ferez, si je vous le demande avec assez de foi, de confiance et d'amour.

« Je vous dirai donc : O Dieu qui avez transfiguré la mort dans votre mort sacerdotale et victorieuse, ôtez de mon cœur toute crainte de la mort. La crainte de la mort est le grand ennemi, le grand obstacle, le grand poids lourd et écrasant qui pèse sur toutes les généreuses vertus.

« Apprenez-moi donc à briser cette chaîne, qui meurtrit et retient tout libre essor. En quelque danger que vous me mettiez, au milieu d'une épidémie, au sein des révolutions politiques, en ces jours de trouble et d'effroi où chacun perd la tête, et où la peur conspire si lâchement avec le mal, donnez-moi de me réfugier précisément dans la courageuse et large acceptation de la mort. J'ai déjà entrevu, Seigneur, et quelquefois éprouvé qu'on retrouve là tout courage, tout calme, toute direction libre et pure de ses mouvements intérieurs.

« Mais ce n'est pas assez, et j'ose vous demander plus.

« Il est difficile de ne pas craindre la mort, si on la regarde par ses côtés terribles. Il est plus facile de l'aimer, parce qu'elle a des côtés adorablement beaux et aimables, et qu'on peut la considérer par là.

« J'ose donc vous demander, Seigneur, la grâce d'aimer la mort, et parce qu'il faut craindre les surprises et se défier beaucoup des appareils imprévus du spectre, je vous demande de mettre dans mon esprit une méditation continuelle, incessante, de la mort.

« Je sais, Seigneur, que, bien loin de trouver dans cette méditation une source de sombre tristesse, je puis, avec votre grâce, y puiser la raison d'une joyeuse et énergique liberté.

« Apprenez-moi, Jésus, à rentrer dans l'intimité, dans la familiarité de la mort, à la considérer comme une des obligations sévères, mais fécondes et belles, de mon sacerdoce. Apprenez-moi à l'aimer, comme vous apprenez à aimer les souffrances d'une vie chaste, les jouissances austères de la mortification, ces jouissances qu'on éprouve à souffrir devant un crucifix, jouissances si inconcevables, si folles, si inadmissibles aux yeux de la raison charnelle, si réelles cependant, et si pratiquement prouvées à toute âme qui a voulu les connaître pour l'amour de vous. Ces choses sont douloureuses en soi. Elles seraient insupportables à celui qui n'aimerait pas. Mais quel n'est pas le pouvoir de l'amour pour changer toute souffrance en joie? Apprenez-moi donc à ne plus regarder la mort qu'au travers de votre amour.

« Désormais, je veux changer sur ce grand sujet la direction de mes idées. Jusque dans mes conversations parmi les hommes et mes moindres paroles, je veux qu'il n'y ait ni signe ni ombre d'une horreur quelconque pour la mort. La peur est très contagieuse, et quel scandale, si la peur de la mort entre dans le monde et s'y développe par vos prêtres !

« Hélas ! Jésus-Christ, mon Seigneur, oserai-je tout vous dire? Vous le savez, j'ai un autre désir, une autre ambition, que j'ose à peine exprimer, tant elle est déplacée dans ce cœur faible et lâche, et peu proportionnée à la nullité de mes mérites ! Vous le savez, Seigneur, souvent, bien souvent, presque toujours, sur les tombes de vos martyrs, ou dans l'instant que je recevais votre corps sacré, je vous ai demandé la grâce de donner mon sang pour la foi, et pour votre amour. Encore une fois, Seigneur, cette prière est bien déplacée dans mon âme, mais un jour, par votre grâce, ne pourrais-je pas devenir moins indigne de la prononcer, et de laver dans le sang de l'Agneau mon vêtement sacerdotal? Ce serait un beau jour que celui-là. *Beati qui lavant stolas suas in sanguine Agni.*

« Mais, si, m'ordonnant de rester dans ma médiocrité, vous me donnez une mort sans éclat, sans gloire, une de ces morts humbles et qui m'effrayent plus que les grandes morts, la mort de langueur, l'extinction lente et douloureuse d'une vie qui lutte et regrette sa jeunesse, Seigneur, je sais désormais que cette mort-là aussi peut être féconde pour le salut du monde. Je sais que le prêtre mourant est à l'autel, et que, dans un lit de douleurs comme au pied de l'échafaud, il a le droit de commencer le psaume du sacrifice : *Introïbo ad altare Dei.* »

« Puissent ces pensées entrer profondément dans les habitudes de mon esprit! Daigne votre grâce les y graver pour jamais, et, les réveillant surtout à l'heure du sacrifice final, daigne votre

main paternelle me soutenir et me conduire
dans ces défilés de la mort où vous avez laissé,
ô Christ, les traces de votre triomphal passage :
Qui sequitur me non ambulat in tenebris. »

II

LA PERSÉCUTION.

« Seigneur, les jours de calme, de paix, de
pieuses et douces joies que vous m'accordez en
ce moment à vos pieds, sur cette forte terre
romaine, sur le sein maternel et fécond de
l'Église des Églises, ces jours bénis ne dure-
ront point. Je sens leur déclin bien près de moi.
L'heure vient de quitter cette belle Rome, et de
retourner dans notre France, et nous ne le
regrettons qu'à demi. Car enfin, Seigneur, c'est
en France qu'est le champ de nos travaux et de
nos combats, et nous savions que les jours de
repos nous étaient donnés seulement pour recueillir nos forces.

« Quelles destinées nous attendent en France ?
Vous seul, Seigneur, connaissez l'avenir. Mais
les prévisions humaines sont loin d'être favo-
rables à des espérances de paix et de prospérité.

Des représailles trop justifiées par trop d'imprudences, des rancunes trop irritées par trop de déshonneur, nous attendent, et nous flagelleront. Au jour des colères et des vengeances aveugles, on ne distinguera pas. D'ailleurs il serait mauvais qu'on distinguât. Ce sont les victimes innocentes qui sauvent les bonnes causes, et votre Église a toujours fleuri dans le sang de ses martyrs; il ne s'agit donc pas pour nous de désirer une exception. Si nous sommes moins détestés que d'autres, nous devrons employer notre peu de crédit à sauver ceux-là, et à couvrir la cause de Dieu. Cela seul suffira certainement à nous perdre.

« Or, mon Dieu, il semble vraiment que cet orage s'apprête. Les premiers grondements se sont fait entendre après le crime qui a ensanglanté le sein de l'Église, et étonné le monde. On m'écrit de France que le peuple insulte les prêtres, et la presse irréligieuse, exploitant tous ces germes de révolte, recommence une attaque contre nous, qui semble réglée, complète et durable. Il se peut donc que nous devions vivre en un temps de persécution, et il importe que la persécution ne nous surprenne point. Souffrez donc, Seigneur, que je la médite à vos pieds, et

que j'apprenne de vous les armes par lesquelles
on peut parer ses atteintes.

« Deux persécutions : la persécution du mépris, la persécution de la violence. Le rire et
la hache, le ridicule et le sang. Deux attaques
différentes à prévoir.

« La persécution du mépris est la plus difficile à bien supporter. C'est en même temps la
plus près de nous, et celle à laquelle nous sommes le moins préparés. Depuis longtemps nous
vivons sous le régime du respect. Notre habit,
nos fêtes sont à l'honneur. Nous sommes en
général traités avec égards et délicatesse par les
hommes éclairés. C'est le caractère du mouvement religieux de notre époque. Mais le peuple
nous méprise. Pauvre peuple, c'est lui cependant, lui surtout que nous aimons ! Or ce mépris
du peuple est indignement entretenu, exploité
par mille mensonges, mille calomnies, et par
les vieux restes du voltairianisme qui est tombé
des classes élevées aux dernières couches de la
nation.

« L'ère du mépris pourra donc venir, avec
l'ère d'une révolution démocratique. Il faut s'y
attendre, et avouer que bien des fautes auront
préparé ce châtiment. On nous insultera donc.

Le prêtre redeviendra cet être odieux et ridicule, qui fait rire les enfants. On ne nous
craindra, on ne nous haïra peut-être même
pas. On méprisera, et voilà tout. Terrible flagel-
lation, contre laquelle, Seigneur je sens mon
âme très faible.

« Quels sentiments opposer à cette persécution du mépris?

« Deux sentiments ayant tous les autres :
l'humilité chrétienne, la douceur.

« *L'humilité.* Accepter les soufflets. Regarder
le Christ dans le prétoire; se retremper dans
l'humiliation. Rougir devant Dieu, pour avoir
moins à rougir devant les hommes : abaisser le
front devant lui jusqu'à terre, pour mériter
qu'il nous relève; boire cette eau amère du torrent, pour mériter le secours de Dieu : *de tor-
rente in via bibet; propterea exaltabit caput.*

« *La douceur.* Ne point s'irriter. Pas de colère,
pas de fierté, pas de hauteur. Surtout pas de
mépris. Ah! Seigneur! beaucoup parmi nous
sont séduits par cette manière vraiment nouvelle
et jusque-là inconnue à votre Église de défendre
vos saintes vérités : ils opposent mépris à
mépris, injures à injures, calomnies à calomnies. Ils sont hautains et violents contre les

violents, ils répondent aux menaces par des menaces, et à la persécution altérée de notre sang, par une sorte de fanatisme plein de regrets sanguinaires, qui fait horreur à vos fils. Est-ce là, grand Dieu! l'armée que vous avez choisie pour votre défense? ou plutôt, entre ces deux ennemis, quelle ne sera pas la difficulté de notre apostolat? Éloignez donc, Seigneur, étouffez en nous cette tentation de combattre le mépris par le mépris. Ce sentiment cruel doit être inconnu du prêtre. Tout ce qui vient d'une âme est grave à ses yeux, même l'erreur, et il doit tout combattre par les armes de la justice. Ainsi ont fait vos martyrs, ainsi ont fait les apologistes des premiers siècles, qui répondirent toujours aux plus folles et aux plus mensongères calomnies par des raisons sérieuses, par des preuves graves et belles, par la patience d'une justification digne de votre cause. Ne disons jamais : Ces hommes sont indignes qu'on leur montre la vérité. Aucun homme ici-bas n'est inguérissable, et l'orgueil de telles opinions doit souverainement déplaire au cœur de Dieu.

« D'autres armes contre la persécution du mépris : l'honneur des mœurs, la charité, la science.

« Répondre au mépris par une *pureté de mœurs irréprochable*, c'est à la fois confondre l'erreur et réconcilier l'adversaire. C'est une œuvre d'apologie et une œuvre de charité. Faire du bien et beaucoup de bien dans le monde : les hommes ne résistent pas longtemps à ce raisonnement-là. Ils sont vite désarmés envers l'homme qui soigne leurs malades, instruit leurs enfants, allège leur misère.

« Enfin la *science*. Les anciens chrétiens répondaient au mépris des païens en revêtant la croix, dans les catacombes, de pierres précieuses, et en attachant des candélabres à ses bras. D'antiques peintures nous ont conservé ce symbole de la foi chrétienne rehaussée devant la raison humaine par l'éclat des sciences et les lumières du génie. Dieu n'a pas dédaigné ce moyen de commander le respect, et il a fait de grands docteurs, de grands philosophes, pour que la raison humaine fût forcée de compter avec eux. C'est un enseignement pour tous. Travaillons donc, répondons à l'obscur mépris par une grande diffusion de lumières. La lumière l'emporte toujours sur les ténèbres.

« Enfin, en ce temps de persécution par le mépris, demeurons plus que jamais fidèles au respect de l'Église. Loin de nous la moindre hésitation, la moindre tentation de rougir : « *non erubesco Evangelium.* » Redoublons de fidélité auprès de notre roi persécuté, redoublons aussi de respect pour ses prêtres. Qui nous aimera, si nous ne nous aimons? qui nous respectera, si nous ne savons pas nous respecter dans le sanctuaire? Beaucoup de charité, d'indulgence, de respect pour les prêtres. Un officier entend avec défiance et colère mettre en doute le courage d'un de ses camarades, et un prêtre accepterait volontiers un soupçon, une calomnie, une plaisanterie cruelle contre son frère! Loin de nous cette lâcheté. Quand le respect diminue dans le peuple pour un prêtre, il diminue pour tous. Quand il diminue pour les prêtres, il diminue pour Dieu.

« Que si la persécution, au lieu de *mépriser* seulement, devient violente, frappe, saisit, poursuit, exile, verse le sang, nos devoirs changent, et aussi nos précautions et nos moyens de défense. Seigneur, quels moyens emploierons-nous d'abord pour nous préparer à une semblable attaque?

« D'abord le *détachement* en de tels jours. *Beati pauperes spiritu.* Bienheureux ceux qui possèdent comme ne possédant point, et qui usent de ce monde comme n'en usant point! Se démettre intérieurement de tout ce qui plaît aux sens. Tout cela est la proie d'une heure d'incendie, et il faut pouvoir être prêtre dans une cave ou un grenier. Méditer souvent sur la superfluité des choses dont nous usons et les sacrifier incessamment en esprit, afin de n'être pas surpris ni affligé par le dépouillement réel.

« La *mortification*. Un corps habitué à être traité durement, à souffrir pour l'amour de Jésus-Christ, qui connaît le fouet de la pénitence, s'étonne moins d'être saisi par la dure main des gendarmes, et poussé dans les rues par les chiffonniers. Il est moins prompt à défaillir et à jeter l'âme en de grands troubles.

« Enfin, l'heure venue du danger actuel, entrer en plein dans les sentiments d'une foi tout apostolique. Revenir d'un seul bond à l'esprit des catacombes. Accepter la mort, et ne pas capituler avec la conscience. Pas d'imprudence. L'Église permet et commande même la fuite, que certaines hérésies défendaient. Mais enfin, si la prudence a perdu sa cause, si tout est abandonné, alors ne plus rien ménager, ne rien craindre. Parler haut, fort et ferme. Ne pas prendre la mort avec résignation : c'est une mesure difficile à garder. La prendre avec enthousiasme, avec joie et ivresse : c'est beaucoup plus dans les instincts de notre cœur. Telle jeune fille, en 1793, qui n'aurait pu se résigner froidement à mourir, a volé sur les marches de l'échafaud au chant du *Salve regina*. Ceci est dans le génie chrétien et dans le caractère français. Enfin, contre sa faiblesse et sa misère, en de pareils jours, compter *démesurément* sur le secours de Dieu, qui répond pour nous, agit pour nous, souffre et meurt avec nous.

« L'Église ne craint pas la persécution sanglante : c'est son triomphe. Mais est-ce à dire qu'il la faille désirer ! Tant s'en faut. Le meilleur général et le plus sûr de la victoire n'est point sans tristesse à la veille des grands combats. La persécution est un grand mal pour le persécuteur, et elle laisse dans une nation des plaies auxquelles ils faut plus de siècles pour porter remède qu'il n'a fallu de jours pour les faire. L'Église d'Angleterre y fut frappée au cœur, et ce que nous y voyons de vivant aujourd'hui est moins l'effet d'une guérison que le réveil miraculeux de la mort.

« Ne soyons donc pas de ceux qui disent :

Vienne la persécution! Gardons-nous de souhaiter légèrement ces grandes douleurs de notre
mère l'Église et de nos frères les hommes.
Soyons au contraire jusqu'à la fin, jusqu'à l'extrémité, et même contre l'espérance, les ouvriers de la paix. On est fort pour combattre
quand on a tout fait pour empêcher la guerre,
et la victoire est plus glorieuse. Mais enfin, ô
Seigneur! si tous nos efforts pour vous ramener
le siècle sont inutiles, et s'il faut revenir aux
messes secrètes et aux sacrements sous terre,
nous nous rappellerons l'Église de France de
1793, et les prêtres des catacombes, les apôtres
et celui qui a dit : « Bienheureux êtes-vous
« lorsque les hommes vous haïront, lorsqu'ils
« vous disperseront, lorsqu'ils vous couvriront
« d'opprobre et rejetteront jusqu'à votre nom à
« cause du Fils de l'homme : en ce jour ré-
« jouissez-vous et tressaillez d'allégresse, car
« voici que votre récompense est grande au
« ciel! »

III

L'AMOUR DES HOMMES.

« Blessez courageusement les erreurs, mais
« ayez un cœur de mère pour les hommes. »
Cette belle parole, digne de votre bouche, Seigneur, m'a été dite, par votre saint pontife
Pie IX, il y a quelques jours. C'est elle que je
veux méditer maintenant.

« A Dieu ne plaise, ô Christ! que les menaces
de la persécution diminuent dans le cœur de
vos prêtres l'amour des hommes! Le prêtre qui
deviendrait ennemi du peuple, parce que le
peuple s'égare dans les voies de la haine, serait
indigne de la croix, et à jamais incapable de
défendre vos intérêts dans le monde.

« Oh! comme ici vous êtes le modèle! ô
Verbe incarné! vous qui, toujours mal compris,
méconnu, calomnié, trahi, persécuté, n'avez
pas cessé d'aimer les hommes jusqu'à vouloir
mourir pour leur amour!

« Votre charité pour eux a bien revêtu ces
deux formes : vous avez blessé les erreurs et
vous avez été tendre envers eux-mêmes. Voilà
bien le partage du cœur sacerdotal.

« Blesser les erreurs, les préjugés, les mensonges, les vieilles calomnies toujours redites,
très connues, toujours prospères et puissantes;
détester le mal, le vice, les injustices, la violence du fort sur le faible, le triomphe de l'audace sur le droit; flageller l'impureté, la persécution du riche contre l'innocence pauvre,
les réussites effrontées du déshonneur; développer dans les hommes, dans les jeunes gens
surtout, le dégoût des abus de l'argent; blesser
les passions du siècle, blesser courageusement,
voilà ce que m'a dit le saint pape Pie IX.

« Mais aimer les hommes, les excuser, ne pas
les décourager, ne les mépriser jamais, même
les méprisables. S'indigner, oui; c'est souvent
une vertu, mais ne mépriser jamais. L'indignation frappe pour guérir, le mépris empoisonne
et tue. Avoir une immense charité pour la
bonne foi dans l'erreur, une immense douceur
pour la ramener aux vraies sources; une condescendance infinie pour écouter ses objections, ses
plaintes; une patience à toute épreuve pour les
calmer, leur opposer de bonnes et solides raisons, les adoucir à force de douceur, *Responsio
mollis frangit iram* (Prov, xv, 1); enfin montrer
aux hommes que nous les aimons, et le leur

montrer de telle sorte qu'ils n'en puissent douter, voilà la seconde partie du conseil : *Ayez un cœur de mère pour les hommes.*

« Il y a plus, il y a un sentiment maternel que votre prêtre doit avoir pour ses frères, ô Jésus ! Une mère vit dans ses enfants : elle les a portés dans son sein, c'est son sang qui bat dans leurs veines. Elle ne peut plus séparer sa cause de la leur. Elle jouit dans leurs jouissances, elle souffre dans leurs douleurs, elle rougit dans leurs fautes, elle se sent responsable de leur honte ou méritante de leur gloire. Ainsi en est-il du prêtre. C'est ce qu'on appelle : *Charge d'âmes.* « *Quis infirmatur et ego non infirmor ? Quis scandalizatur et ego non uror?* Il a le mot de cette femme illustre qui écrivait à sa fille : « Ma fille, j'ai mal à votre poitrine. » Ainsi le prêtre doit pouvoir dire aux pécheurs : « Mon fils, j'ai mal à votre âme. » Quelle source d'angoisses, d'inquiétudes, de peines amères ! mais ce sont les tourments de l'amour. Et qui donc osera dire qu'il préfère ne pas aimer? Oui, Seigneur, faites-nous ressentir les aiguillons de cet amour et de ce zèle qui dévoraient l'Apôtre ; nous en acceptons toutes les ardeurs, tous les épuisements. Loin de nous, loin de nous, Sei-

gneur, l'esprit d'indifférence, cet affreux esprit
dont le grand Bossuet a écrit : « L'esprit d'in-
« différence, est proprement l'esprit de Caïn,
« celui qu'il témoignait lorsqu'il disait à Dieu :
« Suis-je donc le gardien de mon frère? » Nous
sommes tous et chacun chargés de tous les
hommes. Un ancien a dit : Je suis homme, et
rien d'humain ne m'est étranger; nous disons,
nous : Je suis prêtre, rien de divin, rien d'humain ne m'est étranger. Voilà l'esprit de l'Évangile et du sacerdoce catholique.

« Mais, Seigneur, dans quelle œuvre appliquer ce zèle et l'ardeur de cet amour? car,
pour l'éclat d'une forte prédication et des grandes œuvres, la faiblesse de mon âme et de ma
santé ne me permettront point d'y atteindre.
Indiquez-moi donc quelques travaux plus obs-
curs qui puissent suffire à mes désirs et me consoler dans ma faiblesse.

« 1. D'abord, le mépris de la santé quand il
s'agit du salut des âmes. La sœur Rosalie, travaillant encore pour Dieu dans sa dernière maladie avec la fièvre, disait aux jeunes sœurs
qui la retenaient : « Mes filles, laissons les mé-
« decins faire leur métier, et nous, faisons le
« nôtre. » Bonne et excellente parole. Saint

Charles disait qu'un curé ne doit prendre le lit qu'après le troisième accès de fièvre. Croit-on que dans le monde on se soigne tant et si vite, quand il s'agit d'un intérêt sérieux? Un avocat se rend au palais fort souffrant, quand il doit plaider une grave affaire. Un commerçant n'abandonne pas facilement ses livres et la direction de ses opérations. Un officier reste au camp tant qu'il peut se tenir à cheval. Et un prêtre, au moindre malaise, quitterait l'autel, la chaire, le confessionnal? Nous-mêmes, Seigneur, que de fatigues, que de veilles n'avons-nous pas consacrées à obtenir parmi les hommes tels grades, tels diplômes? Ce serait donc maintenant l'heure du repos, parce qu'il s'agit de votre service? *Absit!* Je vous demande donc le courage de tenir ferme au poste jusqu'à empêchement grave et absolu.

« 2. La chaire me sera peut-être interdite ou du moins pendant longtemps. Transporter la prédication dans les relations ordinaires. Le culte des conversations bonnes, sérieuses! Vous m'avez placé au sein d'un monde où l'on peut faire beauconp par ce moyen, mais à certaines conditions, à la condition d'abord d'une *foi solide*, éclairée, mais très simple et très sincère,

qui ne rougisse jamais, ne concède jamais ce
qu'elle ne peut perdre, et maintienne partout,
toujours, l'intégrité de ses droits. Ceci est plus
difficile qu'on ne pense en certaines occasions,
et dans un certain milieu. Cependant, c'est la
première condition indispensable d'un bien possible. Ensuite, *l'instruction*. Faire honorer notre foi, être prêt à « rendre compte de notre
« espérance » selon le mot de l'Apôtre. La charité est un beau soutien du travail, et le soin
de donner aux hommes du monde une doctrine
respectée, justifiée, savamment défendue, est
la plus excellente des charités intellectuelles.

« 3. Se reposer des gens du monde et des
livres avec les pauvres et les petits enfants. Les
pauvres ! l'apostolat parmi les pauvres ! s'y retremper le cœur. Et quant aux enfants, vous
m'avez fait comprendre, Seigneur, combien il
y a de profit réel et sérieux à faire le *catéchisme*.
L'esprit revient avec joie à la substantielle simplicité des vérités fondamentales, en même
temps que le cœur se purifie dans la société de
ces jeunes cœurs si naturellement convaincus
par les clartés de vos dogmes.

« 4. D'ailleurs, en temps extraordinaire, entrer dans une vie extraordinaire. Suivre ainsi

la Providence. Devenir garde-malade ou aumônier d'hôpital en temps d'épidémie; aumônier
de régiment en temps de guerre; manœuvre
dans un incendie; l'homme de tout le monde
sur mer; s'accommoder aux circonstances; se
faire une attitude très flexible : très facilement
tout changer pour servir le même amour de
Jésus-Christ et des hommes, qui ne change
jamais. Partout où il y a des âmes à gagner, le
prêtre est chez lui.

« Enfin, Seigneur, n'attendre que de vous le
don d'un cœur ardent, généreux, passionné pour
les malheureux, indulgent envers les hommes,
inflexible envers le mal et l'erreur, sacerdotal
enfin, que vous seul pouvez donner. Tournez,
mon Dieu, au profit des âmes, cette force d'amour
que jusqu'ici j'ai peut-être mal dépensée. Donnez-moi d'être bon. Au milieu de nos inquiétudes
sur l'avenir, si une chose nous peut rassurer,
c'est qu'il y a encore beaucoup de bons cœurs
parmi vos prêtres. Assurément, Seigneur, ce
sont ceux-là qui sauveront la France et l'Église.
Donnez-moi d'être de ce nombre, et apprenez-
moi chaque jour davantage que votre amour,
en remplissant mon cœur, l'agrandit et le dilate
sans fin pour les hommes. »

Voilà bien en effet, après l'idéal de la mort, l'idéal de la vie. Il fut fidèle à ces inspirations et à toutes ces promesses, et dans la vie, nous l'avons vu, et dans la mort, comme nous le montrerons.

Mais, avant de le voir en présence de la mort, il nous reste à parler du point imparfait de sa vie, et de ce danger qu'il courut. Ce danger lui coûta la vie, la vie du corps. Mais celle de l'âme a persisté glorieuse, et a été se développer en Dieu. « C'est en vain qu'on jette des filets « devant les pieds de ceux qui ont des ailes! » Il aimait cette gracieuse parole des livres saints.

CHAPITRE VI.

HENRI PERREYVE. — L'IMPERFECTION.

Et maintenant je veux me plaindre. Je veux exprimer enfin ma douleur.

Pourquoi *ce chef-d'œuvre de Dieu*, comme l'appelait un de ses plus nobles amis, a-t-il été brisé si tôt? A peine formé et venu à l'âge d'homme, et n'étant pas encore en possession de toutes ses forces, il disparaît.

C'est à lui-même que j'adresse ma plainte. Je me plains de ce qu'il nous a quittés par sa faute. Il a été chercher la mort, tant par indiscipline que par impétuosité de courage, comme un soldat qui se fait tuer en s'avançant au delà de son poste. Lui aussi, malgré nos avis et nos cris, a pleinement réalisé le cruel axiome scientifique : « L'homme ne meurt pas, il se tue. »

Je connais toute sa vie, je connais toute
l'histoire de son âme, de son esprit et de son
corps, et j'affirme qu'il est mort victime de ce
grand mal que j'ai nommé l'*isolement du prêtre*.
Seul dans la continuité quotidienne de la vie,
seul, comme le P. Lacordaire le lui écrit en
gémissant : « Seul, mon enfant, dans un appar-
« tement à vous ! » seul, dis-je, contre la foule
qui le dévorait, il n'a pu ni su résister au violent
entraînement du succès, à l'incessant appel de
tout ce qui voulait se réjouir à sa lumière ou
invoquer son zèle ! Le travail de dix prêtres lui
était proposé chaque jour. — Mais refusez donc
toutes ces choses, et recueillez-vous dans votre
œuvre, lui disions-nous. — Je ne cesse pas de
refuser, répondait-il. — Il refusait en effet cinq
fois, sept fois sur dix. Il lui restait toujours le
travail de cinq ou de trois.

Outre la chaire de Sorbonne, qui doit suffire
à occuper le zèle de celui qui en est chargé ;
outre ses nombreux écrits (1), qui eussent pu lui

(1) Il publia, en ce petit nombre d'années : 1° *les Méditations sur le chemin de la Croix*, l'un des meilleurs ou peut-
être le meilleur livre de piété qui ait été écrit sur ce sujet ;
2° *la Journée des Malades* que je regarde comme un chef-
d'œuvre, ou plutôt comme une œuvre bénie de Dieu pour
l'exhortation et la consolation de ceux qui souffrent, ou dan

suffire encore, je ne vois que discours partout,
œuvres particulières de tous côtés, correspon-
dances sans fin, confessions, directions, réunions
de jeunes gens, et visites incessantes : la vie de
relation sans fin ni trêve ! Tout cela emportait,
dévorait sa substance.

Et comme, vers la seconde ou la troisième
année de son sacerdoce, cinq ans avant sa
mort, il retrouva des forces qui, employées
dans l'ordre, lui eussent donné vingt ans de

leur âme ou dans leur corps : livre réel et vivant dont on
peut dire que *tout ce qu'il renferme a été souffert avant d'être
écrit;* 3º *les Lettres du P. Lacordaire à des jeunes gens* avec une
belle et importante introduction. La plupart de ces lettres
lui sont adressées; 4º *les Entretiens sur l'Église catholique,*
ouvrage en deux volumes, très travaillé, très corrigé, très
sage, et qui renferme la substance de son enseignement au
lycée Saint-Louis, à Sainte-Barbe et à la Sorbonne; 5º *une
Station à la Sorbonne,* ouvrage imprimé trop vite, où l'auteur
a laissé passer une faute matérielle singulière : la répétition
d'un même mot à toutes les pages du livre. Mais il y a
dans ce volume de splendides beautés d'éloquence et les
traces d'un grand écrivain; 6º *la Pologne,* son dernier ouvrage, ou plutôt son cri de douleur à la vue du crime
effronté, sanglant, colossal, lâchement impuni, qui désho-
nore aujourd'hui l'Europe.

A quoi il faut ajouter un très grand nombre d'opuscules
et de discours imprimés tels que : *Rosa Ferrucci, Mgr Bau-
dry, Herman de Jouffroi,* panégyrique de *Jeanne d'Arc,* panégyrique de *sainte Clotilde, Discours sur l'Histoire de France, dé
l'Histoire de la Musique religieuse,* etc.

vie, il accepta ces forces pour se dépenser sans mesure.

Quelle ne fut pas ma consternation le jour où je m'aperçus qu'il n'était plus le maître de son mouvement, et qu'il était manifestement emporté! Il en était venu au travail du soir et au travail de nuit, à la suppression de la matinée, à l'impossibilité de l'oraison, et à l'abolition de tout recueillement. Même avant cette extrémité, nous lui écrivions des billets comme celui-ci :
« Mon enfant, je ne puis me taire. Je sens le
« devoir de vous avertir, de vous sauver la vie,
« peut-être. Nous étions convenus, il y a huit
« mois, — c'était l'avis du médecin, — que
« vous deviez vous reposer absolument pendant
« plusieurs années. Vous savez que c'est l'inva-
« riable conviction du P. Lacordaire. Vous savez
« avec quelle force il m'en a parlé ces jours-ci.
« Que n'a-t-il dû vous dire lui-même! Si vous
« allez toujours comme vous le faites, malgré
« tous vos amis, c'est un aveuglement presque
« coupable. La rechute est proche, sachez-le!
« sous peu de semaines probablement. — Par-
« donnez-moi. C'est une profonde affection qui
« parle. Si vous deveniez inutile à tout, ou si
« vous nous quittiez avant le temps, par impru-

« dence, nous nous regarderions tous comme
mutilés. » Ce billet est signé par deux oratoriens.

« Cela ne peut continuer ainsi, me disait le
« P. Lacordaire, à son dernier voyage : il lui
« faut trois ans de retraite, non pas seulement
« pour son corps, mais pour son âme et son
« esprit. S'il continue cette vie active et dis-
« persée, d'abord il succombera; puis il est
« clair qu'il n'acquerra jamais la force, la pro-
« fondeur et la grandeur que Dieu veut lui
« donner. Qu'il vienne passer avec moi trois
« années à Sorèze ! »

Sorèze ! Et pourquoi le P. Lacordaire lui-
même a-t-il été livrer sa vie à l'effroyable dispersion d'un collège, et s'est-il fait broyer
comme le grain sous la meule? Ce n'est pas la
distance de Paris qui constitue le recueillement : c'est l'unité de travail et le *degré d'intériorité*. C'est la solitude avec Dieu, *clauso ostio*.

Quoi qu'il en soit, toutes les clameurs de ses
amis furent inutiles. Il fut emporté et brisé.

« Ah! quelle haine je garde au fond de l'âme
« pour ses imprudences! » m'écrivait l'une des
âmes désolées par sa mort. J'en dis autant. Je
m'indigne de ce que les lois de la vie sont ainsi
méconnues et foulées aux pieds, même par les

meilleurs d'entre nous. Il ne s'agit pas ici du
courage qui brave la mort pour le devoir.
Certes, lorsque, étant presque à bout de forces,
en 1864, il accepta de parler à Sainte-Barbe, à
ces jeunes gens auxquels lui seul pouvait alors
parler, je l'approuvais, et lorsqu'il me disait ces
propres paroles : « Je refuse absolument tout,
« cette année. Quant aux conférences de Sainte-
« Barbe, si l'on me prévenait qu'elles doivent
« me tuer le lendemain de la dernière, j'accep-
« terais avec d'autant plus d'empressement.
« Tout sous-officier fait de même, lorsqu'il re-
« çoit un ordre dangereux. » Voilà certes ce que
l'on ne peut qu'approuver. Mais la station de
Sorbonne qui a suivi, et qui fut une impardon-
nable faute, lui coûta en effet la vie, peu de
mois après. Il nous a privés par sa faute de ce
qu'eût été sa maturité, et de ce qu'eût été sa
vieillesse. Nous manquons de vieillards, et de
sages : et cela, parce que nous manquons tous,
de plus en plus, de profondeur et de recueillement. La vitesse du monde s'accélère. Le mouvement sous toutes ses formes, morales, intellectuelles et physiques, se multiplie en des
proportions insensées. Et sous cette accélération
de vitesse de surface, je crains de sentir en

toute chose le relâchement de l'impulsion centrale. On tournoie davantage, on avance moins.

Laissez-moi, je vous prie, étudier un instant ce mal qui a coûté la vie à notre jeune frère. J'en veux défendre, en le connaissant mieux, mes amis, et mes autres frères, et moi-même.

Ce mal est comme un vice universel des choses : difficulté pour tout ce qui vit de se retremper dans sa source, de se recueillir en son fond, et de se rattacher au centre absolu de la vie. C'est le mal de la fleur, c'est celui de tous les corps vivants, celui de tous les cœurs et de tous les esprits. C'est le *degenerare tamen* que Virgile, à propos du grain de froment, applique à toute la nature. C'est ce que, s'il s'agit de l'âme, saint Bernard, dans une intuition profonde, a nommé « l'éviscération de l'âme, « l'enlèvement des entrailles de l'âme, *evisce-* « *ratio mentis.* » Saint Augustin parle du même fléau, lorsque, nommant aussi les entrailles de l'âme *viscera quædam animæ*, il dit : « L'homme « projette dans la vie du dehors tout le fond de « son âme, *projecit intima sua in via sua.* » La vie se précipite, conquiert de l'étendue, mais perd sa source. Or, à quoi sert de conquérir le monde, si cette conquête épuise la vie ?

C'est là l'universelle faiblesse des créatures. C'est le chemin qui mène tout à la mort. Voyez, au moment où je parle, l'élan présent de l'esprit humain. Si le progrès de l'âme et de l'esprit humain, comme l'assure le dernier des grands observateurs de l'âme, consiste *à remonter ses degrés d'intériorité*, à revenir, comme le disent si bien les mystiques, du dehors au dedans, et du dedans à ce qui est plus haut, *ab exterioribus ad interiora, ab interioribus ad superiora*, jamais, en aucun temps, l'âme humaine et l'esprit humain ont-ils été aussi violemment, projetés dans la dispersion du dehors, dans ce qui constitue, peut-être, « ces ténèbres extérieures » dont parle l'Évangile? Il y a, dans l'âme immense de l'homme, il y a le grand monde central, dont nul ne s'occupe plus, où personne n'entre plus. Sanctuaire oublié, source perdue! C'est précisément pour cela que les plus dispersés affirment aujourd'hui que ce monde invisible n'a jamais existé. Ame et Dieu, vie intérieure, science de l'âme et de Dieu, théologie, métaphysique, tout cela, disent les dispersés, n'est que pure illusion. Ils en viennent à nier l'existence de leur source.

Il y avait autrefois des moines qui mettaient

dans ce centre leur vie entière, et ils y trouvaient le bonheur, la lumière et la paix. Ils y trouvaient toutes les énergies, tous les germes. Mais que sont devenues les âmes profondes, habitant le monde invisible, plongées dans le ciel, et tournées vers l'orient des choses?

Et qui donc, aujourd'hui, croit au recueillement, à la retraite, à la prière?

J'ai sous les yeux le titre d'un discours qu'un magistrat, il y a quarante ans encore, pouvait prononcer parmi nous : *De l'utilité de la retraite pour l'avocat.* Qui donc aujourd'hui oserait prononcer ce discours, et qui l'écouterait? N'en parlons point. Heureux si nous pouvons encore parler de l'utilité de la retraite pour le prêtre ! Vie de retraite et de recueillement, vie intérieure, vie de prière, *de interna Christi conversatione*, conversation intérieure de notre âme avec Dieu : ce sont là certainement les plus solides et les plus nécessaires des réalités, solides comme ce qui ne passe point, et nécessaires comme Dieu. Mais, en pratique, nous n'y savons voir autre chose que des mots dénués de sens. Voilà le grand danger du monde contemporain, et de l'état présent des âmes. Or, qui donc, en tout temps, doit combattre ce suprême danger, sinon le prêtre? Quelle est l'œuvre sacerdotale essentielle, sinon le devoir de prier et d'intercéder pour le peuple? Et que veulent dire ces mots, s'ils ne signifient pas l'effort efficace et profond pour ramener sans cesse la masse des esprits et des cœurs toujours prompts à la dispersion, vers le Père, vers le centre, vers la profondeur et le sanctuaire où habite le Père, où il crée, où il vivifie, et renouvelle et rajeunit les êtres, *Pater qui est in abscondito?* Nous le savons, — je parle à tous mes frères, dans le sacerdoce, — nous le savons, toute notre force est dans la prière et dans la foi, augmentées dans nos âmes par le recueillement et la retraite, par l'habitude de la vie intérieure, qui seule développe la vertu, la lumière et l'amour. Ce n'est jamais par la multiplicité des efforts de surface, ni par la masse des œuvres, que nous sommes les ministres utiles de l'Évangile, mais par la toute-puissance d'un cœur humble appuyé sur Dieu, d'une âme profonde qui puise en Dieu. Là, dis-je, est notre force pour accomplir notre devoir, pour sauver le peuple, et le ramener sans cesse vers son Dieu. Mais, nous le savons encore, là est en même temps notre force pour nous maintenir dans la vie, vie de l'âme, vie de l'intelligence et vie du corps, *ad tutamentum mentis et corporis*. L'âme, sans recueillement, devient comme un corps sans sommeil; la fièvre est proche, et la mort vient. L'âme dispersée, même par activité de zèle, quels que soient les fruits de ce zèle, l'âme a fait de ses forces un usage que Dieu ne veut pas. Son travail efficace eût été décuplé, si elle avait recueilli son effort, et elle n'eût pas brisé sa vie.

C'est là la plainte et le reproche que j'adresse à notre jeune frère bien-aimé. Il n'a pas été contenu, il n'a pas pu se contenir.

Que n'avons-nous su, tous, poursuivre l'idéal primitif! Passer la vie à travailler ensemble, en petit nombre, dans le même lieu, *omnes unanimiter in eodem loco;* dans une réelle et quotidienne société d'âme et de pensée, nous soutenant, nous contenant, nous excitant les uns les autres!

Il serait encore parmi nous.

L'organisation de la vie du prêtre, voilà ce qu'il avait trouvé d'abord, selon l'idéal qu'avaient vu saint Philippe de Néri et le cardinal de Bérulle. La maladie, pour lui, brisa l'essai. L'essai lui-même, tombé en de trop dures et de trop difficiles conditions, n'en était plus à ce chaud printemps qui eût favorisé son travail et sa vie :

Nec res hunc teneræ possent perferre laborem.

Mais il trouva dans l'isolement, nous venons de le voir, un bien autre labeur encore : il y trouva l'incontinence du zèle, l'abus de l'effort, la dispersion et le brisement de sa vie.

CHAPITRE VII.

HENRI PERREYVE. — LA MORT.

I

Sa mort! Grâce à Dieu, il mourut comme il avait vécu, avec la même décision courageuse et le même élan vers le but, je veux dire vers la plus haute beauté.

Quoique lancé dans les plus entraînants travaux et les plus nobles succès de la vie, quoique précipité jusqu'à l'excès dans un mouvement dont il n'était plus maître, il s'arrêta et se retourna tout à coup, et s'orienta vers la mort, avec simplicité, résolution, sérénité.

Peu de mois avant la fin, il écrivait : « J'ai « vraiment abusé de mes forces l'année der- « nière. Je suis vraiment très fatigué. Les mé-

« decins me disent de gros mots qui m'effraye-
« raient si je tenais à la vie. Il se trouve que je
« n'y tiens pas, *ce qui est très réel*, et que je
« prends vite mon parti du *point extrême*. Mal-
« heureusement, pour être mort, il faut mourir.
« Or c'est toujours une démarche grave et
« redoutable, surtout quand elle se fait lente-
« ment. Je me dis, pour me consoler, que j'ai
« tout fait vite dans ma vie, et que le bon Dieu
« me laissera jusqu'à la fin un peu d'élan. »

Et en effet, il se décida vite, et il mourut
avec élan.

Le jour même de sa mort, sa dernière action
fut un cri vers l'éternelle beauté de Dieu : *Satiabor cum apparuerit gloria tua* : « Je serai ras-
« sasié, Seigneur, quand ta beauté apparaîtra! »
Et la dernière parole qu'il a prononcée sur cette
terre fut celle-ci, en réponse à l'acte d'amour
de Dieu qu'on prononçait pour lui : « Oh! oui,
« je l'aime de tout mon cœur. »

Mais prenons garde! il faut être absolument
vrai en toutes choses, et surtout ici. Ne croyons
pas que la plus belle mort soit celle que n'accompagne ni hésitation ni terreur. Le disciple
n'est pas plus grand que le maître. Le Christ
lui-même, le vainqueur de la mort, a voulu

nous montrer ses angoisses. Il prie par trois fois
en disant : « Mon Père, s'il est possible, que ce
« calice s'éloigne de moi. » Et sur la croix,
dans sa terreur, il crie : « Mon Père, mon Père,
« pourquoi m'avez-vous abandonné? »

Les âmes les plus vivantes, peut-être, sentent
le mieux l'horreur de la mort. Nul ne l'a sentie
comme le Christ. Les fortes âmes qui lui sont
unies la sentent avec lui et comme lui; et puis,
marchant sur elle, appuyées sur la croix, elles
s'élancent triomphantes de l'autre côté de l'a-
bîme.

Je ne m'étonne donc point de ce qui arriva
une heure avant sa mort.

« Vers sept heures, dit le témoin de ses der-
« niers jours, il fit un soudain effort pour se
« lever à demi sur son lit; son visage était
« blême et baigné de sueur, ses lèvres décolo-
« rées; mais son regard ranimé devint étince-
« lant, et se fixa, avec la plus vive expression
« de terreur, sur un ennemi invisible et pré-
« sent : puis il cria par deux fois : J'ai peur!
« J'ai peur! »

Je le répète, le disciple n'est pas plus grand
que son maître. Ce cri répond au cri du Seigneur sur la croix : « Mon Dieu, mon Dieu,

« pourquoi m'avez-vous abandonné? » Mais, de
même aussi qu'après avoir dit : « Mon Dieu,
« pourquoi m'avez-vous abandonné? » le Christ
meurt en disant : « Mon Père, je remets mon
esprit entre vos mains; » de même ici le disciple, qui mourait appuyé sur son maître, après
avoir crié : « J'ai peur! » ajoutait : « Ce n'est
« pas de Dieu que j'ai peur, » et il avait, répétons-le, la grâce de prononcer pour dernière
parole en ce monde, un acte d'amour de Dieu.
« Oh! oui, je l'aime de tout mon cœur, » mur-
murait-il en imprimant longtemps ses lèvres
sur l'image du maître adoré!

II

Mais je ne m'étonne pas non plus de cette
autre terreur, qu'on peut nommer *la terreur
intellectuelle*, qui lui revint dans les derniers
jours, et dont, quelques mois auparavant, nous
nous étions très-longuement entretenus.

Il me parlait ce jour-là, m'en citant un
étrange exemple, de ce que nous appelions
entre nous la *tentation du tout ou rien*.

Voici quel avait été notre entretien.

Les plus grandes âmes et les plus vigoureux esprits, disions-nous, sont quelquefois placés, par la juste nature des choses, en présence du doute absolu : *tout ou rien*. Les plus vigoureux, comme Descartes, retrouvent *le tout* en un instant. Les esprits déprimés et faibles ne sauraient rien retrouver par eux-mêmes. Ou ils n'ont pas l'épreuve, ou bien ils s'en retirent avec un bon sens méritoire en refusant de regarder ; ou enfin si, par une très coupable faiblesse, ils laissent attirer vers l'abîme leur regard fasciné, il se peut que la vue de l'ombre absolue les éteigne. Alors, ils ne croient plus à rien et ne comprennent plus rien : leur raison est déracinée. Que si, avec cela, ils prétendent enseigner, leur dogme doit consister à nier la raison, et ce sont des sophistes proprement dits. Les sophistes sont les vaincus de l'épreuve intellectuelle radicale. Quoi qu'il en soit, le premier effet de la grande épreuve de l'esprit est et doit être, pour toutes les âmes, une terreur intellectuelle, et les plus grands esprits, ce semble, doivent la subir : les plus saintes âme elles-mêmes y sont quelquefois appelées. Il suffit de citer saint Francois de Sales, saint Ignace, saint Liguori et saint Vincent de Paul.

— Mais, disait-il, voyez-vous quel peut être l'effet utile de cette tentation qui nie tout?

— Oui certes. C'est une leçon de Dieu pour nous apprendre à tenir par effort personnel, par propre clairvoyance et par choix libre, aux racines de la vérité. Il y a là un beau mystère. C'est que Dieu aime tellement les hommes qu'il veut même leur donner, ce qui semble d'abord impossible, quelque chose de *l'être par soi*. Dieu nous commence, mais nous oblige à nous achever nous-mêmes en recommençant tout. Pour cela, il se retire, et laisse l'esprit près du néant : « Mon Père, dit l'esprit effrayé, pourquoi m'avez-vous abandonné?... » *Pater, ut quid dereliquisti me?* Le Père lui dit alors : Relève-toi seul; « lève-toi et marche, » *Surge et ambula.*

Il n'y a, dit la tentation du néant, ni Christ, ni avenir, ni Père au ciel, ni Dieu, ni âme, ni but, ni loi, ni vérité, ni devoir. Il n'y a rien. Tout ce qu'on nomme religion et raison, sentiment et conscience, poésie et philosophie, tout cela est néant.

— Cher Père, comment répondez-vous à la négation absolue?

— Peut-être suffirait-il de dire que si le di-

lemme du *tout ou rien* est bon, nous avons *tout*
par cela même; car, par le fait, IL Y A QUELQUE
CHOSE. L'Être a pour lui *le fait,* sans parler du
droit. Le néant a *le fait* contre lui, aussi bien
que le droit.

— C'est évident, et, quoique subtil, c'est solide.

— Voici, je crois, ce qu'on peut ajouter.
Quand l'esprit affaissé rêve ainsi, réveillez-le
et ordonnez-lui l'attention. Il n'y a rien, dit le
mauvais sommeil. Ouvrons les yeux et regardons.

Qu'est-ce qui est?

Il y a ce monde, et moi-même, et les autres
hommes. Il y a la lumière du jour. Il y a le
ciel étoilé, et l'immensité de la vie. Voilà
d'abord qui est absolument certain. Il y a donc,
premièrement, quelque chose, et quelque chose
de beau. Mais ne voyez-vous pas que ce quelque chose implique tout?

— Je le sens parfaitement. Seulement je le
sens plus que je ne le raisonne.

— Cela doit être. Mais regardons encore. Re-
gardez le ciel étoilé. Je vous l'avoue, le ciel
visible est, pour moi, un point d'appui toujours
solide et toujours présent. Je sais, comme si je

le voyais, que l'immense espace est peuplé de milliards de mondes comme le nôtre. Oh! comme cette connaissance renouvelle les antiques certitudes! Figurez-vous ces armées de mondes, ces multitudes célestes, vivant dans la même attraction et dans la même lumière que nous. Ils ont nécessairement la même géométrie, les mêmes axiomes logiques, les mêmes axiomes moraux, et j'ose dire la même religion. Ils aiment comme nous et ils ont le même cœur : ils invoquent le même Père, et ils lui demandent les mêmes biens.

Et d'ailleurs, quand il n'y aurait, dans toute la création, que notre humanité, le raisonnement serait le même. Les milliards et les milliards d'hommes qui se sont succédé et qui se succéderont jusqu'à la fin, y suffisent sans nul doute. Et s'il n'y avait qu'un seul homme, ne serait-ce donc pas assez? Intelligent et libre, ne devrait-il pas arriver à tout ce que demandent l'intelligence et la liberté?

Voici donc ce qui est assuré; c'est que nous sommes une immense assemblée d'esprits libres et intelligents, qui cherchons une même chose, savoir : la vie permanente et croissante dans l'amour éternel. C'est cela qui est l'univers.

Or que pensez-vous de ceux qui, en présence de ce fait, qui est l'univers même et son mouvement, diraient : Tout cela n'aboutit à rien ; tout cherche toujours, mais pour ne rien trouver ?

— Je pense, comme vous le dites souvent, que ce seraient des esprits mutilés.

— Précisément. Car voici ce que dit la raison : Qui cherche trouve. Donc nous trouverons. Nous trouverons tout, et le Père, et les frères célestes, et la vie éternelle. Tout est dit, tout est démontré. Le plus vulgaire élan de la raison, à partir de la vue du monde, nous donne *tout*, dès le premier instant. L'esprit qui ne voit pas cela, n'est pas encore doué de raison. Retenez ce que je vous dis : n'est pas doué de raison, celui qui ne sait pas opérer lui-même, ou saisir quand on le lui présente, l'argument simple de tous les cœurs et de tous les esprits, celui-là même que la divine raison du Christ a sanctifié, glorifié pour toujours : « Quand votre en-« fant vous demande du pain, dit le Seigneur, « nul de vous ne lui donne une pierre. A plus « forte raison votre Père céleste donnera-t-il « les vrais biens à ceux qui les lui demandent. »

On comprendra la profondeur et la rigueur

de ce sublime et populaire raisonnement, quand renaîtra la science logique, éteinte aujourd'hui parmi nous.

Oui, grâce à Dieu, nous avons une religion simple, et le moindre élan de raison, quand il s'agit de l'argument du *tout ou rien*, soutient tout. Le sol ne croule pas sous la foi.

Tel fut, peu de temps avant sa mort, notre dernier entretien philosophique.

Je comprends par là ce qu'il voulait dire, lorsque, dans sa fatigue des derniers jours, il priait en répétant ces mots : « Seigneur, aug- « mentez-nous la foi, » et lorsqu'il ajoutait : « C'est maintenant que je bénis Dieu de m'avoir « fait une religion simple ! » il voulait dire : « Quand mon esprit s'affaisse, et paraît som- « meiller un instant dans un doute général, le « moindre effort philosophique, l'antique et « naturelle méthode de la raison, m'empêche « d'y enfoncer, et me ramène à tout, car elle me « rend Dieu, base de tout. Le moindre point « d'appui visible tient à tout, rétablit tout, et « me ranime au cœur la vie et la piété. »

A plus forte raison, que dut-il se passer dans son âme, lorsque, poursuivant sa prière : « Seigneur, augmentez-nous la foi, » il se fit

lire, par l'ami de sa première enfance, qui s'é-
tait fait l'ange gardien de ses derniers jours,
ces brûlantes paroles de saint Paul : « J'en ai la
« certitude, ni la mort, ni la vie, ni les choses
« présentes, ni les choses futures, rien ne pourra
« nous séparer du saint amour de Dieu, qui est
« en Jésus-Christ, notre Seigneur ! »

« Chaque mot nous apportait une nouvelle et
« profonde émotion, nous dit l'abbé Bernard
« dans son simple et touchant récit. Comme
« entre les disciples d'Emmaüs, Jésus-Christ
« était entre nous, et notre cœur était brûlant,
« pendant qu'il nous parlait. Je pouvais à peine
« poursuivre le texte sacré, et lui pleurait dou-
« cement en silence. Les derniers mots : *J'en ai*
« *la certitude, ni la mort, ni la vie, rien ne pourra*
« *nous séparer du saint amour de Dieu*, portèrent
« à son comble le trouble de notre cœur. Nous
« éclatâmes en sanglots. Alors, me serrant la
« main, il me dit : *Oh! laisse-moi seul avec Dieu*;
« *à demain*. Je m'éloignai avec respect, lors-
« qu'il s'écria : *Ou plutôt, apporte-moi la com-*
« *munion*. J'allai en toute hâte chercher la
« sainte hostie : je la déposai sur ses lèvres;
« sans troubler d'un mot ce grand et solennel
« silence de nos âmes, je le laissai dans la paix

« de l'action de grâce, demandant intérieure-
« ment à Dieu de le prendre avec lui cette
« nuit même (1). »

III

Mais reprenons ces choses de plus haut, au
moment où, quelques semaines auparavant, il
commençait à pressentir la mort. Apprenant
qu'une ligue de prières s'organisait pour lui,
il disait : « Pendant toute la semaine j'ai pensé
« à la mort, et je l'ai acceptée sans amertume
« et sans effroi. Oui, pendant tout ce temps j'ai
« entendu en moi le *responsum mortis*. Je suis
« bien reconnaissant des prières que l'on fait
« pour moi. Mais je ne demande pas la vie. Il
« m'est impossible de prier à cette intention. »
Mais autre chose est de pressentir la mort
par soi-même, autre chose d'en être averti par
ceux qui nous entourent. Après le premier mot
du solennel avertissement, il demande le saint
Viatique. Quoique brisé par la souffrance, il se

(1) *Derniers jours de Henri Perreyve*, par M. l'abbé Bernard, aumônier du lycée Saint-Louis.

lève, il s'habille, avec soin et respect, de sa soutane seule, comme quand, se disposant à dire la messe, le prêtre s'approche de la table où sont les vêtements sacerdotaux. Il se rend dans la chambre où un autel est préparé. J'arrivais en ce moment même, et apprenais presque en même temps que lui l'imminence du danger. C'est la dernière fois que je l'ai vu debout. Il savait depuis une heure que sa vie était condamnée. Je le vois encore, énergique et gracieux comme toujours, et, me souriant comme d'ordinaire : « Je suis bien en paix, « mon bon Père, me dit-il, bien en paix. »

Je conserverai, grâce à Dieu, toute ma vie, cette image : cette soutane, portée avec une joie fière, toute cette noble tenue, cette figure absolument blanche, ces yeux agrandis et tout noirs, et son grand et tendre regard, et ces derniers mots : « bien en paix ! »

Mon enfant bien-aimé, nous nous reverrons, je l'espère, dans cette paix qui ne passera pas !

Oh ! comme, depuis ce temps, il se tint en effet tout orienté vers la mort, dans la paix et le recueillement ! Je le blâmais tout à l'heure d'avoir laissé disperser sa vie dans un mouvement excessif et une multiplicité dévorante. Dès ce

moment, au lieu de se retenir à tant d'êtres
qui l'aiment de tout leur cœur, il ne cherche
que le silence; il passe des heures entières seul
dans sa chambre, et il demande à rester seul.
Le P. Lacordaire, lui aussi, dans les derniers
temps de sa vie, ne permettait que difficilement
l'accès de sa cellule, pour être plus seul avec
Dieu. Le disciple sentit aussi ce goût divin. Il
méditait l'autre face de la mort, cette face lumineuse, immortelle, qui succède aux ténèbres
et à la douleur. « Je vois maintenant, disait-il,
« au P. Charles Perraud, combien il m'est utile
« de m'être accoutumé de penser souvent à la
« mort, comme à une chose douce et désirable.
« Qu'il fait bon d'être chrétien ! Je ne l'avais
« jamais senti à ce point. Tu pourras prêcher
« cela toute ta vie. »

Et puis, entrant de plus en plus dans la volonté de Dieu, il en vint à ce point suprême et
profondément désirable, qui est le plus grand
acte dont soit capable la volonté de l'homme,
celui de dire en esprit et en vérité, comme
Jésus-Christ au jardin des Olives : « Que votre
« volonté soit faite, ô mon Père, et non pas la
« mienne. » En venir à aimer, en effet, cette
volonté de Dieu, non pas en paroles, non pas

même en pensées qui se trompent, mais en pleine vérité ; sentir Dieu de l'autre côté de la mort, et préférer la mort, et demander avec instance le moment et l'élan qui franchit le passage : il eut cette grâce d'une manière magnifique.

Je citerai ses propre paroles.

Tous ceux qui l'ont connu savent que jamais parole banale ne sortit de sa bouche. Tout ce qu'il disait était vrai, vu et senti.

Mais pour comprendre ces paroles en faveur de la mort, il faut nous rappeler ce qu'il savait, croyait, sentait. C'est que tout homme qui vit actuellement peut et doit dire : « Oui, nous « sommes dans la vie et nous y resterons. » Nous tenons, dès ce moment même, le commencement de la vie sans fin. La mort, comme la naissance, est le signal d'un rapide et nouveau développement. C'est une indispensable transformation, comme celle de tant d'organismes vivants qui se métamorphosent si merveilleusement sous nos yeux. Nous portons dans notre âme un trésor implicite de forces, qui fermentent ici-bas, mais qui doivent se developper ailleurs. C'est ce trésor caché que la mort va ouvrir. On voit souvent des âmes, à l'approche de la mort, qui pressentent ces merveilles ; et en toute vérité, sans illusion, elles préfèrent la mort à la vie. Et cela, sans raisonnement théologique ou philosophique, mais par une impression réelle. C'est un fait d'expérience , il y a de telles morts (1).

C'était donc un sentiment vrai qu'exprimait notre cher mourant à son ami, lorsque, une heure après avoir appris de lui que sa vie était condamnée, il lui disait : « Tu ne saurais croire « dans quelle joie intérieure je suis, depuis que « tu m'as dit que j'allais mourir. » Et parce que la mort différait : « Je n'ai jamais éprouvé « de plus grande contrariété que de voir, tous « ces jours-ci, que je ne pouvais mourir. »

C'est encore, en toute vérité, qu'ayant cru un instant revenir à la vie, il disait : « Je le « regrette. Je m'étais habitué à la pensée de la « mort, je vivais avec elle et elle me rendait « heureux : maintenant c'est un sacrifice plus

(1) Je ne puis assez remercier l'homme de bien et le vrai savant qui, ayant, en quelque sorte, plusieurs fois traversé la mort, a bien voulu me décrire en détail comment, à la vue de la mort, il l'avait préférée à la vie ; comment, de retour à la vie, il avait regretté ce réveil, et tout cela sans aucun motif raisonné, mais seulement par impression passive.

« dur à faire ; il va falloir accepter une triste
« et misérable vie ; quel être chétif et inutile
« je vais être pendant longtemps ! Ah ! j'aimais
« mieux la mort... Que la volonté de Dieu soit
« faite, dans la vie comme dans la mort. »

Et lorsque enfin on lui avoua, sur sa demande instante et absolue, que la mort arrivait :
« Ah ! je comprends, merci ! Alors ce sera pour
« aujourd'hui ? Eh bien ! il faut me préparer
« pour la grande lutte. Il faut me chercher le
« saint Viatique ! » Et il reçut la communion
avec une grande ferveur et une grande paix. Il
faut lire le reste de ces détails dans le touchant
récit de M. l'abbé Bernard.

Il mourut le jour même : dix jours avant sa
mort, il écrivait les lignes suivantes :

Au nom du Père, du Fils et du Saint-Esprit.

*Je meurs dans la foi de l'Église catholique, au
service de laquelle, depuis l'âge de douze ans, j'ai
eu le bonheur de consacrer ma vie.*

Je bénis tendrement mes parents et mes amis.

*Je conjure tous ceux qui garderont quelque sou-
venir de moi, de prier longtemps pour le salut
de mon âme, afin que Dieu, détournant ses regards*

de mes péchés, daigne me recevoir dans le lieu du repos et du bonheur éternels.

J'espère cette grâce par les mérites de Notre-Seigneur Jésus-Christ. Amen.

Je bénis encore une fois tous ceux qui me sont chers, mes parents, mes bienfaiteurs, mes maîtres, mes pères et mes frères dans le sacerdoce, mes fils spirituels, tant de chers jeunes gens qui m'ont aimé, toutes les âmes auxquelles j'ai été uni sur la terre par le lien d'une même foi et d'un même amour en Jésus-Christ.

PAX VOBIS

IV

Et maintenant, *sursum corda!* Grâce à Dieu, il est mort dans la charité; il est mort dans l'amour. Après avoir dit, dans ses paroles dernières, *je bénis tendrement mes parents et mes amis,* et avoir clos son testament, il y revient, et il ajoute comme un codicille, pour répéter cette bénédiction : *Je bénis encore une fois tous ceux qui me sont chers...,* *toutes les âmes auxquelles j'ai été uni sur la terre.* Et il ajoute :

*uni par le lien d'une même foi et d'un même amour
en Jésus-Christ.* Il distingue ici nettement ces
unions sacrées de ces perpétuelles approches
des âmes légères, qui ne voulaient que s'ébattre
un instant à la lumière de sa parole et de son
regard. Mais au fond, je le sais, il bénit toutes
ces âmes immortelles, et il demande pour elles
la profondeur et le solide amour de Dieu ! Il ne
pense pas à dire non plus : Je pardonne à mes
ennemis. D'abord, parce qu'un prêtre, eût-il
des ennemis, n'a vraiment pas besoin d'annoncer
qu'il remplit ce simple devoir. Puis il ne savait
pas avoir à pardonner. Où sont ceux, en effet,
qui ne l'aient pas aimé, auxquels il ait déplu,
qui aient été ses ennemis? Je ne puis croire
qu'il en existe. Ce serait si étrange ! et combien
ce serait fâcheux pour les coupables d'une telle
erreur ! N'en accusons personne.

Je sais un personnage qui, un jour, pour une
dissidence d'opinion, lui fut bien dur et injuste
en public. Mais que ne puis-je raconter ici la
très noble, très chrétienne, pleine et parfaite
réparation que cet homme de cœur et de foi
vint ensuite lui offrir? Aussi je prends ensemble
et l'heureuse faute et la splendide réparation
comme preuve qu'on était obligé de l'aimer. Et

j'en conclus encore que, s'il y a peu d'amour sur la terre, c'est moins parce que les cœurs refusent d'aimer, que parce que la plupart des humains refusent de mériter l'amour. Les cœurs, en général, font leur devoir en présence de ce qui est beau et bon, de ce qui a droit à l'amour. Lui qui, ce semble, avait ce droit, qui offrait l'expression d'une si splendide beauté morale, en fit, toute sa vie, l'expérience.

Dès sa jeunesse, il se félicite de rencontrer partout la bienveillance et la bonté. Et sa vie tout entière se passa comme ce court et gracieux voyage qu'il fit seul, à vingt ans, de l'autre côté des Pyrénées, et qu'il raconte dans une lettre datée d'Espagne et de ces mêmes jours. Après avoir énuméré les incroyables rencontres de bienveillance subite et d'hospitalité inattendue, qu'il y fit à chaque pas, il ajoute : « N'est-ce « donc pas un rêve et un conte des *Mille et une* « *Nuits*? En vérité, après l'avoir éprouvé et en « avoir vécu, j'en doute moi-même. Non, j'au- « rais eu tous mes parents et mes amis éche- « lonnés sur cette route d'Espagne, que je n'au- « rais pas été plus affectueusement, plus géné- « reusement accueilli à chaque pas. Le bon Dieu « a voulu me donner, sans doute, une grande

« leçon d'amour des hommes. J'espère que je
« ne l'oublierai pas. »

Ainsi s'est passée toute sa vie. L'amitié, la
bonté, l'affection, l'estime profonde, presque
enthousiaste, le noble et saint amour venaient
à sa rencontre, l'accueillaient à tous les détours
de sa route. D'abord ce doux et pieux enfant,
Eugène Bernard, qui, à douze ans, fut, sur les
bancs du catéchisme, son ami et son confident,
et qui se retrouve jour et nuit à son lit de mort.
prêtre et ami, et confesseur, et sœur de charité...
et puis, ce généreux Charles Perraud, — « mon
Charles ! » — cet être si parfaitement de même
sang, son égal en noblesse, en courage, en
intelligence, en bonté, qui fut, pendant toute
sa courte carrière, son frère d'armes et son
plus proche compagnon de marche ! Et cette
rencontre de M. Biot, qui, passant devant lui
sans le connaître, le regarde et l'aime, l'exhorte
et le bénit. Et puis voici Frédéric Ozanam qui
forme son adolescence. Puis Lacordaire qui
inspire sa jeunesse, et qui lui lègue ces mots :
« Vous serez éternellement sur mon sein, comme
« un fils et comme un ami. » Il tombe alors
au milieu de ces jeunes et vigoureux cœurs de
l'Oratoire des premiers jours, et trouve, dans

ce chaud milieu, le printemps de sa vocation. Violemment arraché de cet asile par le mal physique, partout où le conduisent les médecins, on se dispute la joie de le soigner. Il apprend ce que peut être l'hospitalité dans cette affectueuse famille où il rencontre Ampère, qui aussitôt aime de tout son cœur ce jeune prêtre, et en reçoit, dans ce commerce d'affection, à peu près tout ce que ce prêtre veut donner.

Mentionnerai-je un philosophe qui, certes, sait se défendre, mais qui est ému, et qui dit : « J'ai vu un ange. »

Que dire de l'accueil que lui font ses supérieurs dans le sacerdoce; des étranges privilèges que, malgré sa jeunesse, on lui offre partout, et qu'il refuse très fermement pour reporter ces faveurs trop grandes sur d'autres, qui me l'ont raconté? Que dire de l'affection qu'il trouve, malgré la dureté des temps, dans le noble, pieux et aimable groupe des catéchistes de Saint-Thomas-d'Aquin? Que dire de l'accueil qu'il reçoit, ou plutôt de l'amour qu'il obtient au lycée Saint-Louis, puis à Sainte-Barbe, de la part des élèves de tous les âges, et de la part de tous les maîtres, — *tant de chers jeunes gens qui m'ont aimé!* — Appelé à la Sorbonne, — sans

parler ici de tous nos dignes et bons collègues,
— il y rencontre dans notre cher et vénéré Doyen, non pas seulement la gracieuse bonté,
mais l'affection cordiale, le souci paternel qui
l'observe et le suit pas à pas, qui lui ôte les
obstacles et prévient sa fatigue ; et qui, enfin, le
voyant dans la tombe, s'attache à sa mémoire,
me prie avec instance d'en parler et surtout d'en
écrire, et crée pour lui cette innovation de l'é-
loge public en Sorbonne.

Comme l'année, qui rencontre les dons de
Dieu en leur saison, sa vie aussi, au temps opportun, rencontrait les nobles et chères âmes
qui lui furent unies sur la terre. On ne saura
jamais, et il n'est pas nécessaire qu'on le sache,
ce qu'a été, ce qu'est encore pour lui le cœur
énergique et profond du noble comte de Montalembert. Lui, en retour, au temps de l'épreuve,
a versé dans ce cœur sa puissance de consolation, et peut-être a contribué, comme auxiliaire
d'une âme plus proche, à tourner ces douleurs
en piété plus émue. Et quelle solide, sereine,
cordiale et intelligente amitié ne lui a pas offerte ce vigoureux ouvrier du bien, Augustin
Cochin, dont il me disait, répondant mot pour
mot à ma propre pensée : « On est bien loin de

« le connaître encore ! On saura un jour ce qu'il
« est. »

Sur tous ces nobles cœurs, et sur toutes ces
chères âmes, et sur toutes celles que je connais
et dont je ne puis parler, et sur toutes celles
que je ne connais pas, et sur plusieurs qui sont
humbles et inconnues dans les derniers rangs
de la foule, sur toutes ces âmes puissent tomber
en rosée féconde et céleste les bénédictions ré-
pétées dans le testament de son cœur !

V

Et maintenant encore *sursum corda !* Appli-
quons-lui ce qu'il disait lui-même sur la tombe
de son ami, Herman de Jouffroi : « Quand on
« meurt, après une telle vie, dans la grâce qui
« fait les saints, et les lèvres collées sur la croix
« du Sauveur, on passe, des demeures terrestres,
« dans le cœur même de Dieu. » Comment le
plaindre ? comment nous plaindre ? Il voit, et il
sait maintenant. Cette intelligence ardente, cette
volonté courageuse, ce cœur généreux et profond, sont couronnés et rassasiés. Et cependant,
vous qui l'avez aimé, vous ne vous consolez pas.

Vous vous demandez si tout est fini entre lui et vous. Vous trouvez cruelle, malgré tout, cette déception qui conduit un homme jusqu'à l'entrée de sa carrière, et qui, lorsqu'il commence à y marcher, plein de force, d'ardeur et de ressources magnifiques, lui ravit tout à coup le fruit de ses préparations, de ses attentes et de ses combats.

« Mais, ô amis, êtes-vous certains que tel soit le sens de la mort? Etes-vous certains que ces frères de la vie heureuse voient leurs travaux violemment interrompus, et qu'ils ne puissent plus rien pour les grandes causes qu'ils ont aimées? N'est-il pas vrai, au contraire, que, *vivant et se mouvant en Dieu*, qui est le lieu éternel des âmes, ils peuvent agir invisiblement sur la terre et y développer, par leurs inspirations supérieures, des vertus et des progrès admirables! Ne serait-il pas vrai enfin qu'ici-bas même, comme on l'a dit, « les morts sont plus « vivants que nous? »

Oui, et c'est cela même qu'il croyait et qu'il espérait.

Vers ses derniers jours, il fit appeler le P. Ad. Perraud, de l'Oratoire, cet ami auquel il avait écrit autrefois : « Courage donc, bienheureux

« ami, vous portez toutes nos vocations dans la
« vôtre. » Il lui dit : « Cher ami, j'ai voulu te
« voir pour te faire mes adieux. *Nous ne cesse-*
« *rons point, n'est-ce pas, de travailler ensemble à*
« *la cause de Dieu et de son Église?* Adieu! Je
« me sens dans une paix profonde! donne-moi
« ta bénédiction! »

Oui, voilà ce qu'on devrait s'habituer à croire :
c'est que les morts sont avec nous. Mais non.
Qui pense aux morts? Qui sait vivre avec eux?
Le plus grand nombre des hommes, profondément ensevelis dans le visible, vivent dans l'oubli stupide et animal de ceux qu'ils ont cessé
de voir. Heureuses les âmes nourries de l'invisible comme du visible, qui conservent la mémoire et l'amour de ceux qui ne sont plus ici,
ou du moins qui ne se meuvent plus sous nos
yeux! Rendons-nous dignes de les sentir se
mouvoir dans nos cœurs.

Le genre humain, aujourd'hui, ne se laisse-
t-il pas dire que les morts nous adressent des
discours détaillés par un *chiffre* de convention,
composé de chocs physiques sur du bois? Ne
quittera-t-on pas ces puériles illusions pour s'attacher au fond sacré de pressentiment et de foi,
qui donne à ces chimères quelque crédit? Le

genre humain sent et comprend que tout ne
peut être rompu entre nous et ceux qui nous
précèdent. Et comme ces liens existent en effet,
dans les profondeurs invisibles, le fait, qui sub-
siste quoique caché, empêche et empêchera,
jusqu'à la fin des siècles, ces désirs de se perdre, et ces idées de s'effacer.

Ne serait-il pas temps que les chrétiens, sur
ce sujet, fussent, en pratique, plus fidèles à leur
foi? N'est-il pas temps aussi que les penseurs
dignes de ce nom commencent d'une manière
plus confiante l'étude scientifique de cette admirable question?

Ah! me disait un jour un vrai savant, si les
hommes consacraient, pendant un siècle, autant d'efforts, de travail et de temps aux sciences
morales et à la science de l'âme, que nous
venons d'en consacrer depuis deux siècles aux
sciences physiques, mathématiques et naturelles, que de merveilleux résultats, absolument inattendus, ne pourrions-nous pas obtenir!

Si l'on commençait seulement à soupçonner
pour l'âme ce que la science commence à soupçonner pour la constitution astronomique de
l'univers, savoir, qu'il est un monde central,
immense, et invisible, mais visible par quelques

uns de ses effets, et qui, un jour, expliquera bien des énigmes ! Ne devrions-nous pas aussi, si nous n'étions pas tous des esprits du dehors, entrevoir enfin ce qui se trouve au fond et au centre de l'âme, dans ces profondeurs invisibles et immenses, où nous nous gardons bien d'aller et même de regarder ?

Plus la science marche, plus elle découvre de richesses, de beautés, d'harmonie, de conséquences et d'admirables fins dignes de Dieu dans l'univers visible.

Est-ce donc que la science de l'âme pourrait avoir une autre issue ? Ne trouvera-t-elle pas aussi que la partie claire et connue de notre âme, habitée jusqu'ici par les hommes, est peu de chose comparée à ces profondeurs ? Ne nous dira-t-elle pas aussi qu'au fond, au centre, il existe un admirable sanctuaire, et dans ce sanctuaire un trône de Dieu, et que là les âmes, par leurs centres, se touchent en Dieu ?

Grâce à Dieu, ma foi catholique, et c'est l'une des splendeurs de ma foi, m'annonce la communion des âmes, l'invocation des saints, l'intercession des saints, l'union de l'Église triomphante à l'Église militante et le travail commun des deux Églises, ou des deux parties de l'Église, pour mener le monde à son but. O homme! qui que vous soyez, pesez ceci! Voilà ce que professe, comme article de foi, la grande Eglise chrétienne. C'est là l'enseignement du Christ. Et n'est-ce donc pas, en même temps, l'un de ces articles de foi universels et nécessaires qui se trouvent en toute religion, en tous les cœurs et en tous les esprits, dans tous les temps et dans tous les lieux, jusque chez ces pauvres sauvages qui affirment que les âmes des pères, quand ils meurent, viennent habiter celles de leurs fils et doubler leur courage?

Saint Paul disait : « Je vous porte et vous ai dans mon cœur : *Eo quod habeam vos in corde.* » Tenez pour vraies ces paroles de l'amour sacré. On les peut profaner; mais on n'en peut détruire la fondamentale vérité. Et l'apôtre saint Pierre ne nous promet-il pas de venir très souvent, après sa mort, exciter l'amour dans nos âmes?

Mais quoi! le Christ lui-même, en nous quittant, ne nous a-t-il pas dit, avec l'inimitable accent de la bouche de Dieu : *Ecce ego vobiscum sum, omnibus diebus, usque ad consummationem sæculi* : « Voici que je suis avec vous, tous les « jours, jusqu'à la fin des siècles? »

Heureux les cœurs capables de porter en eux la vraie foi, la foi universelle et catholique, dans sa vie et sa plénitude ! Ils ont en eux le ciel. Ils ont en eux Dieu même, et Jésus-Christ, et les âmes qui sont avec Dieu dans le ciel. Ils sont déjà en quelque société avec les nobles êtres, et les personnes glorieuses qui vivent dès à présent dans l'immortalité. Notre jeune et bien-aimé frère, disions-nous, avait le grand bonheur de posséder cette foi, foi réelle, assurée, qui pénétrait sa vie.

Ecoutez cette fin d'un récit, tout intime et charmant, de ses relations avec Frédéric Ozanam :

« *Mes relations avec Frédéric Ozanam ne s'arrêtent point à sa mort* (1).

(1) Frédéric Ozanam lui-même partageait complètement cette foi. Je trouve, dans sa correspondance, qui vient d'être publiée, deux lettres où il parle ainsi de sa mère.

Paris, 31 janvier 1847.

... Dans le premier moment, toute pensée de consolation semble impossible, injurieuse même pour notre tristesse. J'ai connu cet état, mais il a peu duré. Bientôt d'autres moments sont venus où j'ai commencé à pressentir que je n'étais point seul, où quelque chose d'une douceur infinie s'est passé au fond de moi : c'était comme une assurance qu'on ne m'avait point quitté. C'était comme un voisinage bienfaisant quoique invisible, c'était comme si une âme

« Je dirai même que les plus profondes, celles qui ont eu la plus directe et la plus puissante influence sur ma vie, commencent après sa mort.

« On a dit : « Les morts sont plus vivants que « nous. » Peut-être recevons-nous plus des *vivants affranchis* que des vivants d'ici-bas.

« Pour moi, il ne m'est pas permis d'en douter ; j'ai beaucoup reçu de l'excellente âme dont je parle, après qu'elle se fut élevée.

« Quand, vers la fin des vacances de 1853, je

chrétienne, en passant, m'eût caressé de ses ailes. Et de même qu'autrefois je reconnaissais les pas, la voix, le souffle de ma mère ; ainsi, quand un souffle réchauffant ranimait mes forces, qu'une idée vertueuse se faisait entendre à mon esprit, qu'une salutaire impulsion ébranlait ma volonté, je ne pouvais m'empêcher de croire que c'était toujours elle.

Maintenant, après deux années, après le temps qui peut dissiper les premiers égarements d'une imagination ébranlée, j'éprouve toujours ceci : il y a des instants de tressaillement subit, comme si elle était là, à mes côtés ; il y a surtout, lorsque j'en ai le plus besoin, des heures de maternel et filial entretien, et alors je pleure peut-être plus que dans les premiers mois, mais il se mêle à cette mélancolie une ineffable paix. Quand je suis bon, quand j'ai fait quelque chose pour les pauvres qu'elle a tant aimés, quand je suis en repos avec Dieu qu'elle a si bien servi, je vois qu'elle me sourit de loin. Quelquefois, si je prie, je crois écouter sa prière qui accompagne la mienne, comme nous

revins à Paris prendre l'habit ecclésiastique, et
quitter la maison de mon père pour celle de
Dieu, j'avais besoin, en ce moment de trouble,
d'une main forte qui m'aidât à laisser le monde,
et me transportât dans une autre sphère d'i-
dées, dans une vie nouvelle.

« Cette main fut celle de ce cher mort. La
première fois que je vis son cercueil, il était
déposé dans une chapelle souterraine de l'église
Saint-Sulpice. Dans cette chapelle, j'avais passé

faisions ensemble le soir au pied du crucifix. Enfin souvent,
je ne le dirais à personne, mais à toi je puis le dire, lorsque
j'ai le bonheur de communier, lorsque le Sauveur vient me
visiter, il me semble qu'elle le suit dans mon misérable
cœur, comme tant de fois elle le suivit porté en viatique,
dans d'indigentes maisons; et alors j'ai une ferme croyance
de la présence réelle de ma mère auprès de moi. (*Lettre IIIᵉ
du second volume.*)

Dès le lendemain de cette perte, il avait écrit :

Lyon, Noël, 1839.

... Point de convulsions ni d'agonie, mais un sommeil
qui laissait sa figure presque souriante, un souffle léger qui
allait s'affaiblissant, un instant vint où il s'éteignit, nous
nous relevâmes orphelins. Comment vous dire alors la déso-
lation et les larmes qui éclatèrent au dehors, et cependant
l'inexprimable, l'inexplicable paix intérieure dont nous
jouissions, et comment le sentiment d'une béatitude nouvelle s'empara malgré nous, non-seulement de notre cœur,
mais aussi des personnes les plus chères de notre famille?
(*Lettre LVII du premier volume.*)

les meilleurs moments de mon enfance. C'est là que, pendant trois années, je m'étais préparé à ma première communion. C'est là que j'avais fait mes premières promesses d'appartenance à Notre-Seigneur. Je n'étais point rentré depuis ce temps dans ce lieu béni; j'y revenais à dix années d'intervalle, à la veille d'accomplir mes promesses, et conduit là pour recevoir un enseignement plus sévère, plus viril, l'enseignement de la mort, au pied du cercueil d'un maître et d'un ami.

« Je priai et je méditai là longtemps.

« Peu de jours après, le cercueil fut transféré aux Carmes, dans un caveau souterrain de cette église, situé dans la chapelle des âmes du purgatoire.

« C'est là que j'allai souvent le visiter.

« Celle que notre ami a laissée seule me fit plusieurs fois l'honneur de me confier des fleurs, des couronnes que sa pieuse main ne pouvait déposer elle-même, et je les portais en son nom.

« Les idées de renoncement, d'oubli du monde, d'abandon à Dieu, où j'étais alors plongé, me faisaient trouver à la fréquentation de ce cercueil un charme inexprimable, invincible, que je n'ose presque m'avouer.

« J'ouvrais la porte du caveau comme celle d'un ami avec lequel on a fixé l'heure du rendez-vous. Je m'acheminais sous les voûtes jusqu'au souterrain ; je déposais ma lumière ; je mettais les fleurs en ordre ; j'essuyais le cercueil que l'humidité pénétrait, et, ces premiers soins rendus, je m'agenouillais, la tête appuyée sur le bois.

« Là, j'étais aussitôt comme saisi. Des mouvements de joie et d'abandon extraordinaires faisaient bondir mon cœur. Je me sentais prêt à mourir pour Dieu, pour le service de la vérité, de la science chrétienne, de la justice. J'acceptais de mourir à la vie des plaisirs, à la vie des souvenirs. Je me mettais pour ainsi dire au cercueil ; je comprenais là le mot de l'Évangile : « Si le grain de froment, mis en terre, ne « meurt point, il demeure seul. » Là, j'acceptais la mort, je serrais le cercueil entre mes bras, j'y appliquais mes lèvres, je respirais sans frayeur, et avec une sorte de joie enivrée dont je m'étonne presque aujourd'hui, l'odeur humide et morte de ce bois fatal. Je croyais tenir la croix de Jésus entre mes bras, cette croix à laquelle il allait m'attacher, que je pressais contre ma poitrine avec une force d'amour que je n'ai point retrouvée depuis.

« J'ai passé là des heures extraordinaires.

« Loin de m'exagérer ces choses, je les retrace bien moins vives, bien moins profondes qu'elles n'ont été. Et il s'en faut que je puisse m'exprimer comme je le voudrais !

« Le cœur fortifié par de telles impressions, et soutenu par cette main très ferme qui m'était tendue d'un autre monde, je passais sans trop de lâcheté de la vie du siècle à la vie religieuse.

« Sans doute, je retombai bientôt dans ma faiblesse, parce que, le bras de Dieu s'éloignant, je chancelle et défaille aussitôt.

« La première épreuve qui vint m'assaillir fut celle d'une tristesse mortelle, continuelle, qui m'effrayait beaucoup, parce qu'elle était contraire à ma nature. Mais mon Seigneur Jésus ne me laissa pas sans secours, et, contre ces premiers découragements, il se servit encore, pour me défendre, de cette même main dont j'ai parlé.

« Cette main me rendait le courage en me montrant le néant des choses terrestres, toujours si brèves ; le solide honneur du vrai sacrifice, la fécondité des œuvres accomplies pour Dieu seul, la puissance d'une âme d'élu.

« Voilà ce que je reçus de M. Frédéric Ozanam.

« De toutes ces choses, très mal exprimées
dans ces pages et permises depuis mon enfance
pour le bien de mon âme, que le Seigneur Jésus,
mon maître, soit béni ! »

Et moi aussi, je dirai, en terminant ce religieux travail : De toutes ces choses, très mal
exprimées dans ce livre, mais qui sont les effets
de la vie de Dieu dans les âmes, que le Seigneur
Jésus, notre maître adoré, soit béni !

Et puis, ô mon enfant, ce que vous attendiez
de vos morts bien-aimés, à notre tour nous
l'attendons de vous. Au lit de mort, vous fai-
siez cette promesse : « Nous ne cesserons point,
« n'est-ce pas? de travailler ensemble. » Oui,
je crois voir que vous travaillez avec nous. Celui-là même auquel vous disiez ces paroles,
Adolphe Perraud, est devenu votre successeur
dans votre œuvre. Et il me paraît que déjà vous
avez obtenu deux grandes choses, que je n'ai
pas à dire ici, pour ceux que vous aimez. Comment se fait-il aussi que, très souvent, au milieu de mon profond chagrin, j'aie dû me dire :
« D'où vient cette joie? Vraiment je me sens
« envahi par une sorte d'allégresse qui lui res-

« semble. C'est là précisément la joie et l'allé-
« gresse qu'il apportait quand il entrait chez
« moi! Pourquoi donc ne serait-ce pas lui? »

O amis! efforçons-nous par la prière, par le recueillement, par la vraie vie du fond de l'âme, d'apprendre à vivre avec ceux qui sont dans le ciel, dans ce monde où l'on est ensemble.

Et vous, qui nous avez précédés dans la mort, vous tous que nous avons connus, aimés, que nous aimons encore, demeurez avec nous. Aidez-nous de vos forces, de vos cœurs et de vos esprits glorifiés.

Et vous tous, protecteurs inconnus, imitateurs de Jésus-Christ, saints ouvriers de Dieu, et vous toutes, glorieuses reines qui régnez au ciel, à la suite de la Mère de Jésus, consolez-nous de la tristesse présente, en nous soutenant dans les travaux qui rendront notre terre moins sombre, moins éloignée de la justice et de l'amour, moins séparée du ciel. Consolez-nous de la mort qui approche, en nous faisant quelquefois pressentir dans notre âme ce groupe ami de personnes réelles et vivantes qui, de l'autre côté du passage, attendent chacun de nous.

Mon Dieu! faites-nous la grâce de croire que vous êtes présent dans nos âmes, que vous avez votre trône en nous. Faites-nous la grâce de croire, Seigneur Jésus, Dieu incarné, que vous êtes vraiment avec nous, aujourd'hui et toujours, et jusqu'à la consommation des siècles; et que, si nous savons le mériter par la foi et l'amour, nous pouvons appuyer la tête sur votre sein. Faites-nous la grâce de croire que la sainte multitude des personnes humaines glorifiées, plus nombreuse, plus splendide que les soleils et les étoiles, savent se serrer comme rayons et ondes de lumière autour de votre trône, ô notre Père, autour de votre cœur, ô Jésus-Christ, et que là où vous êtes, même dans nos cœurs, ils y sont avec vous.

O Christ! apprenez-nous à vivre et apprenez-nous à mourir. Faites-nous la grâce de pratiquer votre grande loi : CELUI QUI VIT ET CROIT EN MOI NE MOURRA PAS (1). Frères bien-aimés, pratiquons cette parole; ne mourons pas! Appuyés sur Dieu même, et sur les vivants immortels qui sont en Dieu et qui sont avec nous, sachons dire, en esprit et en vérité : *Oui, nous sommes dans la vie, et nous y resterons.* Délivrés

____

(1) Qui vivit et credit in me, non morietur in æternum. JOAN., XI, 26.

de la crainte de la mort, qui fait de chaque homme un esclave, travaillons à conduire le monde à son but. Sûrs de la vie, dans laquelle nous sommes pour toujours, osons commencer les travaux déclarés impossibles. Prenons une invincible audace. Entreprenons avec un absolu courage l'éducation du genre humain. Entrons, dix foix plus nombreux qu'aujourd'hui, dans la moisson du Père. Devenons ouvriers de Dieu. Pour être dignes de ce travail, un grand évêque nous dit « qu'il faut être né grand ou le devenir ». Eh bien! devenons grands dans notre humilité, en prenant le grand cœur, les grandes pensées des glorieux aînés qui sont morts, ou, pour mieux dire, prenons le cœur de Dieu et les pensées de Dieu, qui seul est tout en tous. Alors, croyons-le-bien, rien ne sera plus impossible. Alors nous saurons accomplir ce que Dieu veut de l'homme, ce pour quoi Dieu a créé l'homme, savoir : « cultiver et défendre « du mal ce Paradis terrestre (1), — et mettre la « terre entière dans l'ordre et la justice (2). »

---

(1) Posuit eum in Paradiso voluptatis ut operaretur et custodiret illum. Genèse, ii, 15.

(2) Deus qui constituisti hominem, ut disponat orbem terrarum in justitia et æquitate. Sagesse, ix, 2.

DERNIERS JOURS

DE M. L'ABBÉ

HENRI PERREYVE

Satiabor cum apparuerit gloria tua.

Ps. XVI, 15.

On demande de tous côtés à la famille et aux amis de M. l'abbé Perreyve des détails sur les derniers jours de cette existence déjà si précieuse à l'Église et à tant d'âmes pour lesquelles il s'est sacrifié. S'ils avaient suivi leur premier sentiment, ils auraient gardé pour eux et pour un cercle intime des souvenirs si douloureux et si délicats ; mais ils ont réfléchi que celui qu'ils pleurent était prêtre et qu'à ce titre, sa mort, aussi bien que sa vie, appartenait à tous pour l'édification des fidèles et pour la gloire de Dieu... Sa vie, ils la raconteront plus tard (1); ils se sont décidés à parler dès aujourd'hui de sa mort.

6 juillet 1865.

Octave de la fête des saints Apôtres.

(1) *Henri Perreyve*, par le R. P. Gratry. 1866.

DERNIERS JOURS

HENRI PERREYVE

L'abbé Perreyve est revenu précipitamment de Pau, où il était allé passer l'hiver, le dimanche 9 avril, jour des Rameaux. Sa famille et ses amis, trompés depuis plusieurs mois par les lettres rassurantes et pleines d'illusions qu'il leur écrivait, furent atterrés de l'état dans lequel ils le revirent. Dès le premier moment, leurs alarmes furent extrêmes et les médecins ne les calmèrent pas. La maladie dont il était atteint depuis plusieurs années avait fait des progrès rapides.

L'abbé Perreyve ne voyait pas son état et croyait à une indisposition passagère ; aussi trompait-il les ennuis de la maladie par des projets d'avenir. Il prétendait reprendre son cours à la Sorbonne dans le deuxième semestre qui allait commencer; et, dans tous les cas, il songeait au discours de rentrée de la Faculté de théologie qu'il devait prononcer; il choisissait son sujet et esquissait son plan. En vain autour de lui on essayait de l'alarmer, afin de lui épargner l'imprudence d'une sortie, d'une trop longue conversation ou d'un travail de tête prolongé.

Cependant il fallut bien reconnaître au bout de quelques semaines que le mal ne cédait pas aux efforts de la science. On emmena l'abbé Perreyve à la campagne. Avant de partir il voulut faire ses Pâques, que l'impossibilité de rester à jeun la nuit lui avait fait retarder jusque-là. Il espérait être assez fort pour accomplir ce grand devoir en disant lui-même la sainte messe le dimanche du Bon Pasteur, et, n'osant monter à l'autel sans être assisté, il m'avait écrit la veille pour me prévenir. Au dernier moment ses forces le trahirent, et il dut se borner à se confesser. Nous restâmes longtemps ensemble, et il fut convenu qu'il communierait le lendemain. En effet, le lundi, premier jour de mai, il vint, pouvant à peine se soutenir avec l'appui de mon bras, faire ses Pâques à ma

messe, dans la petite chapelle des Pères de Sion,
voisine de sa demeure. Il partit ensuite pour
Epinay, où, après un mieux peu sensible et qui
d'ailleurs fut de courte durée, on dut se convaincre que les remèdes étaient impuissants et
que tout espoir était perdu.

Ces tristes nouvelles ne tardèrent pas à se
répandre, et une touchante reconnaissance
inspira aux fidèles sur plusieurs points de Paris
la pensée d'unir leurs prières pour obtenir la
conservation de cette jeune vie, qui leur était
chère. Nous ne saurions trop, en écrivant ces
lignes, leur exprimer, ainsi qu'aux communautés religieuses du diocèse qui s'associèrent
à cet élan spontané, la profonde gratitude de la
famille de M. Perreyve et la nôtre.

A partir de ce moment, l'abbé Perreyve
comprit qu'il s'était trompé sur le caractère
de sa maladie; qu'elle était beaucoup plus
grave qu'il ne l'avait cru d'abord, et l'idée de
la mort se présenta pour la première fois à son
esprit. Elle ne l'épouvanta pas un instant. Il
disait alors à celui qui a été avec moi son plus
ancien et son plus intime ami (1) : « Pendant

(1) Le R. P. Charles Perraud, de l'Oratoire.

« toute cette semaine j'ai pensé à la mort, et je
« l'ai acceptée sans amertume et sans effroi;
« oui, tout ce temps j'ai entendu en moi le
« *responsum mortis*. Je suis bien reconnaissant
« des prières qu'on fait pour moi, mais je ne
« demande pas la vie, il m'est impossible de
« prier à cette intention.

« Si je devais vivre, cependant, je crois,
« j'espère que je serais meilleur. Mais peut-
« être que cela même est une illusion. Je suis
« un pauvre malade perdu à qui tout semble
« facile et qui accepte tout aisément pourvu
« qu'on le rappelle à la vie. »

Une seule chose l'attristait parfois dans la
perspective de la mort, c'était, comme l'éprou-
vent toutes les âmes pures à l'approche de la
Sainteté divine, le sentiment de son indignité
et le souvenir de ses péchés. Il fallait relever
son courage et le rassurer en lui parlant de la
miséricorde de Dieu et alors il ajoutait volontiers : « En effet, moi qui prêche tant aux
« autres la miséricorde de Dieu, je dois m'y
« confier. »

C'était une peine sensible pour lui de ne
pas pouvoir faire la sainte communion aussi
souvent qu'il l'eût désiré : il ne s'en consolait

qu'en disant : « Les missionnaires sont eux-
« mêmes obligés parfois de passer de longs
« temps sans communier... et puis on sent
« *aussi* Dieu par la privation. » Les forces di-
minuaient de jour en jour, il ne pouvait presque plus sortir dans le parc de la maison qu'il
habitait; il passait de longues heures seul dans
sa chambre, se livrant tout entier, ce qui était
assez nouveau pour sa nature expansive, aux
attraits de la solitude, et disant comme le P. de
Ravignan : « Jamais je ne m'ennuie, le temps
« ne me paraît pas long, je pense et je prie (1). »

Mais cette solitude qu'il défendait doucement contre la tendresse de ceux qui l'entou-
raient et contre l'empressement de ses plus
nobles relations, elle lui était, comme sa vie,
moins chère que les intérêts divins auxquels il
était consacré. Un jour on vit arriver à Epinay
un élève de l'École militaire de Saint-Cyr; il
venait frapper à cette porte qui s'ouvrait si
difficilement; pour lui, elle fut aussitôt ou-
verte. C'était une âme! une âme qu'avait sans
doute touchée autrefois à Sainte-Barbe la pa-

(1) *Maladie et mort du P. Ravignan,* par le Père de Pon-
levoy.

role de ce prêtre ; le pauvre malade mit tendrement à son service le peu de forces qui lui restaient.

Ce fut le dernier acte de ministère sacerdotal que put accomplir l'abbé Perreyve, et il nous donne un droit de plus de dire de notre ami ce que M. le comte de Montalembert a dit du P. Lacordaire : « Cette belle âme a eu cela de commun avec Dieu qu'elle a surtout aimé nos âmes, » *Domine, qui amas animas nostras* (1).

Le jeudi 25 mai, fête de l'Ascension, à l'issue d'une neuvaine qui se terminait ce jour-là, on proposa au malade avec les plus vives instances et d'une manière inattendue de se soumettre à un traitement nouveau et spécial ; il hésita beaucoup et, après s'y être enfin décidé, dit à son ami le P. Charles Perraud : « Je me « suis demandé, comme je le fais très souvent, « ce qu'aurait fait le P. Lacordaire à ma place ; « il me semble qu'il aurait vu là une indication « de la Providence. »

Il revint peu de jours après s'installer à Paris, afin d'être plus facilement sous la main du médecin ; mais les efforts de la science de-

(1) Sap, XI, 27.

vaient être ce qu'ils avaient été jusque-là, impuissants à triompher d'un mal trop ancien et trop profond pour pouvoir être conjuré, et dont les ravages étaient de jour en jour plus sensibles.

Au bout de quinze jours environ, le mercredi 14 juin, l'abbé Perreyve éprouva le matin, sans en avoir conscience, une syncope qui effraya extrêmement sa sœur; elle m'envoya chercher, me confia ses alarmes et me pria d'aller à Épinay conférer de son état avec ses parents.

Mme Perreyve, retenue près de son mari, dont la santé réclamait impérieusement sa présence, n'eut, dans l'extrême douleur où la plongeait l'expression de nos vives inquiétudes, que la consolation de penser qu'aucune des grâces ne Dieu ne manquerait à son bien-aimé fils. Je revins à Paris avec la mission d'avertir notre cher malade. Quelque forte que soit une âme, c'est une tâche rude et douloureuse que de la mettre solennellement en présence de la mort; mais j'étais résolu à faire mon devoir de prêtre et d'ami : j'entrai près de l'abbé Perreyve. C'était dans un moment où il se trouvait extrêmement faible; aussi me dit-il en me voyant :

« Mon ami, seulement quelques minutes au-
« jourd'hui. » Quelques minutes ! c'était bien
peu pour lui dire une vérité si grave : je ra-
nimai cependant mon courage, et je commençai par constater avec insistance les progrès du
mal depuis plus de deux semaines. A chacune
de mes paroles alarmantes, il trouvait une réponse calme, mais qui témoignait d'une confiance que je ne pouvais pas partager. Je priai
Dieu intérieurement de venir à mon aide : il
m'envoya ce secours par le malade lui-même,
qui, s'attendrissant tout à coup, me dit sans
aucune liaison avec ses réponses précédentes :
« Ah ! une des choses qui me coûtent le plus
« en m'en allant, c'est de te laisser si seul dans
« la vie. » Je pleurai avec lui, mais en ayant la
force d'ajouter : « Mon cher ami, puisque, pour
« la première fois, tu me parles si nettement de
« la possibilité de ta mort, permets-moi de t'a-
« vouer que nous avons aujourd'hui les plus vives
« inquiétudes. Il me regarda et me dit simple-
« ment : « Tu crois ? — Oui, c'est notre im-
« pression à tous ; car tu as eu une syncope
« effrayante ce matin. — Ah ! tu m'étonnes, je te
« l'avoue ; je me croyais mal, mais pas si près
« de la mort : c'est très bien, tant mieux, alors il

« faut me donner le Saint-Viatique et l'Extrême-
« Onction. — C'est ma pensée ; à qui veux-tu
« que je demande pour toi ce service ? — Mais
« à toi-même, reprit-il, seulement il faut pré-
« venir Charles, afin qu'il soit présent à ce grand
« acte de ma vie. — Il est là, dis-je, qui attend
« l'issue de notre conversation. — Ah ! fit-il
« encore avec un mouvement d'étonnement ;
« alors, tout de suite ; puis il ajouta : — Mon
« pauvre ami, comme je te remercie ; ce que tu
« viens de faire n'est pas le moindre service que
« tu m'aies rendu dans ta vie ; je comprends ce
« que tu as dû souffrir ; merci ! » Alors il fit
entrer le P. Charles Perraud et le tint longtemps
embrassé.

J'allai chercher les saints Sacrements à Saint-
Sulpice, sa paroisse, la paroisse de notre enfance, de notre première communion, celle
où jeunes gens nous avions prié et pleuré ensemble, où nous avions demandé à Dieu d'affer-
mir notre foi et de protéger notre vertu, où si
souvent nous avions apporté nos serments de
fidélité à Jésus-Christ, et qui enfin nous avait
vus tous deux recevoir la consécration sacerdotale. Toute notre vie de chrétiens était là,
et déjà l'un de nous allait y chercher pour

l'autre le secours divin des dernières heures.

Lorsque je revins, je trouvai mon ami levé, dans un fauteuil; il avait voulu témoigner ainsi de son respect pour cette visite suprême du Dieu qu'il allait recevoir.

Il fit sortir tout le monde, se confessa de nouveau, pardonna comme le divin Maître avait pardonné sur la croix, et récita avec moi le *Magnificat*. Sa sœur et le P. Charles Perraud revinrent près de lui; l'une absorbée dans les larmes de sa tendresse et de sa piété, l'autre à genoux, soutenant sous le regard de notre ami le livre où il avait exprimé le désir de suivre les cérémonies et les prières de l'Extrême-Onction, afin d'y répondre lui-même. Je commençai l'administration des derniers sacrements, lui laissant pour unique préparation, savourer à loisir le magnifique langage que l'Église tient à ses enfants lorsqu'ils touchent aux portes de l'éternité. Avant de lui donner le Saint-Viatique, je l'invitai à faire, comme il est d'usage pour les prêtres, sa profession de foi par la récitation du *Credo :* il le prononça d'une voix ferme et avec un recueillement profond; puis il fit signe qu'il voulait parler. Il dit :

« Je demande pardon à mes parents, dont

« je regrette tendrement l'absence en ce mo-
« ment, des torts que j'ai eus envers eux et du
« chagrin que j'ai pu leur causer.

« Je demande pardon à mes amis des fautes
« qu'il m'ont vu commettre ; je les remercie de
« leur constante affection et je leur demande
« de prier longtemps pour moi après ma mort.
« Qu'ils ne se disent pas, comme on dit trop
« souvent et trop promptement : Il est au ciel ;
« qu'ils prient, et beaucoup, pour moi, je les en
« conjure.

« Et vous aussi, mon domestique Théodore,
« je vous demande pardon des scandales que
« j'ai pu vous donner. Vous m'avez vu de près,
« c'est une mauvaise manière de voir les hom-
« mes ; je me recommande à vos prières. »

Nous récitâmes ensuite le *Te Deum*, le chant
de l'action de grâces pour la vie du temps avant
la réception du pain de la vie éternelle. Sans
doute en ce moment toutes les bénédictions
privilégiées que Dieu avait versées sur lui du-
rent se représenter comme un doux souvenir à
l'esprit de notre ami. Il pensa au bienfait de
l'éducation chrétienne qu'il avait reçue, — à
la tendresse de ses parents, — à cette sœur,
ange tutélaire de sa vie, si uniquement aimée,

— à ces compagnons de son enfance et de sa jeunesse, auxquels il avait tour à tour demandé et prêté l'appui que se donnent les cœurs unis en Jésus-Christ, — à cette grande amitié du P. Lacordaire, qui, à l'heure terrible de l'effervescence des passions, était venue, avant qu'il en eût senti le besoin, lui apporter le secours décisif du génie et de la vertu, — à toutes ces affections illustres qui avaient suivi celle-là comme pour lui faire cortège, et qui étaient entrées pour une noble part dans la joie, dans l'autorité, dans l'honneur de cette jeune vie; — enfin à cette renommée naissante qui pouvait faire présager pour lui la gloire d'être un jour un grand et utile serviteur des âmes, de la patrie et de l'Église.

Oui, j'en suis assuré, toutes les grâces que Dieu lui avait prodiguées ne le trouvèrent pas sans reconnaissance; car ce fut avec un accent pénétrant de foi et d'amour qu'il acheva le cantique sacré, disant, avant d'accepter la sainte Hostie : « *In te, Domine, speravi, non confundar in æternum* (1). »

____

(1) Seigneur, j'ai espéré en vous, mon espérance ne sera pas vaine.

Lorsqu'il eut reçu le corps du Sauveur, son visage resplendit d'un éclat céleste pendant son action de grâces, qu'il termina en me disant : « *Tu ne saurais croire dans quelles joies inté-* « *rieures je suis, depuis que tu m'as appris que* « *j'allais mourir.* »

J'informai le soir même l'archevêque de Paris de l'état de notre cher malade, Mgr Darboy en fut vivement ému et me dit que sa première sortie serait le lendemain pour l'abbé Perreyve. Pour recevoir la visite de son évêque, l'abbé Perreyve voulut, par respect, se revêtir du costume ecclésiastique, dans toute sa rigueur. Dès qu'il l'aperçut, sans compter avec sa faiblesse extrême, il se précipita du lit sur lequel il était étendu, à ses genoux, en réclamant sa bénédiction, avant que le prélat pût s'opposer à cet acte de pieuse vénération. Notre ami voulut rester seul avec Mgr Darboy, qui l'entretint longtemps. Ce fut seulement plus tard que j'appris combien il avait été touché et reconnaissant des bontés de Sa Grandeur.

Les jours qui suivirent, il reçut la visite du R. P. Pététot, supérieur de l'Oratoire, qui avait présidé à sa première éducation sacerdotale;

du R. P. Gratry, dont il avait été le si fervent disciple ; de Mgr l'évêque de Sura, doyen de la Faculté de théologie, qui, devant nous, lui donna les plus pénétrants témoignages de sa tendre affection.

Pendant le cours de cette dernière maladie, M. le comte de Montalembert, le prince de Broglie, M. Augustin Cochin, Mgr Buquet, M. l'abbé Lagarde, vicaire général, M. le curé de Saint-Sulpice, le général Zamoïski, M. Auguste Nicolas et cent autres n'avaient cessé de lui prodiguer l'expression la plus vive de leur sympathique intérêt.

L'abbé Perreyve voulut aussi faire ses adieux à quelques-uns de ses vieux amis : il écrivit à un de ses anciens camarades de collège, le priant de venir le voir, mais l'avertissant, comme en se jouant, qu'il le trouverait « entre la vie et la mort. »

Il demanda le docteur Charles Ozanam, dont les soins habiles et affectueux l'avaient si souvent depuis quinze ans disputé à la mort, et se recommanda au souvenir de son affection et à ses prières. M. Charles Ozanam, voyant bien que les secours de la science étaient impuissants pour sauver son ami, lui

parla, avec la foi si vive de sa famille, de
guérisons miraculeuses qui avaient eu lieu
l'année précédente à la châsse de saint Vincent de Paul, de celle entre autres de la nièce
de M. le général Caminade, et lui conseilla
de se faire transporter près des reliques de
cet illustre patron du clergé. L'abbé Perreyve
accepta cette idée sans enthousiasme, mais
avec une pieuse confiance, et me pria d'aller
demander les autorisations nécessaires à M. le
Supérieur général des Lazaristes, qui me les
accorda avec un très cordial empressement. La
mort alla plus vite que les supplications que
nous devions porter à Dieu, et devança la fin
d'une neuvaine que Mgr l'évêque d'Orléans
commença lui-même en célébrant la messe
le lundi 19 à l'autel de Saint-Vincent de
Paul.

Un autre vieil ami, le P. Adolphe Perraud,
de l'Oratoire, fut aussi réclamé par le pauvre
mourant, qui lui dit : « Cher ami, j'ai voulu
« te voir pour te faire mes adieux. — Nous ne
« cesserons point, n'est-ce pas, de travailler
« *ensemble* à la cause de Dieu et de l'Église ? —
« Je devrais être dans un grand trouble à cause
« de mes péchés, et néanmoins je me sens dans

« une paix profonde. — Avant de me quitter,
« donne-moi ta bénédiction. » — « Volontiers,
« lui répondit le Père, mais à condition que tu
« me donneras la tienne. » Et ces deux prêtres
se séparèrent pour ne se revoir que dans
l'éternité, se bénissant l'un l'autre et baisant
réciproquement leurs mains consacrées par
l'onction sacerdotale et par le sang de Jésus-
Christ.

Le samedi 17 juin, trois jours après l'Extrême-Onction, l'abbé Perreyve tomba dans un
mutisme qui m'inquiéta pour l'état de son âme.
Je craignais que l'élan généreux du premier
moment ne fût brisé, et que l'amertume d'une
mort certaine ne l'envahît malgré lui. Sans
doute, dans ces dernières semaines, nous
l'avions vu aimer extrêmement le silence et
passer des heures entières seul dans sa chambre
en témoignant le désir de ne pas être dérangé.
Je me souvenais également d'avoir vu le
P. Lacordaire, dans le dernier mois de sa vie,
ne permettant que difficilement l'accès de sa
cellule et se passionnant en quelque sorte
pour le calme, par le désir d'une union plus
facile et plus grande avec Dieu. Je pensais
que le disciple pouvait bien éprouver le même

goût divin que le maître. Cependant je re-
doutais l'épreuve du trouble, de la révolte,
des angoisses intérieures, et je l'interrogeai.
« Non, me dit-il, Dieu me fait la grâce de
« me maintenir dans le même état de rési-
« gnation absolue à sa volonté. J'ai bien eu
« quelque déception et quelque tristesse à ne
« pas mourir après que tu m'as eu averti, et
« de temps en temps j'ai la crainte de perdre
« la patience si cet état de langueur se prolonge
« beaucoup; mais au fond je m'abandonne
« complètement. — C'est maintenant que je
« bénis Dieu de m'avoir fait une religion
« simple qui va directement à Jésus-Christ
« et qui se résume en ce seul mot de son
« agonie : *Fiat.* — D'ailleurs, quand mon
« cœur devient un peu aride, je repasse en
« mon esprit les grandes idées platoniciennes
« sur la Beauté Eternelle, et ainsi la philo-
« sophie me soutient à son tour et me ramène
« à la piété. »

Le dimanche 18 juin, jour où on célébrait la
solennité de la Fête-Dieu et qu'il passait ordinairement tout entier à Saint-Sulpice, j'allai
le voir dans l'après-midi. Il était levé, dans son
fauteuil, mais extrêmement faible; il ne tarda

pas à vouloir s'étendre sur son lit, et, ainsi installé, il me demanda de lui lire un passage de la sainte Écriture, que pendant son séjour à Rome il aimait à méditer souvent au pied de la croix du Colisée. C'était le VIIIe chapitre de l'Epître aux Romains. Peu de temps auparavant, sans formuler autrement sa peine, il m'avait révélé quelque tourment intérieur en priant ainsi devant moi : « *Domine, adauge nobis fidem.* » Sans doute c'était pour apaiser cette anxiété d'âme qu'il voulut entendre de la bouche de saint Paul les espérances immortelles de ceux qui ont donné leur foi à Jésus-Christ.

Je transcris ici une grande partie de ce chapitre : en le lisant après nous, chacun soupçonnera facilement quels sentiments les paroles sacrées devaient éveiller dans l'âme de ces deux amis, dont l'un attendait la mort, et dont l'autre parlait de l'éternité.

1. Nihil ergo nunc damnationis est iis qui sunt in Christo Jesu, qui non secundum carnem ambulant.

2. Lex enim spiritus vitæ

1. *Il n'y a pas de condamnation pour ceux qui sont en Jésus-Christ,* qui ne marchent pas en suivant les inclinations de la chair.

2. Parce que la loi de l'es-

in Christi Jesu liberavit me a lege peccati et mortis.

. . . .

5. Qui enim secundum carnem sunt : quæ carnis sunt, sapiunt; qui vero secundum spiritum sunt : quæ sunt spiritus, sentiunt.

6. Nam prudentia carnis, mors est ; prudentia autem spiritus, vita et pax.

7. Quoniam sapientia carnis inimica est Deo : legi enim Dei non est subjecta : nec enim potest.

8. Qui autem in carne sunt, Deo placere non possunt. .

9. Vos autem in carne non estis, sed in spiritu : si tamen spiritus Dei habitat in vobis. Si quis autem spiritum Christi non habet, hic non est ejus.

10. Si autem Christus in vobis est : corpus quidem mortuum est propter peccatum, spiritus vero vivit propter justificationem.

11. Quod si spiritus ejus qui suscitavit Jesum a mortuis, habitat in vobis; qui

prit de vie qui est en Jésus-Christ délivre de la loi du péché et de la mort.

. . . .

5. Ceux qui sont charnels goûtent les choses de la chair, mais ceux qui sont spirituels goûtent les choses de l'esprit.

6. Or, cet amour des choses de la chair est la mort, au lieu que l'amour des choses de l'esprit est la vie et la paix.

7. Car cet amour des choses de la chair est ennemi de Dieu, parce qu'il n'est pas soumis à la loi de Dieu et ne peut l'être.

8. Ceux qui sont dans la chair ne peuvent plaire à Dieu.

9. Pour vous, vous n'êtes pas dans la chair, mais dans l'esprit, si toutefois l'esprit de Dieu habite en vous; car si quelqu'un n'a pas l'esprit de Jésus-Christ, il n'est point à Jésus-Christ.

10. Mais si Jésus-Christ est en vous, quoique votre corps soit mortel à cause du péché, votre esprit est vivant à cause de la justice.

11. Et si l'esprit de celui qui a ressuscité Jésus-Christ d'entre les morts, habite en

suscitavit Jesum Christum a mortuis, vivificabit et mortalia corpora vestra, propter inhabitantem spiritum ejus in vobis.

. . . .

. . . .

18. Existimo enim, quod non sunt condignæ passiones hujus temporis ad futuram gloriam, quæ revelabitur in nobis.

19. Nam exspectatio creaturæ revelationem filiorum Dei exspectat.

. . . .

22. Scimus enim quod omnis creatura ingemiscit, et parturit usque adhuc.

23. Non solum autem illa, sed et nos primitias Spiritus habentes, et ipsi intra nos gemimus, adoptionem filiorum Dei expectantes, redemptionem corporis nostri.

. . . .

. . . .

28. Scimus autem quoniam diligentibus Deum omnia cooperantur in bonum, iis qui secundum propositum vocati sunt sancti.

. . . .

vous, *celui qui a ressuscité Jésus-Christ d'entre les morts donnera aussi la vie à vos corps mortels* par son esprit qui habite en vous.

18. *Je suis persuadé que les souffrances de la vie présente n'ont point de proportion avec cette gloire qui sera un jour découverte en nous.*

19. Car toutes les créatures attendent la manifestation glorieuse des enfants de Dieu.

22. Nous savons qu'elles gémissent dans cette attente et sont comme dans le travail de l'enfantement.

23. Et non seulement elles, mais nous encore qui possédons les prémices du saint Esprit, *nous gémissons en nous-mêmes, attendant l'adoption divine et la rédemption de nos corps.*

28. Nous savons que tout contribue au bien de ceux qui aiment Dieu et qu'il a appelés par son décret pour être saints.

30. Quos autem prædestinavit, hos et vocavit : et quos vocavit, hos et justificavit; quos autem justificavit, illos et glorificavit.

31. Quid ergo dicemus ad hæc? Si Deus pro nobis, quis contra nos?

32. Qui etiam proprio Filio suo non pepercit, sed pro nobis omnibus tradidit illum : quomodo non etiam cum illo omnia nobis donavit?

33. Quis accusabit adversus electos Dei? Deus qui justificat.

34. Quis est qui condemnet? Christus Jesus, qui mortuus est, imo qui et resurrexit, qui est ad dexteram Dei, qui etiam interpellat pro nobis.

35. Quis ergo nos separabit a charitate Christi? tribulatio? an angustia? an fames? an nuditas? an periculum? an persecutio? an gladius?

36. (Sicut scriptum est : Quia propter te mortificamur tota die : æstimati sumns sicut oves occisionis.)

37. Sed in his omnibus su

---

30. *Ceux qu'il a prédestinés, il les a appelés; ceux qu'il a appelés, il les a justifiés ; ceux qu'il a justifiés, il les a aussi glorifiés.*

31. Après cela que pouvons-nous dire? Si Dieu est pour nous, qui sera contre nous?

32. Celui qui n'a pas épargné son propre Fils, mais qui l'a livré pour nous; comment avec lui ne nous donnerait-il pas aussi tous biens?

33. Qui accusera les élus de Dieu? puisque Dieu les justifie.

34. Qui les condamnera? ce ne sera pas Jésus-Christ, qui est mort pour nous, qui est ressuscité, qui siège à la droite de Dieu, et qui, lui-même, intercède pour nous.

35. *Qui donc nous séparera de l'amour de Jésus-Christ?* Sera-ce les traverses, les amertumes, la faim, le dénûment, le péril, la persécution. le glaive?

36. (Selon qu'il est écrit : « On nous fait mourir tous les jours à cause de vous, et on nous regarde comme des brebis destinées à la boucherie. »)

37. Mais *parmi tous ces*

peramus propter eum qui dilexit nos.

maux nous demeurons victorieux par la grâce de Celui qui nous a aimés.

38. Certus sum enim, quia neque mors, neque vita, neque Angeli, neque principatus, neque virtutes, neque instantia, neque futura, neque fortitudo.

38. Car je suis assuré que *ni la mort, ni la vie, ni les* Anges, ni les principautés, ni les puissances, ni les choses futures, ni la violence.

39. Neque altitudo, neque profundum, neque creatura alia poterit nos separare a charitate Dei quæ est in Christo Jesu Domino Nostro.

39. Ni tout ce qu'il y a au plus haut des cieux ou au plus profond des enfers, ni enfin une créature quelconque *ne pourra nous séparer de l'amour de Dieu qui est fondé sur* Jésus-Christ Notre Seigneur.

A ce verset : « *Ceux qu'il a prédestinés, il les a aussi appelés, et ceux qu'il a appelés il les a aussi justifiés, et ceux qu'il a justifiés il les a aussi glorifiés,* » je levai les yeux vers mon ami pour voir quelle impression produisaient sur son âme ces paroles qui remuaient profondément la mienne; nos regards se rencontrèrent : ils étaient pleins de larmes; nous nous serrâmes la main en silence et je continuai. Mais chaque phrase nous apportait une nouvelle et plus profonde émotion. Comme entre les disciples d'Emmaüs, Jésus-Christ était entre nous; il parlait et notre cœur brûlait sous le feu de sa parole. Je pouvais à peine poursuivre le texte sacré, et lui pleurait doucement en silence. Les derniers mots : « *Ni la mort ni la vie... ne pourra nous séparer de l'amour de Dieu,* » portèrent à son comble le trouble de notre cœur ; nous éclatâmes en sanglots, et lui, me serrant la main, me dit : « *Ah! laisse-moi seul avec Dieu, à demain.* » Je m'éloignais avec respect, lorsqu'il s'écria : « *Ou plutôt, apporte-moi la communion.* » J'allai en toute hâte chercher la sainte Hostie, je la déposai sur ses lèvres, et, sans troubler d'un mot ce grand et solennel silence de nos âmes, je le laissai dans la paix de l'action de grâces, demandant intérieurement à Dieu de le prendre avec lui cette nuit même.

Mon ami n'avait pas assez souffert, ma prière ne fut pas exaucée.

Les jours suivants se passèrent dans l'attente de la mort. Il disait au P. Charles Perraud : « Je vois maintenant combien il m'est utile de « m'être accoutumé à penser souvent à la mort « comme à une chose douce et désirable. » Et une autre fois : « Je n'ai jamais éprouvé de si « grand dépit que de voir tous ces jours-ci « que je ne pouvais mourir. » Sa maigreur extrême lui causait une souffrance perpétuelle, ses quintes de toux étaient une véritable torture qui semblait devoir briser sa poitrine; il ne se plaignait pas plus qu'il ne l'avait fait jusquelà, et disait encore au P. Charles Perraud : « Je « me représente la volonté de Dieu sous cette « image : c'est une citadelle sur une roche très « élevée; je m'y réfugie, je m'y renferme et je « dis : je ne connais plus rien autre chose. » Et encore « Ah! qu'il fait bon d'être chrétien ; je « ne l'avais jamais senti à ce point, tu pourras « prêcher cela toute ta vie. » Vers le milieu de la semaine, un mieux fatal, précurseur assez ordinaire de la mort dans les maladies de poitrine, ranima dans l'esprit de notre malade les illusions de vie qu'il avait si volontiers et si facilement abandonnées naguères; il me les exprima ainsi : « C'est dommage! je m'étais « habitué à la pensée de la mort, je vivais avec « elle et elle me rendait heureux : maintenant « c'est un sacrifice plus dur à faire ; il va falloir « accepter une triste et misérable vie : quel être « chétif et inutile je vais être pendant long- « temps! Ce sera l'affaire de deux ans au moins « pour revenir de cette profonde ruine. Ah! « j'aimais mieux la mort... La vie cependant « me sourit par un côté : je la mènerais meil-

« leure; je serais plus prêtre, je tâcherais de
« faire plus de bien, et surtout de le faire
« mieux... Enfin, que la volonté de Dieu soit
« faite dans la vie comme dans la mort ! »

Ces illusions qui provoquaient de si nobles
sentiments ne purent pas durer. La maladie
reprit son cours et les forces déclinèrent plus
rapidement que jamais. Le dimanche soir, la
religieuse qui le gardait m'avertit qu'elle le
trouvait beaucoup plus mal et qu'elle avait des
inquiétudes pour la nuit : je résolus de ne plus
le quitter d'un instant. J'allai vers lui; il
m'accueillit avec un sourire mélancolique, me
disant : « Je suis bien faible, cependant, par
« certains côtés il y a du mieux; j'ai senti
« aujourd'hui mes nerfs, ce que je n'avais pas
« éprouvé depuis trois mois; je voudrais bien
« avoir une bonne nuit. » Je le quittai en l'em-
brassant et en le bénissant, sans lui dire, pour
ne pas l'inquiéter inutilement, que j'allais rester
dans une pièce voisine. La nuit fut mauvaise et
agitée; aussi le lendemain matin la faiblesse
était-elle extrême, et la Sœur me chargea de
prévenir sa famille que peut-être il ne passerait
pas la journée. Elle ne se trompait pas. C'était
le lundi 26 juin. J'allai dire la messe pour lui à

l'église la plus proche, craignant tout. A mon
retour, j'entrai près de lui. Sans doute je
n'étais pas maître de mon émotion, car il s'en
rendit compte, et me fixant d'un air résolu il
me dit : « Y a-t-il du nouveau? je veux savoir
« la vérité. » — « Non, repris-je, rien de très
« extraordinaire, mais je te trouve changé depuis
« hier soir, je suis inquiet. » — « En effet, je
« me sens beaucoup plus faible; sans doute,
« dans mon état, l'épuisement est naturel, après
« une nuit sans sommeil; mais cependant
« j'éprouve des sensations étranges, comme une
« dislocation sourde au fond de l'être; eh bien!
« je vais prendre un peu de repos, adieu! » —
« Soit, lui dis-je, mais je ne m'éloignerai pas,
« je resterai près de ton lit ou dans la pièce
« voisine. » — « Pourquoi cela? je suis donc
« beaucoup plus mal? » — « Peut-être; je ne
« veux pas te quitter; tu peux avoir besoin de
« moi, désirer te confesser ou communier;
« d'ailleurs la Sœur m'a recommandé de rester
« jusqu'à son retour » — « Ah! je comprends,
« merci; alors ce sera pour aujourd'hui; eh
« bien! il faut me préparer à la grande lutte, et
« aller me chercher de suite le saint Viatique. »
Je le confessai une dernière fois en lui appli-

quant l'indulgence plénière à l'article de la mort, ce qui était lui dire le dernier mot de sa situation. Il reçut ensuite la sainte communion avec une grande ferveur et une grande paix, demandant, comme il le faisait toujours, à rester quelque temps avec Dieu seul.

Dans la matinée, il réclama le P. Charles, s'entretint intimement et tendrement avec lui; mais la vie baissait d'une manière sensible et avec rapidité, sans secousses ni crises : il éprouvait cependant une souffrance générale qui le faisait gémir et dire quelquefois : « Que je souffre! » et de suite après : « Mais à la volonté de Dieu. » Lorsque son médecin vint, il lui dit : « Au point où nous en sommes, je n'ai « plus à vous demander qu'un peu de soulage- « ment, car il y a des instants où vraiment je « souffre trop, et j'ai peur de perdre la pa- « tience. » Dans l'après-midi, il réclama de moi, comme il l'avait fait à plusieurs reprises de la religieuse et du P. Charles, mais avec plus d'instances que jamais, la vérité sur son état. Je ne crus pas devoir résister à une volonté exprimée avec tant de persistance et de force d'esprit, ni priver cette belle âme du grand bonheur de voir venir la mort, de saluer

chacun de ses pas, trop lents à son gré, et de se remettre entre les mains de Dieu dans la plénitude de sa volonté et de son amour; je lui avouai qu'il ne fallait pas compter sur la nuit, peut-être même pas sur la journée. Il me remercia avec la tendresse la plus vive; puis il désira être seul. Nous le veillâmes de loin. Il ne tarda pas à faire demander son bon père, si éprouvé par des infirmités qui en affligeant son corps laissent son cœur dans toute son ardeur, et son intelligence dans toute sa lumière; en le voyant entrer dans sa chambre, notre cher mourant lui dit : « *Il faut avoir du* « *courage, l'amour c'est la force, et puis, vois-tu,* « *Dieu par-dessus tout; c'est lui qui soutient dans* « *les grandes angoisses : je le sens plus que jamais* « *à cette heure.* » Son père, sa mère et sa sœur s'étant agenouillés auprès de son lit, il les bénit au nom de Jésus-Christ dont il était le prêtre. Plus tard il dit à la religieuse qui l'avait entouré de ses soins : « Merci, mille fois merci, « ma Sœur, donnez-moi le crucifix, non pas le « mien, mais le vôtre, celui qui a déjà reposé « tant de fois sur les lèvres des mourants. » Puis il le baisa affectueusement en disant *Amen.*
— Il fit venir ensuite les domestiques, les re-

mercia de leurs services, se recommanda à leurs prières et les bénit. — M. le docteur Gouraud étant survenu, il lui exprima toute sa gratitude pour les efforts que, dans ces derniers jours, avec un dévouement d'ami, il avait tentés pour le sauver; il ajouta même doucement et affectueusement qu'il était *inutile* qu'il se dérangeât de nouveau! — Comme sa mère était près de son lit, il lui dit : « Si je meurs demain, ce « sera l'anniversaire de ma première commu- « nion. — Cher enfant, répondit-elle en pleu- « rant j'étais bien heureuse ce jour-là, et toi « aussi. — Eh bien, reprit-il, il faudra encore « être heureuse demain. » — Enfin il retint sa sœur à son chevet, lui indiqua quelques modifications à faire au tombeau de famille et lui dicta d'une voix encore nette et assurée son épitaphe : « *Satiabor cum apparuerit gloria tua* (1). » C'était son âme tout entière qui passait dans ce cri de foi, d'espérance et d'amour.

A partir de ce moment, ce fut vraiment l'agonie, douce et paisible; mais l'agonie, la lutte suprême de la vie contre la mort. Les

______

(1) Seigneur, je serai rassasié lorsque vous m'aurez manifesté votre gloire. *Ps.* xvi, 15.

mains de notre ami étaient glacées ; le pouls s'affaiblissait et devenait presque insaisissable ; l'oppression augmentait. Le corps annonçait sa ruine ; mais l'âme était encore dans la pleine possession de ses facultés ; elle se tenait unie à Dieu, car de temps en temps le malade approchait lui-même de ses lèvres le crucifix qu'il tenait à la main et disait : « *Seigneur, ayez pitié de moi. — Jésus, prenez-moi bientôt, — Jésus, bientôt* » ; et lorsque sa poitrine haletante ne lui fournissait plus même assez de souffle pour ces courtes prières, il murmurait tendrement le seul mot « *Jésus.* »

Vers sept heures, le pauvre mourant fit un soudain effort pour se lever à demi sur son lit. Son visage était blême et baigné de sueur, ses lèvres décolorées, mais son regard ranimé devint étincelant et se fixa avec la plus vive expression de terreur sur un ennemi invisible et présent ; puis il cria fortement par deux fois : « *J'ai peur, j'ai peur !* » Je me précipitai vers son lit, lui disant : « Non, il ne faut pas « avoir peur de Dieu, il faut t'abandonner en- « tièrement à sa miséricorde, et dire : *In te,* « *Domine, speravi, non confundar in æternum.* » Il me regarda et me dit : « *Ce n'est pas de*

« *Dieu que j'ai peur ! Oh non ! J'ai peur... qu'on*
« *ne m'empêche de mourir.* » Je lui fis baiser
son crucifix et il se calma. Je ne tardai pas à
me rapprocher de lui et, lui présentant la
croix du Père Lacordaire qui ne l'avait pas
quitté pendant toute cette journée, je pro-
nonçai lentement : « Mon Dieu je vous aime de
tout mon cœur pour le temps et pour l'éternité. » — *Oh ! oui, de tout mon cœur,* » répon-
dit-il en imprimant longtemps ses lèvres sur
l'image de notre unique Maître et Seigneur
Jésus-Christ.

Ce furent les dernières paroles, ce fut le dernier acte de foi et d'amour.

Les ombres de la mort voilèrent pour jamais
son grand et tendre regard ; elles envahirent sa
belle et ferme intelligence, et le mouvement de
sa poitrine nous avertit seul, pendant quelques
minutes, que nous n'avions pas encore sous nos
yeux un cadavre. Les PP. Charles et Adolphe
Perraud récitaient les prières des agonisants :
« *Proficiscere, anima christiana ;* partez, âme
chrétienne, etc. » Il était près de huit heures du
soir. Les dernières convulsions arrivèrent ; je
répétai sur cette âme, présente encore sous les
liens de la captivité terrestre, les paroles sacra-

mentelles : « *Ego te absolvo à peccatis tuis.* » Et
bientôt après, ma voix dominant les sanglots de
sa famille et de ses amis, murmurait au pied du
tribunal de Dieu, pour celui que nous avions si
tendrement aimé : « *De profundis clamavi ad te,
Domine... quia apud Dominum Misericordia et
copiosa apud eum Redemptio. — Seigneur, j'ai
crié vers vous, parce que vous êtes la Miséricorde
et le Salut.* »

Le lendemain, nous trouvâmes dans ses papiers les dernières lignes qu'il ait écrites, dix
jours avant sa mort; les voici :

« *Au nom du Père, du Fils et du Saint-Esprit.*

« *Je meurs dans la foi de l'Église catholique
« au service de laquelle, dès l'âge de douze ans,
« j'ai eu le bonheur de consacrer ma vie.*

« *Je bénis tendrement mes parents et mes amis.*

« *Je conjure tous ceux qui garderont quelque
« souvenir de moi de prier longtemps pour le
« salut de mon âme, afin que Dieu, détournant
« ses regards de mes péchés, daigne me recevoir
« dans le lieu du repos et du bonheur éternel.*

« *J'espère cette grâce par les mérites de Notre-
« Seigneur Jésus-Christ. Amen.*

« *Je bénis encore une fois tous ceux qui me sont*
« *chers, mes parents, mes bienfaiteurs, mes maî-*
« *tres, mes pères et mes frères dans le sacerdoce,*
« *mes fils spirituels, tant de chers jeunes gens qui*
« *m'ont aimé, toutes les âmes auxquelles j'ai été*
« *uni sur la terre par le lien d'une même foi et*
« *d'un même amour en Jésus-Christ.*

« PAX VOBIS. »

TABLE DES MATIÈRES

Paris. — E. DE SOYE et FILS, imprimeurs, place du Panthéon, 5.

ANCIENNE MAISON CHARLES DOUNIOL

JULES GERVAIS

LIBRAIRE-ÉDITEUR.

29, rue de Tournon, à Paris

EXTRAIT DU CATALOGUE

(Juillet 1880)

A

ALET (R. P.). — **LE BIENHEUREUX CANISIUS,** ou l'apôtre de l'Allemagne au XVI° siècle, tableau de sa vie publique et de sa vie intime, tracé principalement d'après ses lettres et ses mémoires inédits. 1 vol. in-12 . . . . 2 fr. 50

ALIX (l'abbé). — **VIE DE LA BIENHEUREUSE MARIANNE DE JÉSUS,** surnommée le *Lis de Quito,* traduite de l'italien du R. P. Boério, de la Compagnie de Jésus. 1 vol. in-18 . . . 1 fr.

— **UNE ENFANT DE MARIE,** ou Vie d'une jeune personne. Relation authentique offerte aux jeunes personnes chrétiennes. 1 vol. in-18 avec vignette. . . . . 1 fr.

ANDOLO (Cie d'). — **ROME ET LES PAPES,** Études historiques, philosophiques, littéraires et artistiques, traduit par le vicomte de Richemont. 5 volumes in-8. . . . . 40 fr.

ANNA MARIE. — **LE LYS D'ISRAEL.** Nouvelle édition, revue, corrigée et augmentée. 1 vol. in-12. . . . . 3 fr.

— **LES SOEURS DES ANGES.** 1 vol. in-12. . . . . . 2 fr. 50

ANGOT (Albert). — **NOS RUINES,** 1 vol. in-12. . . . . 2 fr.

APILLY (d'). — **LÉGENDES** des litanies de la Ste Vierge. 5 vol. in-12, prix, 10 fr. — Chaque volume, renfermant une série, se vend séparément. . . . . 2 fr.

— **LE LÉGENDAIRE DE LA VIERGE MARIE,** ouvrage approuvé par Mgr l'évêque de Beauvais. 1 vol. in-12. . . . . 2 fr.

APOLLINAIRE (R. P.). — **LA VIGNE MYSTIQUE,** ou Traité de la Passion du Seigneur, traduit du latin. 1 vol. in-12. . . . 3 fr.

ARNAULT (l'abbé). — **NOUVELLES MORALES DES FAUBOURGS DE PARIS**. 1 vol. in-12. . . . . 3 fr.

— **MANUEL DE L'ARCHICONFRÉRIE DE SAINT-JOSEPH**, érigée dans l'église paroissiale de Saint Joseph, à Paris, précédé de la Vie du saint patron. 1 vol. in-18. . . 80 c.

— **L'ÉGLISE CATHOLIQUE IMAGE DE DIEU.** 1 vol. in-18.   1 fr.

AURIGNAC (d'). — **HISTOIRE DU BIENHEUREUX CANISIUS**, de la compagnie de Jésus, apôtre de l'Allemagne. 1 v. in-12.   3 f. 50

AUBINEAU (Léon). — **LES JÉSUITES AU BAGNE**. Toulon, Brest, Rochefort, Cayenne. 1 vol. in-12 . . . . 2 fr. 50

— **NOTICE SUR M. DESGENETTES**, curé de Notre-Dame des Victoires. 1 vol. in-18 . . . . 50 c.

— **PARAY-LE-MONIAL** et son monastère de la Visitation, la bienheureuse Marguerite-Marie et le Sacré-Cœur (5e édit.). 1 vol. in-18. . . . . 60 c.

AVESNES (d'). — **DEUX FRANCES** (les), radicaux et catholiques (1870). 1 vol. in-12. . . . . 3 fr.

— **FRANCE CHRÉTIENNE** (la) en 1870 (Extrait des deux Frances). 1 vol. in-12. . . . . 2 fr.

AVRILLON (R. P.). — **CONDUITE POUR LA PENTECOTE** et pour passer saintement les fêtes et octaves du Saint sacrement et de l'Assomption. 1 vol. in-12. . . . . 2 fr.

AVIS SPIRITUELS (auteur des). — **AVIS SPIRITUELS** pour servir à la sanctification des âmes. (14e édit.). T. Ier. 1 v. in-18. 2 f. 50

— **AVIS SPIRITUELS AUX FEMMES CHRÉTIENNES QUI VIVENT DANS LE MONDE** (8e édition). Tome II. 1 vol. in-18 . . . . 2 fr. 50

... **AVIS POUR LES AMES QUI ASPIRENT A LA PERFECTION** (5e édition). Tome III. 1 vol. in-18 . . . . 2 fr. 50

— **RÉFLEXIONS ET PRIÈRES** pour la sainte Communion. (14e édition). Tome Ier. 1 vol. in-18 . . . . . 3 fr. 25.

— **REFLEXIONS ET PRIÈRES** pour la sainte Communion. (4e édition). Tome II. 1 vol. in-18. . . . . . . 3 fr. 25

— **VIE DE N.-S. JÉSUS-CHRIST**, méditée pour tous les jours de l'année, à l'usage des personnes qui communient fréquemmen dans le monde. 2 volumes in-18. . . . . 6 fr.

— **UN AIDE DANS LA DOULEUR**. 1 vol. in-18 . . . 3 fr. 25

— **ABRÉGÉ DES MÉDITATIONS** du P. Fabius-Ambroise Spinola, S. J., traduit de l'italien . 1 vol. in-18. . . . . 3 fr. 25

— **RÉFLEXIONS SUR LA PASSION DE N.-S. JÉSUS-CHRIST** et prières pour le chemin de la croix. 2e édition. 1 vol. in-12 . . . . 3 fr.

AVIS SPIRITUELS (auteur des) (*suite*).— **COURTES** réflexions proposées aux chrétiens qui vivent dans le monde. 1 v. in-32.   1 fr. 25

— **ENTRETIENS AVEC NOTRE-SEIGNEUR POUR LES JOURS DE COMMUNION.** 1 v. in-32. . . . . 1 fr. 50

— **VISITES A JÉSUS HOSTIE.** 2 beaux vol. in-32 avec encadrement. . . . . 2 fr. 50

— **L'ÉVANGILE** proposé à ceux qui souffrent. 1 v. in-18. 3 f. 25

— **VIE DE LA MÈRE MARIE-MARGUERITE DES ANGES,** Van Valkenissen, religieuse carmélite et fondatrice du Couvent d'Oirschot, dans le Brabant hollandais. 1 vol. in-8. . 6 fr.

— **MOIS DE SAINT-JOSEPH.** Le chrétien à l'école de Saint-Joseph, pendant le mois de mars. 1 vol. in-32 . . 1 fr. 25

— **MANUEL DE PRIÈRES** pour les associés de la communion réparatrice. 1 vol. in-18 . . . . 1 fr. 25

— **DE BETHLÉEM AU TABERNACLE** ou comment Jésus nous aime. 1 vol. in-32. . . . . 1 fr. 50

B

BASSANVILLE (c^{sse} de). — **DE L'ÉDUCATION DES FEMMES.** Le monde, le chez soi, la famille, avec une préface de M. Alfred Nettement. 1 vol. in-12. . . . . 3 fr.

— **CONSEILS AUX ENFANTS DU PEUPLE,** ou le Bien et le Mal. 1 vol. in-18. . . . . 1 fr. 50

BARBEREY (de). — **SOUVENIRS** et correspondance du comte de Neuilly, dix années d'émigration. 1 vol. in-8. . . . . 5 fr.

BARDY (Marie). — **IDEAL DU BONHEUR DANS LA VIE RELIGIEUSE,** 2e édition. 1 vol. in-12. . . . . 3 fr.

BARANTE (de). — **DE LA DÉCENTRALISATION EN 1829 ET EN 1833.** Etude précédée de : Quelques mots sur le projet de Nancy, par M. Robert de Nervo. 1 vol. in-12 . 2 fr. 50

BASTEROT (c^{te} de). — **LE LIBAN, LA GALILÉE ET ROME.** Journal d'un voyage en Orient et en Italie, de septembre 1867 à mai 1868. 1 vol. in-12 . . . . 3 fr. 50

BAUDON (Ad.). — **LETTRES** à un camarade d'enfance sur les petites imperfections chez les chrétiens vivant dans le monde. 1 vol. in-18 . . . . 1 fr. 50

BEAUNE (de).— **LES GRANDES PLAIES DE LA FRANCE,** comprenant: 1° le matérialisme; 2° le châtiment; 3° l'éducation. Chaque volume in-18, séparément. . . . . 60 c.

BÉCHARD (Fréd.). — **DE LA FAMILLE.** 1 vol. in-18 . . . . 1 fr. 50

BELINGAN (R. P. de). — **DE LA CONNAISSANCE** et de l'amour de Notre-Seigneur Jésus-Christ. 1 vol. in-32. . . . . 75 c.

BELLATI (R. P.). — **MÉTHODE** et puissance de la prière, traduit de l'italien par M. X. Lemaistre. 1 volume. in-32. . . . . 60 c.

BÉNARD (l'abbé). — **ÉPITRES ET ÉVANGILES** des dimanches et fêtes de l'année. 5 vol. in-8 . . . . 25 fr.

BÉNARD (l'abbé V.). — **FRÉDÉRIC II ET VOLTAIRE.** Etude complète et d'après les sources, des relations politiques et littéraires du roi de Prusse avec les philosophes français au XVIII⁰ siècle. 1 fort vol. in-12 . . . . 3 fr. 50

BERNARD (l'abbé). — **VIE DU VÉNÉRABLE DOM BARTHÉLEMY DES MARTYRS,** religieux de l'ordre de Saint-Dominique, archevêque de Brague, en Portugal ; écrite par cinq auteurs dont le premier est le P. Louis de Grenade. Nouv. éd., revue, mise en ordre et augmentée. 1 fort v. in-8, avec portrait. 7 fr. 50

— **NI FANATIQUES NI LACHES,** lettre à M. l'abbé Michaud, vicaire démissionnaire de la Madeleine. 2ᵉ édition. 1 vol. in-12 . . . . 2 fr.

BERNARD (l'abbé Eug.). — **LES VOYAGES DE SAINT JÉROME,** sa vie, ses œuvres, son influence. Ouvrage couronné, 2ᵉ édit. 1 vol. in-8 . . . . 6 fr.

— **MÉDITATIONS DE Mᵐᵉ LOUISE DE FRANCE.** 1 vol. in-18. . . . . 2 fr.

BERGOUNIOUX. — **LE ROMAN D'UN CHRÉTIEN** au XIXᵉ siècle. 1 vol. in-12 . . . . 3 fr.

BERTRAND (l'abbé J. B. A.). — **ETUDE PHILOSOPHIQUE SUR L'HOMME.** Son origine, sa nature, sa destinée, sa vie en société. 1 vol. in-8 . . . . 6 fr. 50

BERTHIER (F.). — **L'ABBÉ SICARD,** célèbre instituteur des sourds-muets, précis historique sur sa vie, ses travaux, etc. 1 v. in-8 . 6 fr.

BESSY (Léon). — **LES RUINES DE MON COUVENT,** nouvelles tirées de l'histoire contemporaine, suivies de *Mon cloître ou mes mémoires,* de sœur Adèle, traduit de l'espagnol sur la seule édition reconnue de l'auteur. 3 vol. in-12 . . . 7 fr. 50

BLAMPIGNON (l'abbé). — **ÉTUDE SUR MALEBRANCHE,** d'après des documents manuscrits, suivie d'une correspondance inédite. 1 vol. in-8 . . . . 5 fr.

BONNEFOY (l'abbé). — **LES ANGOISSES ET LES ESPÉRANCES DE LA SOCIÉTÉ CONTEMPORAINE.** 1 vol. in-12 . . 3 fr.

— **ÉLÉVATION DE L'AME** dans les diverses situations de la vie. 1 vol. in-12 . . . . 3 fr.

BONNIER. — **ABELARD ET SAINT BERNARD.** La philosophie et l'Église au XIIᵉ siècle. 1 vol. in-18 . . . . 1 fr. 25

BOISNARD (l'abbé). — **LE TOMBEAU DU SAUVEUR,** pèlerinage aux Saints-Lieux. 1 vol. in-12 . . . . 3 fr.

— **LES SANCTUAIRES DE MARIE,** pèlerinages divers. 1 v. in-12.
3 fr.

BOSSUET. — DOCTRINE SPIRITUELLE, extraite de ses Œuvres, par un Père de la Compagnie de Jésus. 1 vol. in-12 . 2 fr. 50

— **LETTRES SPIRITUELLES**, extraites de ses Œuvres, avec *fac-simile*, par le R. P. de Montézon. 1 vol. in-12 . . 3 fr.

— **LA SAINTE VIERGE**, sermon sur les mystères et le culte de la Mère de Dieu, avec une préface par Louis Veuillot. 1 vol. in-12 . . . . 3 fr.

— **EXPOSITION DE LA DOCTRINE DE L'ÉGLISE CATHOLIQUE**, sur les matières de controverse. Nouvelle édition avec préface en forme d'appel aux protestants, par M. l'abbé Bernard, aumônier de l'École normale supérieure; magnifique édition en caractères elzéviriens. 1 vol. in-12 . . . 3 fr.

BOUCHARD. — LA DOUBLE CHAINE, ou les Deux captives d'Alger. 1 vol. in-12 . . . . 3 fr.

— **ANNETTE TAUDET**, ou les sorciers du Poitou au XIXe siècle, 1 vol. in-12 . . . . 2 fr. 50

BOUCLON (de). — CANOVA ET NAPOLÉON. 1 vol. in-32 . . 50 c.

— **ÉLÉVATIONS** sur les douleurs de Marie, avec l'approbation de Mgr l'évêque d'Evreux. 2e édition. 1 vol. in-32. . 60 c.

BOUHOURS (R. P.). — PAROLES TIRÉES DE LA SAINTE ECRITURE ouvrage posthume. In-18 . . . . 40 c.

BOUTAULD (R. P.). — LA VIE CHRÉTIENNE AU MILIEU DU MONDE ou Maximes de la sagesse divine, tirées des paroles de l'Écriture sainte. 4e édition, par le Père Carayon de la même Compagnie. 1 vol. in-18 . . . . 2 fr.

— **MÉTHODE POUR CONVERSER AVEC DIEU**, 6e édition, publiée par le R. P. Carayon. In-32. . . . . . 80 c.

BOURGEOIS. — SOUVENIRS DU LUXEMBOURG. 1 v. in-12. 1 fr. 25

BOURRET (l'abbé). — L'ÉCOLE CHRÉTIENNE de Séville, sous la monarchie des Visigoths, recherches pour servir à l'histoire de la civilisation chrétienne chez les barbares. 1 v. in-8. 2 fr.

BOYLESVE (R. P.). — APPEL CONTRE L'ESPRIT DU SIÈCLE, précédé d'un coup d'œil sur les principaux objets de l'enseignement. 2e édition. 1 vol. in-18. . . . . . . 50 c.

BROUARD. — LE LIVRE DES CLASSES LABORIEUSES, ou Manuel d'orthographe, de comptabilité, de correspondance et d'hygiène, avec un dictionnaire ou technologie pour quarante professions, suivi de notions de droit usuel, par Félix Soraste, avocat à la Cour de Paris. 1 vol. in-8° . . . 5 fr.

BROUILLON (R. P.). — MISSION DE CHINE. 1 vol. in-8 . . . 5 fr.

BRUNOY (Valéry de). — LOIN DE SA MÈRE. Journal d'une petite fille délaissée. 1 vol. in-12 . . . . 2 fr. 50

C

CABALLERO (Fernand). — **CROISADE AU XIX⁰ SIÈCLE.** Les de acquittées, traduite de l'espagnol, avec une introduction. Lettres écrites de Madrid pendant la campagne du Maroc, par Antoine de Latour. 1 vol, in-18 . . . . , . 1 fr. 25

—   **FLEURS DES CHAMPS,** nouvelles, exemples et légendes, traduits avec l'agrément et sous les yeux de l'auteur. 1 v. in-12.   1 fr. 50

CAHOURS (R. P.). — **BIBLIOTHÈQUE CRITIQUE DES POETES FRANÇAIS.** 3 vol. in-8 . . . . 15 fr.

—   **CHEFS-D'OEUVRE D'ÉLOQUENCE FRANÇAISE,** présentés dans leur ordre chronologique et accompagnés de notes historiques, morales et littéraires. 2⁰ éd. 1 v. in-12.   3 fr. 50

—   **POÉSIES FRANÇAISES,** distribuées et annotées à la classe de seconde, poésies diverses, poésies lyriques. 1 v. in-12.   3 fr. 50

CALEMARD DE LAFAYETTE. — **VIE DE Mgr J. A. V. MORLHON,** évêque du Puy. 1 vol. in-12 . . . . 6 fr

—   Le même. 1 vol. in-12. . . . . 2 fr.

CAQUERAY (cte de). — **LE CREDO DE BOSSUET** mis en ordre sous les yeux de Mgr Dupanloup, évêque d'Orléans. 3 v. in-12. 9 fr.

CARRIER (l'abbé). — **LA VRAIE RELIGION.** Étude psychologique et morale. 2 forts vol. in-12. . . . . 7 fr.

CARRON (l'abbé P.). — **SOUVENIRS DE SAINT-ANDRÉ-D'ANTIN,** ou Instructions prêchées à Saint-André-d'Antin et à la Madeleine. 1 vol. in-12. . . . . 2 fr.

—   **CONDUITE D'UNE DAME CHRÉTIENNE** pour vivre saintement dans le monde. 1 vol. in-32 . . . . . 1 fr. 25

—   **LA RELIGION CATHOLIQUE** enseignée brièvement et simplement. 1 vol. in-18. . . . . 1 fr.

CARAYON (R. P.). — **MAXIMES DE SAINT IGNACE,** fondateur de la Compagnie de Jésus; avec les sentiments de saint François-Xavier. Nouvelle édition. 1 b. v. in-12. Édit. de luxe. 3 fr.

—   Le même. Edition ordinaire. 1 vol. in-18 . . . . 1 fr. 50

CARNÉ (cte de). — **L'EUROPE ET LE SECOND EMPIRE.** 1 vol. in-12.   3 fr.

CAROT (J.). — **ALBUM ICONOBIOGRAPHIQUE DE LA TRÈS-SAINTE VIERGE MARIE,** beau vol. in-4 jésus, composé de 72 pages

de texte, alternées de 36 belles lithographies de 25 centimètres sur 18, exécutées aux deux crayons, d'après une suite de dessins originaux. Prix broché . . . . 12 fr.
Prix, relié toile, tranche dorée . . . . 15 fr.

CAROU. — **LES AVENTURES D'UN PRÊTRE ET D'UN MARIN.** 1 vol. in-12 . . . . 3 fr.

— **CONTROVERSES RELIGIEUSES** ou Solution rationnelle de tous les problèmes qui se rattachent à l'avenir de l'homme. 1 vol. in-12 . . . . 3 fr. 50

CATALAN. — **MIROIR DES SAGES ET DES FOUS.** 1 vol. in-12. 3 fr.

CASTAN (l'abbé). — **EXPOSITION DU MYSTÈRE DE LA SOUFFRANCE**, développement du livre de Job. Ouvrage dédié à Mgr l'Archevêque de Paris. 1 vol. in-12. . . . . 1 fr. 50

— **ÉLÉVATIONS SUR LA VIE DE LA MÈRE DE DIEU.** 1 vol. in-8 . . . . 1 fr. 50

CAUPERT (l'abbé). — **DIEU ET L'HOMME** dans leurs rapports: 1° Moïse et la science moderne; 2° Mythologues allemands; 3° Magnétisme humain; 4° Phrénologie, etc. 1 vol. in-8 . 4 fr.

CAZALÈS (l'abbé de). — **NOS MAUX ET LEURS REMÈDES.** 1 vol. in-12. . . . . 2 fr. 50

CHALAMBERT (de). — **HISTOIRE DE LA LIGUE** sous les règnes de Henri III et de Henri IV, ou quinze années de l'Histoire de France. 2 vol. in-8 . . . . 10 fr.

CHAPON (l'abbé). — **M**ˢʳ **DUPANLOUP DEVANT LE SAINT-SIÈGE ET L'ÉPISCOPAT.** Recueil des hommages rendus par le souverain Pontife et les Évêques à sa personne et à sa mémoire, avec une Introduction par M. l'abbé Chapon, vicaire de la cathédrale d'Orléans. 1 vol. in-18. . 4 fr.

CHARBONNEL (l'abbé). — **VIE DE LA R. M. MARIE-MARGUERITE-DE-JÉSUS, GIBALIN DE VILLARD**, première supérieure de la plus ancienne maison du Verbe incarné, suivie d'une Notice sur la mère Marie-Hélène-de-Jésus, sa sœur, première supérieure à Lyon, approuvé par l'archevêque de Toulouse. 1 vol. in-12 . . . . 2 fr. 50

CHAUVIGNÉ (de). — **PATIENCE ET GROGNARDON.** Comédie en un acte. 1 vol. in-18 . . . . 50 c.

— **LE BOUQUET DE FÊTE**, comédie en un acte, mêlée de chants, pour la fête d'un directeur. 1 vol. in-18. . 50 c.

CHEVALIER (R. P.). — **RECUEIL DE CANTIQUES EN L'HONNEUR DU SACRÉ-CŒUR DE JÉSUS**, musique de J. Arnoud. In-8° . . . . 6 fr.

— **RECUEIL DE CANTIQUES EN L'HONNEUR DE NOTRE-DAME DU SACRÉ-CŒUR**; musique de J. Arnoud. In-8° . . . . 6 fr.

CHON. — **UN MOIS EN ITALIE**, Gênes, Bologne, Florence, Pise, Rome, Naples, Venis, Milan, Turin et Mont-Cenis. 1 v. in-12. **4 fr.**

CLAIR (R. P.). — **LE VRAI PORTRAIT** de Notre-Dame, tracé par saint François de Sales. Entretiens pour les fêtes de la Très-Sainte Vierge et le mois de Marie, recueillis dans les ouvrages du Bienheureux, 1 vol. in-32 . . . . 80 c.

CLERC (l'abbé). — **EXPOSITION APOLOGÉTIQUE DU SYMBOLE DES APOTRES**, ou précis historique des conférences religieuses au lycée Saint-Louis, durant les années de 1853 et 1854. Ouvrage approuvé par Mgr Graveran, ancien évêque de Quimper. 1 vol. in-8 . . . . **4 fr.**

COMBES (l'abbé). — **LA MISÉRICORDE DE MARIE**, ou Quinze raisons pour lesquelles Marie se constitue la mère et la protectrice des pécheurs qui veulent se repentir. 1 v. in-18. 20 c.

COOKE (R. P.). — **LA SAINTETÉ DANS LA JEUNESSE**, dédié à la princesse Marguerite d'Orléans, traduit de l'anglais par H. Greard. 1 vol. in-12. . . . . **3 fr.**

CORNUDET (Michel). — **JOURNAL DU SIÉGE DE PARIS** (18 septembre 1870, 29 janvier 1871). Impressions de chaque jour, état de l'opinion publique, faits militaires et politiques, actes officiels, proclamations du gouvernement de la défense nationale, dépêches de M. Gambetta, extraits de journaux, etc. 1 vol. in-12 . . . . **3 fr. 50**

COSNAC (c de).** — **RÉPUBLIQUE, SOCIALISME ET POUVOIR.** 2ᵉ édition. 1 vol. in-18 . . . . **1 fr.**

—   **MIDAS**, le roi Midas a des oreilles d'âne, 1 v. in-12. . **2 fr.**

COSTA. — **LE PURGATOIRE**, étude d'après le Dante. 1 vol. in-8. **6 fr.**

COURCY (de). — **UN NOM.** 1 vol. in-12 . . . . **2 fr. 50**

—   **ESQUISSES**, Histoires et nouvelles. 1 vol. in-12. . . **3 fr.**

COURTADE (l'abbé). — **L'INSTRUCTION PRIMAIRE OBLIGATOIRE.** 1 vol. in-32 . . . . 80 c.

CRASSET (R. P.). — **CONSIDÉRATIONS SUR LES PRINCIPALES ACTIONS DU CHRÉTIEN**, précédées du portrait de l'auteur et d'une Notice sur sa vie et ses vertus. 1 v. in-18. **1 fr. 50**

—   **MÉTHODE D'ORAISON**, avec une nouvelle forme de méditations pour toute sorte d'états. 1 vol. in-18 . . **1 fr. 50**

—   **DE L'INSTRUCTION DE LA JEUNESSE**, suivi de la paraphrase de l'Oraison dominicale, du même auteur, pour servir de préparation à la mort. 1 vol. in-32 . . . . . 60 c.

CRAVEN (Mᵐᵉ). — **LA MÈRE DE DIEU**, traduit de l'italien du R. P. Alphonse Capecelatro, de l'Oratoire de Saint-Philippe-de-Néri, avec une lettre du P. Gratry. 1 vol. in-18. . . . **1 fr.**

CURO. — **MOIS DE MARIE** des pensionnats et des écoles. Ouvrage ayant une lecture appropriée à l'âge des lecteurs, une histoire édifiante et une prière pour chaque jour du mois. 1 vol. in-32 . . . . 50 c.

CROISET (R. P.). — **VIE DE LA BIENHEUREUSE MARGUERITE-MARIE**, religieuse de la visitation Sainte-Marie, le mémoire de la bienheureuse, le décret de la béatification, avec une introduction par le P. Ch. Daniel. 1 vol. in-18 . . 1 fr. 50

D

DAMPIERRE (Mis de). — **LE PÈRE DE RAVIGNAN.** 1 vol. in-18. 20 c.

DANIEL (R. P.). — **DES ÉTUDES CLASSIQUES** dans la société chrétienne. 1 vol. in-8. . . . . , ... 5 fr.

— **ÉTUDES DE THÉOLOGIE, DE PHILOSOPHIE ET D'HISTOIRE.** 3 vol. in-8. . . . . 15 fr.

— **DEVOIR DU CHRÉTIEN** dans les jours d'épreuve et de combats. 1 vol. in-18. . . . . 80 c.

DARGELN. — **LES HARMONIES DE LA PRIÈRE**, suivies du Purgatoire de sainte Catherine de Gênes, avec préface de M. l'abbé Orsini et approbation de S. E. le cardinal Donnet, archevêque de Bordeaux. 1 beau vol. grand in-8, 3e édit. . 5 fr.

DARU (B^{on}). — **ADOPTION, ÉDUCATION ET CORRECTION DES ENFANTS PAUVRES** abandonnés, orphelins ou vicieux. 1 vol. in-8. . . . . 7 fr. 50

DAUMAS (l'abbé). — **LA LETTRE ET L'ESPRIT DE L'ÉVANGILE.** 1 vol. in-12. . . . . 3 fr. 50

DAX (c^{sse} de). — **GLORIA IN EXCELSIS DEO!** In-64 . . . . 25 c.

DELAPORTE (R. P.). — **IMITATION DE SAINT VINCENT DE PAUL**, ses maximes et ses exemples. Lectures pratiques pour le mois de juillet. Ouvrage approuvé par S. E. le cardinal archevêque de Bordeaux. 1 vol. in-18. 2e édition. . . . 2 fr.

— **BATAILLE** au bord du chemin. 2e édit. 1 vol. in-32 . 60 c.

— **ÉTUDE** sur l'itinéraire de l'âme à Dieu de saint Bonaventure. 1 vol. in-8 . . . . 1 fr. 50

DELBET (Mme). — **CORRESPONDANCE D'UNE ÉLÈVE DU SACRÉ-COEUR.** 1 vol. in-12 . . . . 3 fr.

DELMAS. — **L'ENFANT CHRÉTIEN**, édition pour les garçons. 1 vol. in-12 . . . . 3 fr.

— **LE MÊME**, pour les filles. 1 vol. in-12 . . . . . . 3 fr.

DESCHAMPS DU MANOIR (Mgr). — **HISTOIRE DU MONT SAINT-MICHEL** au péril de la mer et du Mont Tombelaine, avec un guide-livret du visiteur. 1 vol. in-12, 4e édit. . 3 fr.

DESLONCHAMPS (Mme). — **ALBUM DE LA GRAND'MÈRE**, dialogues mêlés d'histoires. 2 vol. in-12 . . . . 5 fr.

DEPOISIER. — **DE L'ÉDUCATION.** Observations pratiques, précédées d'une lettre de Mgr l'évêque d'Orléans. 1 vol. in-12.   2 fr. 50

DOUHAIRE. — **LES CONTEURS RUSSES,** histoires et nouvelles tirées des meilleurs auteurs. 1 vol. in-12 . . . . 3 fr.

DOURIF (l'abbé). — **RAPPORT DU DOGME ET DE LA MORALE.** 1 vol. in-8. . . . . 5 fr.

DRAPIER (l'abbé). — **TABLE MÉTHODIQUE DES ARTICLES DU CORRESPONDANT.** 1 vol. in-8 . . . . 4 fr.

DROHOJOWSKA (c^{sse}).— **L'HIVER A LA CAMPAGNE.** 1 v. in-12. 2 fr. 50

— **UNE SAISON A NICE,** Chambéry et Savoie. 1 v. in-18. 1 fr.

— **LES CHRÉTIENS EN SYRIE.** 1 vol. in-18 . . . . 1 fr.

DUCLOS (l'abbé). — **HISTOIRE DE ROYAUMONT,** sa fondation, par saint Louis et son influence sur la France, avec dessins, vues et portraits. 2 beaux vol. in-8° . . . . . 15 fr.

DUCRET (l'abbé). — **SOUVENIRS D'UN PÈLERINAGE AUX SAINTS LIEUX.** 1 vol. in-12 . . . . 3 fr.

DUMOULIN. — **CONSEILS A LA JEUNESSE.** Pensées, préceptes, maximes, histoires. Ouvrage dédié aux pères et aux mères de famille. 1 vol. in-8. . . . . 4 fr.

DUPANLOUP (Mgr). — **DE L'ÉDUCATION.** 3 vol. in-8° . . 22 fr. 50

— Le même. 3 vol. in-12. . . . . 10 fr. 50

— **DE LA HAUTE ÉDUCATION INTELLECTUELLE.** 3 vol. in-8° . . . . 22 fr. 50

— Le même. 3 vol. in-12. . . . . 10 fr. 50

— **L'OEUVRE PAR EXCELLENCE,** ou Entretiens sur le catéchisme. 1 vol. in-8. . . . . 6 fr.

— **LA CHARITÉ CHRÉTIENNE** et ses œuvres. 1 v. in-8. 5 fr.

— Le même. 1 vol. in-12. . . . . 2 fr. 50

— **LA CHAPELLE SAINT-HYACINTHE,** souvenirs des catéchismes de la Madeleine. Instructions, homélies, sermons, etc. 2 vol. in-12 . . . . 6 fr.

— **MÉTHODE GÉNÉRALE DE CATÉCHISME,** recueillie des ouvrages des Pères et des docteurs de l'Église et des catéchistes les plus célèbres depuis saint Augustin jusqu'à nos jours. 3 beaux vol. in-12 . . . . 9 fr.

— **LETTRES SUR L'EDUCATION DES FILLES,** et sur les études qui conviennent aux femmes dans le monde. 1 vol. in-8° . . . . 7 fr. 50

— Le même. 1 vol. in-12 . . . . 4 fr.

— **LETTRES AUX HOMMES DU MONDE** sur les études qui leur conviennent. 1 vol. in-8 . . . . 7 fr. 50

— **L'ATHÉISME ET LE PÉRIL SOCIAL,** 7e édition, 1 vol. in-8° de 200 pages. . . . . 1 fr. 50

DUPANLOUP (Mgr) (*suite*). — **LE MARIAGE CHRÉTIEN.** 1 volume in-16, en caractères elzéviriens, avec gravures, encadré de vignettes en couleurs. 4 fr. Par la poste . . . 4 fr. 50

— **L'ENFANT.** 1 vol. in-16, caractères elzéviriens, encadré de vignettes en couleurs. 4 fr. Par la poste . . . 4 fr. 50

— **LA FEMME STUDIEUSE.** 1 volume in-16, caractères elzéviriens, encadré de vignettes en couleurs. 4 f. Par la poste 4 f.50

— **CONSEILS AUX JEUNES GENS SUR L'ÉTUDE DE L'HISTOIRE.** 1 vol. in-12 . . . . 3 fr.

— **CONSEILS AUX JEUNES GENS SUR L'ÉTUDE DE LA PHILOSOPHIE.** 1 vol. in-12 . . . . 3 fr.

— **ENTRETIENS** sur la prédication populaire. 1 vol. in-8. 6 fr.

— **LE CATÉCHISME CHRÉTIEN,** ou un exposé de la Doctrine de Jésus-Christ offert aux hommes du monde, suivi d'un sommaire de toute la doctrine du Symbole, par Bossuet. In-8°, 10° édition . . . . 2 fr. 50

— **LA SOUVERAINETÉ PONTIFICALE,** selon le droit catholique et le droit européen. 3° édition. 1 fort vol. in-12. 3 fr.

— **AVERTISSEMENT A LA JEUNESSE ET AUX PÈRES DE FAMILLE,** sur les attaques dirigées contre la Religion par quelques écrivains de nos jours. 1 vol. in-18. . . 1 fr.

— **LA CONVENTION DU 15 SEPTEMBRE ET L'ENCYCLIQUE DU 8 DECEMBRE.** 1 vol. in-8 . . . . . . 1 fr. 25

— **ÉTUDE** sur la Franc-Maçonnerie. 3° édit. In-8°. . 1 fr. 50

DUPRAY. — **LE MATÉRIALISME CONTEMPORAIN,** ses doctrines malsaines et leurs funestes conséquences, démonstration de l'existence de Dieu. 1 vol. in-8 . . . . 4 fr.

DUPUIS (l'abbé). — **BIBLE** dédiée aux écoles et aux familles. 1 vol. in-12.
2 fr. 50

DURAND DE LA GRANGÈRE (Mme). — **MÉMORIAL DE FAMILLE.** 1 vol. in-16 . . . . 3 fr.

E

EDGEDWORTH (Miss). — **MARIE** ou l'éducation d'une jeune fille jusqu'à douze ans, traduit de l'anglais par Marie-Françoise, corrigé dans le sens catholique et augmenté, avec approbation de Mgr l'évêque de Dijon. 1 vol. in-18. . . . . . 1 fr. 50

EICHER (R. P.). — **LE COEUR,** études morales et chrétiennes. 1 vol. in-18 . . . . 80 c.

ELISSALDE-CASTREMONT (d'). — **HISTOIRE DE L'INTRODUCTION DU CHRISTIANISME SUR LE CONTINENT RUSSE** et *Vie de sainte Olga.* 1 beau vol. in-8. . . . . . 7 fr. 50

ELTÉA (Mme d'). — **L'AUMONE SANS ARGENT.** 1 vol. in-12. 2 fr. 50

ERMITE DE SOMBREVAL. — **RELIGION ET PROGRÈS,** ou la Religion présentée comme condition et source du progrès. 1 vol. in-12 . . . . 3 fr.

ESPANET. — **ENTRETIENS SUR LES BONTÉS ET LES MISÉRICORDES DE MARIE,** paraphrase du *Memorare.* 1 vol. in-12. . . . . 1 fr. 50

EXAUVILLEZ (d'). — **LA PIERRE DE TOUCHE DES NOUVELLES DOCTRINES.** 1 vol. in-12 . . . . 1 fr. 50

F

FALAIZE (Mme). — **LEÇONS D'UNE MÈRE A SES ENFANTS SUR LA RELIGION.** 1 vol. in-12. . . . . 2 fr.

FALLOUX (c^te de). — **ITINÉRAIRE DE TURIN A ROME.** 1 vol. in-12. 2 fr. 50

FAYET. — **LA VÉRITÉ PRATIQUE** sur l'instruction gratuite et obligatoire, ou la liberté de la famille sous l'autorité de l'Eglise et son asservissement sous la tyrannie de l'Etat. 1 vol. in-8 . . . . 2 fr.

— **VÉRITÉ PRATIQUE** sur la lettre d'obédience et sur le brevet de capacité. 1 vol. in-8°. . . . . 1 fr. 25

FERRUCCI (Mme). — **VIE ET LETTRES DE ROSE FERRUCCI,** première traduction française, par M. de Toulza. 1 vol. in-12. . . . . 2 fr. 50

FÈVRE. — **LA MISSION DE LA BOURGEOISIE,** suivie d'Etudes sur le Gouvernement, le Clergé, la Noblesse et le Prolétariat. 1 vol. in-12. . . . . 2 fr.

FODOR. — **LE CONSEILLER DE L'AME,** choix de lectures sur tous les sujets de religion et de morale. Ouvrage approuvé par Mgr l'évêque d'Arras. 3 vol. in-8 . . . . . . 15 fr.

— LE MÊME. 3 vol. in-12 . . . . 7 fr. 50

FOUET (l'abbé). — **VIE DE SAINT JOSEPH,** d'après Anne-Catherine Emmerich, avec l'approbation de Mgr l'évêque d'Évreux 1 vol. in-12. . . . . 2 fr. 50

— **IMITATION DE JÉSUS-CHRIST,** expliquée par elle-même, et exposée dans ses fleurs et ses fruits, avec traduction la plus conforme au texte. 1 vol. in-12 . . . . . . 3 fr.

FRANCŒUR. — **GUERRE DE LA PRUSSE CONTRE L'ÉGLISE CATHOLIQUE,** avec la complicité et pour le malheur de la France dans le passé et le présent. 1 vol. in-12 . . 5 fr.

FRAPPAZ (l'abbé). — **VIE DE L'ABBÉ NICOLLE**, vicaire général de Paris. 1 vol. in-12. . . . . 1 fr. 50

FRETTÉ. — **STATUE DE VOLTAIRE**. Qui la paiera ? In-8° . 1 fr. 35

FULLERTON. — **ROSE LEBLANC**, avec une préface de M. P. Douhaire. 1 vol. in-8 . . . . 5 fr.

G

G. R. (Mme de). — **L'ÉDUCATION DES JEUNES FILLES** sous l'influence de la foi. — 1 vol. in-12. . . . . 3. fr.

GAGARIN (R. P.). — **CONVERSION D'UNE DAME RUSSE A LA FOI CATHOLIQUE**, racontée par elle-même. 1 v. in-12.   1 f. 50

GALLIFET (R. P. de). — **DE L'EXCELLENCE DE LA DÉVOTION AU SACRÉ-COEUR DE JÉSUS**, 1 vol. in-12 . . . . . 3 fr.

GALITZIN (P^ce), — **UN MISSIONNAIRE RUSSE EN AMÉRIQUE**, précédé d'une notice sur sa vie et ses vertus , traduit de l'anglais par le prince Augustin Galitzin. 1 vol. in-12 . 3 fr.

— **VIE ET LÉGENDE DE MONSIEUR SAINT FRANÇOIS.** 1 vol. in-12. . . . . 2. fr. 50

GALZAIN. — **ETUDE SUR ROME ET L'ANGLETERRE**. 1 vol. in-12 3 fr.

GARAUD. — **UN MARI D'OCCASION**. Proverbe. 1 vol. in-18. . 50 c.

GAUMET (l'abbé). — **MÉDITATIONS** et considérations pratiques sur toutes les fêtes de la très-sainte Vierge, précédées d'une neuvaine sur l'Immaculée Conception, et suivies d'une autre neuvaine pour l'Assomption, *Ad majorem Dei et immaculatæ Virginis Mariæ gloriam.* 1 vol, in-12 . . . . . 2 fr.

GELINSKY. — **VIE DE LOUISE JACQUETTE BENABEN, VEUVE GELINSKY**, religieuse sous le nom de Saint-Charles, en la maison des orphelins des Basses-Alpes. 1 vol. in-12. 1 f. 50

GENTILI. — **L'ATHÉISME RÉFUTÉ PAR LA SCIENCE**. 1 volume in-12 . . . . 3 fr.

GERDIL. — **VIE DU BIENHEUREUX ALEXANDRE SAULI**, de l'ordre des Bernabites. 1 vol. in-12 . . . . 2 fr. 50

GERGERÈS. — **LA CHARITÉ POUR LES MORTS ET LA CONSOLATION DES VIVANTS**. 1 vol. in-18. . . . . 2 fr. 50

GESLAIN. — **LA LITTÉRATURE CONTEMPORAINE EN PROVINCE**, portraits biographiques et littéraires, mouvements littéraires. 1 vol. in-12. . . . . 3 fr. 50

GILLET (l'abbé). — **VÉNÉRABLE (la) LOUISE DE FRANCE**, fille de Louis XV, en religion, Mère Thérèse de Saint-Augustin ; avec portrait et fac-simile. 1 vol. in-8°. . . . . 7 fr. 50

GILLY. — **SCIENCE DU LANGAGE**. 1 vol. in-8°. . . . 2 fr. 50

GIRARD (l'abbé).— **LE MOIS DU TRÈS-SAINT SACREMENT**, à l'usage du clergé. 1 vol. in-18. . . . . 1 fr. 50

— **LE MOIS DU TRÈS-SAINT SACREMENT**, du pieux fidèle. 1 vol. in-18. . . . . 1 fr 50

GONNELIEU (R. P. de).— **DE LA PRÉSENCE DE DIEU** qui renferme tous les principes de la vie intérieure. 1 vol. in-32. . 1 fr.

GOUILLOUD (R. P.).— **VIE DE SAINT GERMAIN D'AUXERRE**, par le prêtre Constance de Lyon, traduit du latin avec une étude sur le prêtre Constance et une introduction historique. 1 vol. in-12. . . . . 2 fr.

GOURAUD (J.).— **MÉMOIRES D'UNE PETITE FILLE**. 1 v. in-12. 2 f. 50

— **GENEVIÈVE OU L'ENFANT DE LA PROVIDENCE**, traduit de l'anglais avec une préface. 1 vol. in-18. . . . 1 fr. 25

— **MARIANNE AUBRY**, ouvrage couronné par l'Académie française, avec préface de M. le Comte Franz de Champagny. 3ᵉ édition, revue, corrigée et augmentée par l'auteur. 1 vol. in-18. . . . . 1 fr. 25

— **L'ÉDUCATION D'YVONNE**. 1 vol. in-18. . . . . 1 fr. 50

— **VACANCES D'YVONNE**. 1 vol. in-12. . . . . . 1 fr. 25

— **CAUSERIES, NOUVELLES, MÉLANGES**. 1 vol. in-12, 3 fr.

GOURAUD (Dʳ). — **ESSAI CRITIQUE SUR BROUSSAIS** et son école. 1 vol. in-18 . . . . 1 fr.

GOURDAN (l'abbé). — **LE BIEN ET LE MAL**, ou pourquoi faut-il espérer encore ? 1 vol. in-12 . . . . 3 fr.

GRAND-BOULOGNE (de). — **LES PETITS ENFANTS MALADES**, conseiller médical des mères de famille. 1 vol. in-18. 2 fr. 50

GRATRY (R. P.). — **DE LA CONNAISSANCE DE L'AME**. 2 v. in-12. 8 fr.

— **DE LA CONNAISSANCE DE DIEU**. 2 vol. in-12. . 8 fr.

— **COMMENTAIRE SUR L'ÉVANGILE SELON SAINT MATHIEU**. 2 vol. in-8º. . . . . 8 fr.

— **LA MORALE ET LA LOI DE L'HISTOIRE**. 2 v. in-8. 12 fr.

— LE MÊME. 2 vol. in-12 . . . . 7 fr. 50

— **DE LA LOGIQUE**. 2 vol. in-8 . . . . 12 fr.

— LE MÊME. 2 vol. in-12 . . . . 7 fr. 50

— **ÉTUDE SUR LA SOPHISTIQUE CONTEMPORAINE**, ou lettre à M. Vacherot, avec la réponse de M. Vacherot et la réplique du P. Gratry. 1 vol. in-8 . . . . 5 fr.

— **LES SOURCES**. 1 vol. in-18. . . . . 2 fr. 50

— **LES SOURCES DE LA RÉGÉNÉRATION SOCIALE**. 1 vol. in-18. . . . . 1 fr. 50

— **JÉSUS-CHRIST**. Réponse à M. Renan. 1 vol. in-18. 1 fr. 50

GRATRY (R. P.) (*suite*).— **LETTRES SUR LA RELIGION**. 1 v. in-8. 6 f.
— Le même. 1 vol. in-12 . . . . 3 fr.
— **LA PHILOSOPHIE DU CREDO.** 1 vol. in-8. . . . 5 fr.
— Le même. 1 vol. in-12 . . . . 2 fr. 50
— **LES SOPHISTES ET LA CRITIQUE.** 1 vol. in-8 . . 6 fr.
— **MÉDITATIONS INÉDITES.** 1 vol. in-12 . . . . . 4 fr.
— **SOUVENIRS DE MA JEUNESSE.** 1 vol. in-12 . . . 3 fr.
— **CRISE DE LA FOI.** Trois conférences philosophiques de
Saint-Etienne-du-Mont, 1863. 1 vol. in-18 . . . 1 fr. 50
— **PETIT MANUEL DE CRITIQUE.** 1 vol. in-18 . . 1 fr. 50
— **MOIS DE MARIE DE L'IMMACULÉE CONCEPTION.** 1 vol.
in-18 . . . . 2 fr. 50
— **HENRI PERREYVE.** Nouvelle édition augmentée des derniers
jours de l'abbé Perreyre, par M. l'abbé E. Bernard. 1 vol.
in-12. . . . . 3 fr.
GRIL (l'abbé). — **SOUVENIRS D'UNE PREMIÈRE COMMUNION.** Allo-
cution au jeune prince Czartoriski. 1 vol. in-12 . . 2 fr.
GRIMOUARD DE SAINT-LAURENT. — **BOUQUETS DE FLEURS DE
LA VIE DES SAINTS.** Fleurs de sainte Enfance. Ouvrage
approuvé par NN. SS. les évêques de Poitiers, de Luçon.
d'Angoulême. 2 vol. in-8, sans gravures . . . . 10 fr.
— Le même. 2 vol. in-12, avec gravures . . . . . 8 fr.
— Le même. 2 vol. in-12, sans gravures . . . . . 6 fr.
GROSMAIRE (l'abbé). — **FRAGMENTS DE PHILOSOPHIE CHRÉ-
TIENNE.** 1 vol. in-12. . . . . 2 fr.
GUÉRIN (R. P.). — **DE LA COMPOSITION ORATOIRE,** principes et
application. 2 vol. in-12. . . . . 5 fr.
GUIDÉE (R. P.). — **NOTICES HISTORIQUES** sur quelques membres
de la Société des Pères du Sacré-Cœur et de la Compagnie
de Jésus, pour faire suite à la vie du P. Varin. 2 vol.
in-12. . . . . 5 fr.
— **VIE DU R. P. JOSEPH VARIN,** religieux de la Compagnie
de Jésus, ancien supérieur général des Pères du Sacré-
Cœur en Allemagne et des Pères de la Foi en France.
2e édit., revue, corrigée et augmentée. 1 vol. in-12. 2 fr. 50
— **NOTICE HISTORIQUE** sur le frère Firmin Heigny, de la
Compagnie de Jésus. (Extrait des Notices historiques des
Pères du Sacré-Cœur.) In-18. . . . . 30 c.
— **NOTICE HISTORIQUE** sur le P. Leleu, de la Compagnie de
Jésus. (Extrait des Notices historiques des Pères du Sacré-
Cœur.) 1 vol. in-18 . . . . 30 c.
— **NOTICE** historique sur le R. P. François Renault, de la Com-
pagnie de Jésus, mort le 8 décembre 1860. 1 v. in-12. 2 fr. 50

GUIDÉE (R. P.) *(suite)*. — **SOUVENIRS DE SAINT ACHEUL** ou vie édifiante de jeunes gens élevés dans les colléges de la Compagnie de Jésus. 1 vol. in-12. . . . . 2 fr. 50

GUIGOU. — **CONSOLATIONS A CEUX QUI PLEURENT.** 1 v. in-18. 1 fr.

GUILBERT (Mgr). — **LA DIVINE SYNTHÈSE,** ou l'exposé au double point de vue apologétique et pratique de la religion révélée. 3 vol. in-8. . . . . 12 fr.

GUILLEMIN (Alex.). — **LE PÈRE LACORDAIRE,** dans l'audace et dans l'humilité de son génie, et les doléances et les consolations d'un vieil ami. 1 vol. in-8. . . . . 4 fr.

— **JEANNE D'ARC,** poëme. 1 vol. in-12 . . . . . . 5 fr.

— **LES CIEUX.** Réponse aux astronomes sceptiques, et en particulier à M. Guillemin, sur son livre *le Ciel.* 1 v. in-8. 5 fr.

— **LES ANGES DE LA BIBLE.** 2 vol. in-8° . . . . . 15 fr.

GUILLERMIN (l'abbé). — **VIE DE MONSEIGNEUR RENDU,** évêque d'Annecy. 1 vol. in-18 anglais. . . . . . . 1 fr. 50

GUINAUMONT (H. de). — **LA TERRE SAINTE,** la Syrie, le Liban, Rhodes, Smyrne, Constantinople, la Grèce, les îles Ioniennes, Malte, l'Egypte, la Nubie. 3 vol. in-12 . . 7 fr. 50

— **EXPLICATION DES PRIÈRES ET DES CÉRÉMONIES DE LA MESSE.** 1 fort vol. in-12, avec planches et photographies. . . . . 3 fr.

— **EXPOSÉ SOMMAIRE DE LA DOCTRINE DE L'ÉGLISE SUR LE SAINT-ESPRIT.** 1 vol. in-12 . . . . 2 fr.

H

HAHN-HAHN (C^{sse} de). — **LES MARTYRS,** tableau des trois premiers siècles de l'Eglise chrétienne, traduit de l'allemand par J. Turck, revu avec soin par l'abbé Goschler, chanoine honoraire, ancien directeur du collége Stanislas. 2 volumes in-12. . . . . 5 fr.

HAMEL (Ch.). — **HISTOIRE DE L'ABBAYE ET DU COLLÉGE DE JUILLY,** ornée d'une vue de la façade intérieure du collége, du portrait du P. de Condren. 1 vol. in-8° . . . 7 fr.

— LE MÊME. 1 vol. in-12. . . . . 5 fr.

HAULLEVILLE (de). — **LES ALLEMANDS DEPUIS LA GUERRE DE SEPT ANS.** 1 vol. in-12. . . . . 3 fr. 50

HELLO (Ernest). — **RENAN,** l'Allemagne et l'athéisme au XIXe siècle. 1 vol. in-8. . . . . 2 fr.

HÉROUVILLE (R. P. d').— **ANNÉE DU SACRÉ-COEUR DE JÉSUS.** Lectures, actes et méditations pour le premier vendredi de chaque mois. 1 vol. in-32 . . . . **1** fr.

HOMBERG. — **CONFÉRENCES SUR LES CONNAISSANCES LES PLUS UTILES** aux habitants de la campagne. 1 v. in-12.. 1 f. 50

HUBERT-LEBON. — **MES HEURES DE SOLITUDE.** 1 vol. in-18. 1 fr.

HUBY (R. P.). — **RÈGLES ET MAXIMES SPIRITUELLES,** pour la conduite des personnes de piété qui tendent à la perfection. 1 vol. in-32 . . . . **1** fr.

HUGUET (R. P.). — **PIÉTÉ CONSOLANTE DE SAINT FRANÇOIS DE SALES,** ou Règles de conduite propres à éclairer et à rassurer les âmes portées aux scrupules et au découragement, recueillies dans ses écrits et mises en ordre avec une introduction et des notes. 1 vol. in-18. . . . . . . 1 fr. 50

I

INDY (d'). — **HISTOIRE DU 105ᵉ BATAILLON DE LA GARDE NATIONALE DE PARIS,** en l'année 1870-1871, par un engagé volontaire audit bataillon. 1 vol. in-18 . . . 1 fr. 25

ISOARD (Mgr). — **HIER ET AUJOURD'HUI** dans la société chrétienne. 1 vol. in-12. . . . . 3 fr.

— **LE CLERGÉ** et la Science moderne, à propos de quelques publications récentes. . . . . 1 fr. 25

J

JABOUILLE. — **GRANDEUR ET DÉCADENCE DES NATIONS.** 1 beau vol. in-8 . . . . 7 fr.

JACQUINOT (R. P.). — **GLOIRE DE SAINT JOSEPH REPRESENTEE DANS SES PRINCIPALES GRANDEURS,** avec des exercices de dévotion pour l'honorer et le servir. Nouvelle édition, par un Père de la même Compagnie. 1 v. in-18. 2 fr.

JAUGEY. — **ACCORD DE L'ÉGLISE ET DE L'ÉTAT DANS LE TEMPS PRÉSENT,** lettres à un catholique, 1 vol. in-12 . . 3 fr.

JOANNIN (l'abbé). — **EXEMPLES DE LA VRAIE CHARITÉ** qui n'est pas la philanthropie : 1° en France ; 2° à Rome. 1 volume in-12. . . . . 1 fr. 50

K

KREUSER. — **EXPLICATION DU TABLEAU DE L'IMMACULÉE CON-CEPTION**, tirée de l'Ecriture sainte, traduite de l'allemand par Joséphine TURCK. 1 vol. in-18. . . . . 30 c.

L

LABAUME (de). — **MARIÉ**, nouvelle, 1 vol. in-12. . . . . . 2 fr.

LACOMBE (H. de). — **DÉBATS DE LA COMMISSION DE 1849**. Discussion parlementaire et loi de 1850, sur la liberté d'Enseignement. 1 vol. in-12. . . . . 2 fr. 50

LAGRÈZE (de). — **HISTOIRE DE LOURDES**. Le Château, la Grotte. 1 vol. in-12. . . . . 3 fr.

LACORDAIRE (R. P.). — **LETTRES A Mme LA COMTESSE EUDOXIE DE LA TOUR DU PIN**. 1 vol. in-8. . . . . . . 5 fr.

— LE MÊME. 1 vol in-12. . . . . 3 fr.

— **LETTRES A DES JEUNES GENS**, recueillies par l'abbé Perreyve 1 vol. in-8. . . . . 6 fr.

— LE MÊME. 1 vol. in-12 . . . . 4 fr.

LAISNÉ-DESHAYES. — **DU RÉGIME LÉGAL DES COMMUNAUTÉS EN FRANCE**. 1 vol in-8. . . . . 2 fr. 50

LAMAZOU (l'abbé). — **LA PLACE VENDOME ET LA ROQUETTE**. Documents historiques sur le commencement et la fin de la Commune. 1 vol. in-18 jésus, précédés d'une lettre de Mgr l'évêque d'Orleans, 14 éd. 1 fr., par la poste, 1 fr. 40.

LAMBERT (B^{on} de). — **ESSAI SUR LA TRANSMISSION DE L'AME**. 1 vol. in-18. . . . . 1 fr. 50

LA MORICIÈRE (G^l de). — **RAPPORT** sur les opérations de l'armée pontificale contre l'invasion piémontaise dans les Marches de l'Ombrie, accompagné de trois cartes fournies par M. de Chevigné, capitaine d'état-major et aide de camp du général. 1 vol. in-8 . . . . 2 fr.

LANDEAU (l'abbé). — **SIX MOIS EN BAVIÈRE**. 1 vol. in-12. . 2 fr.

LANDON. — **LE SPIRITUALISME** dans la pensée, l'art et l'amour, essais philosophiques et littéraires. De la source de la pensée, l'art et l'amour, leur étude au moyen âge, au XVIIe et au XIXe siècle dans la philosophie et la littérature intime. 1 vol. in-12. . . . . 3 fr. 50

LANDRIOT (M⁶ʳ). — **DISCOURS ET INSTRUCTIONS PASTORALES.**
2 vol. in-8. . . . . 10 fr. 50

— **LE VÉRITABLE ESPRIT DE L'ÉGLISE EN PRÉSENCE DES NOUVEAUX SYSTÈMES DANS L'ENSEIGNEMENT DES LETTRES.** 1 vol. in-8. . . . . 5 fr.

LATOUR (de). — **DON MIGUEL DE MANARA,** sa vie, son discours sur la vérité, son testament, sa profession de foi. 1 volume in-18, ... 1 fr. 50

LANDERAUT (l'abbé). — **UN PETIT ENFANT NOUS EST NÉ,** et un Fils nous a été donné, dédié aux mères chrétiennes. 1 vol. in-18. . . . . 30 c.

LAVIGNE (l'abbé). — **UN MOIS A NAZARETH,** ou la famille chrétienne, — Mois de Marie de 1862 à Notre-Dame-de-Lorette. 1 vol. in-12. . . . . 2 fr. 50

— **EXERCICES EN L'HONNEUR DE LA SAINTE FACE** 1 vol. in-32 . . . . 20 c.

LE BRET (l'abbé). — **LA DIVINITÉ DU CHRIST** dans l'histoire des origines chrétiennes ou réfutation des divers systèmes de l'incrédulité moderne par le simple exposé des faits. 2 vol. in-8 . . . . 10 fr.

LEFÉBURE (Léon). — **ÉTUDE** sur l'Allemagne nouvelle. 1 v. in-8. 5 fr.

LEGRIS-DUVAL (l'abbé). — **LETTRES SPIRITUELLES.** 1 volume in-12. . . . . 2 fr. 50

LEGUAY (Mᵐᵉ). — **VIE DE JÉSUS RACONTÉE PAR UNE MÈRE** 1 vol. in-12. . . . . 3 fr.

LENORMANT (Ch). — **COURS D'HISTOIRE** (questions historiques), IVᵉ-IXᵉ siècle, professé à la Faculté des lettres, de 1844 à 1846. Cette nouvelle édition a été revue, corrigée, complétée, annotée avec soin par le savant auteur. 2 volumes in-12. . . . . 8 fr.

— **DE LA DIVINITÉ DU CHRISTIANISME** dans ses rapports avec l'histoire. Leçons professées à la Sorbonne. 1 volume in-8. . . . . 6 fr.

— **LES ASSOCIATIONS RELIGIEUSES** dans le catholicisme. 1 volume in-8 . . . . 2 fr.

LENORMANT (Fr) — **DERNIERS ÉVÉNEMENTS DE SYRIE.** Une persécution du Christianisme en 1860. In-8.. . . . . 3 fr.

LE SAGE. — **LE LIVRE DES FAMILLES,** ou précis d'enseignements moraux sur les maximes de l'honnête homme, 1 volume in-12. . . . . 2 fr. 50

LESCŒUR (R. P.). — **LA THÉODICÉE CHRÉTIENNE**, d'après les Pères de l'Église. 1 vol. in-8 . . . . 4 fr.

— **LA PERSÉCUTION DE L'ÉGLISE** en Lithuanie, et particulièrement dans le diocèse de Vilna, traduction du polonais, revue et précédée d'une préface. 1 vol. in-18, . . 2 fr.

— **RÈGNE TEMPOREL DE JÉSUS-CHRIST**, Etude sur le millénarisme. 1 vol. in-12 . . . . 3 fr.

— **M. DE BISMARCK ET LA PERSÉCUTION RELIGIEUSE EN ALLEMAGNE** in-8 . . . . 1 fr. 25

LEUS (Marcelin). — **LA RUSSIE ET LA CIVILISATION.** 1 volume in-12 . . . . 3 fr.

LÉZIART (Mⁱᵐᵉ de). — **IMPRESSIONS D'UNE SOLITAIRE EN ITALIE.** 1 vol. in-12 . . . . 3 fr.

LIVONNIÈRE (de). — **PETITS ET GRANDS**, récit breton, avec préface par M. le comte de Falloux. 1 vol. in-18. . 1 fr. 25

— **DEUX FRÈRES**, récit breton. 1 vol. in-18. . . . 1 fr.

LOC-MARIA (comte de). — **RAISON DES FAITS.** 1 vol. in-18. . 1 fr.

M

MADAUNE (l'abbé de). — **IGNACE SPENCER ET LA RENAISSANCE DU CATHOLICISME EN ANGLETERRE**, 1828-1872, 1 vol. in-8° . . . . 7 fr. 50

— **LE MÊME.** 1 vol. in-12 . . . . 4 fr.

MADROL. — **LE PRÊTRE DEVANT LE SIÈCLE.** 1 vol. in-8 . 4 fr.

MAHON (l'abbé). — **LUCY MOOR**, nouvelle anglo-chinoise. 2 v. in-12. 4 fr.

MAHON DE MONAGHAN. — **ROME ET LA CIVILISATION**, influence de l'Eglise sur le développement intellectuel, matériel et moral du monde, d'après les historiens protestants et philosophes, précédées d'une lettre du P. Félix. 1 vol. in-12. 1 fr. 25

MALRAISON (Mᵐᵉ). — **LA MAISON BLANCHE.** 1 vol. in-12. 1 fr. 50

MAINTENON (Mᵐᵉ de). — **CHOIX D'ENTRETIENS ET DE LETTRES**, avec le portrait et fac-simile de l'auteur. 1 vol. in-16, en caractères elzéviriens. Ouvrage approuvé par NN. SS. les évêques de Versailles et d'Orléans . . . . . . 3 fr.

MANSION (R. P.). — **MANUEL DE PRONONCIATION.** 1 v. in-18. 80 c.

MARCEY (Mᵐᵉ de). — **LA FEMME CHRÉTIENNE** depuis sa naissance jusqu'à sa mort. Études et conseils. 1 vol. in-12. 3 fr. 50

MARIANNE (Mˡˡᵉ). — **LA BONNE CUISINE** pour tout le monde de la ville et de la campagne. 1 vol. in-18 . . . . . . 30 c.

MARTIN (l'abbé Ch.). — **DE L'USAGE DES AUTEURS PROFANES DANS L'ENSEIGNEMENT CHRÉTIEN.** 1 vol. in-8 . 2 fr.

MARTIN (R. P.). — **VEILLE DE L'ÉTERNITÉ**, ou un jour de retraite 1 vol. in-32 . . . . 80 c.

MARTY (l'abbé). — **LE PAPE PIE IX ET L'EMPEREUR NAPOLÉON III.** 1 vol. in-8 . . . . 1 fr. 50

— **OEUVRES INÉDITES DE L'ABBÉ MARTY,** membre de l'ancienne Sorbonne, professeur de philosophie au collége du Plessis à Paris, avant la Révolution, en dernier lieu vicaire général à Rodez. 1 vol. in-8 . . . . . . 5 fr.

MAURY. — **SIONIENNES**, poésies religieuses. 1 vol. in-12 . . 3 fr. 50

MÉLINGE (l'abbé Calixte). — **PHILOSOPHIE DU SURNATUREL.** 1 vol. in-8° . . . . 2 fr.

MEIGNAN (Mgr). — **LES PRIÈRES DE LA CÉLÉBRATION DU MARIAGE,** avec instructions et conseils pratiques. 1 vol. in-16, en caractères elzéviriens, encadré de vignettes . . . . 4 fr.

— **INSTRUCTIONS ET CONSEILS AUX FAMILLES CHRÉTIENNES.** — Le mariage. — Les enfants. — La famille. 1 v. in-16, en caractères elzéviriens . . . . 3 fr

— **UN PRÊTRE DÉPORTÉ** en 1792. Episodes de l'histoire de la Révolution et de l'histoire des Missions. 1 vol in-12. 3 fr.

MEISSAS (l'abbé de). — **JOURNAL D'UN AUMONIER MILITAIRE.** 1 vol. in-12. . . . . 3 fr.

MERCIER (Ed.). — **MANUEL DE MORALE ET D'ÉCONOMIE POLITIQUE,** à l'usage de tous. 1 vol. in-8 . . . . 2 fr. 50

MÉRIC (Élie). — **LA VIE DANS L'ESPRIT ET DANS LA MATIÈRE** 1 vol. in-12. . . . . 3 fr. 50

— **DU DROIT ET DU DEVOIR.** 1 vol. in-12. . . . . 4 fr.

— **LA MORALE ET L'ATHEISME CONTEMPORAIN.** 1 vol. in-12 . . . . 3 fr. 50

MÉTIVIER (l'abbé). — **ÉTUDES RURALES,** défense des intérêts matériels, moraux et religieux des campagnes. 2 v. in-32. 1 f. 50

MONNIN (l'abbé). — **VIE DU VÉNÉRABLE CURÉ D'ARS, JEAN-BAPTISTE VIANNEY,** publiée sous les yeux et avec l'approbation de Mgr l'évêque de Belley. 2 vol. in-12. 7 fr. 50

— LE MÊME, 2 beaux vol. in-8, édition de luxe. . . . 20 fr.

— LE MÊME. 1 vol. in-12 (abrégé) . . . . 2 fr

— **ESPRIT DU CURÉ D'ARS.** M. Vianney dans ses catéchismes, ses homélies et sa conversation. 1 vol. in-32. 1 fr. 25

MONNIN (l'abbé) (*suite*).— **MATER ADMIRABILIS**, ou les Quinze premières années de Marie immaculée, approuvé par Mgr de Langallerie, évêque de Belley. 2ᵉ édit. 1 vol. in-12.   3 fr.

— LE MÊME, en italien . . . . 4 fr.

— LE MÊME, en anglais. . . . . 6 fr.

— **MARIE ADOLESCENTE** dans le temple de Jérusalem, petit drame biblique en 3 actes, composé d'après le livre de *Mater admirabilis*. 1 vol. in-12 . . . . 1 fr.

MONTALEMBERT (Cᵗᵉ de). — **L'ÉGLISE LIBRE DANS L'ÉTAT LIBRE**. Discours prononcé à Malines. 1 vol. in-8 . . . 2 fr. 50

— **TESTAMENT DU PÈRE LACORDAIRE**. 1 v. in-8.   2 fr. 50

MONTÉZON (R. P. de). — **MISSION DE CAYENNE ET DE LA GUYANE FRANÇAISE**, avec carte géographique et une introduction. 1 vol. in-12. . . . . 5 fr.

— LE MÊME. 1 vol. in-12 . . . . 3 fr.

— **MISSION DE LA COCHINCHINE ET DU TONKIN**, avec gravure et carte géographique. 1 vol. in-8 . . . . 5 fr.

— LE MÊME. 1 vol. in-12. . . . . 3 fr.

— **MISSION DU CANADA**, relation de ce qui s'est passé de plus remarquable aux Missions de la Compagnie de Jésus en la Nouvelle-France. 2 vol. in-12 . . . . 5 fr.

MOREAU. — **LES PRÊTRES FRANÇAIS ÉMIGRÉS AUX ÉTATS-UNIS**. 1 vol. in-12 . . . . 3 fr.

MORVILLARS. — **BLEUETTES** (Constantinople. — Egypte. — Rome. — Venise. — Espagne. — Pyrénées). 1 vol. in-12.   1 fr. 50

MURY (R P.). — **HISTOIRE DE GABRIEL MALAGRIDA**, de la Compagnie de Jésus, l'apôtre du Brésil au xviiiᵉ siècle, étranglé et brûlé sur la place publique de Lisbonne le 21 septembre 1761. 1 vol. in-12. . . . . 2 fr. 50

N

NAVERY (Raoul de). — **SOUVENIRS DU PENSIONNAT**, drames et mystères dédiés aux élèves des maisons du Sacré-Cœur, avec l'autorisation de madame Barat, supérieure générale. 1 vol. in-12. . . . . 2 fr.

NEWMANN (R. P.). — **HISTOIRE DE MES OPINIONS RELIGIEUSES.**
Traduit de l'anglais par G. du Pré de St-Maur. 1 v. in-8. 6 f
—   LE MÊME. 1 vol. in-12 . . . . 3 fr. 50
—   **DU CULTE** de la sainte Vierge dans l'Église catholique. Lettre
au docteur Pusey, traduit de l'anglais par Georges du Pré
de Saint-Maur. 1 vol. in-12. . . . . 1 fr. 75
NOTTRET. — **UNE DESTINÉE.** 1 vol. in-12 . . . . 2 fr.
—   **NOIR ET ROSE,** (roman). 1 vol. in-12 . . . . . 3 fr.
NOURRISSON. — **LE DIX-HUITIÈME SIÈCLE** et la révolution française,
1 vol. in-12 . . . . 1 fr. 50
NOURY (R. P.). — **VIE DU P. GAUTHIER,** de la Compagnie de Jésus.
1 vol. in-12. . . . . 1 fr. 50

O

OISY (d'). — **A TRAVERS LA SCIENCE.** 1 vol. in-12 . . . . 2 fr.
OUTREMER (d'). — **LISEZ-NOUS,** nouveaux contes dédiés aux enfants,
1 vol. in-18 . . . . 1 fr. 25

P

PAGÈS (Léon). — **HISTOIRE DE LA RELIGION CHRÉTIENNE AU
JAPON,** depuis 1598 jusqu'à 1651, publiée en deux parties.
2 vol. in-8 . . . . 12 fr.
PAROD. — **L'AVENIR AU TRAVAILLEUR,** recherche de la stabilité
politique. 1 vol. in-12 . . . . 1 fr. 50
PATRON (l'abbé). — **RECHERCHES HISTORIQUES SUR L'ORLÉA-
NAIS.** 2 vol. in-8 . . . . 10 fr.
PERDREAU (P. M.). — **NOTIONS ÉLÉMENTAIRES D'ASTRONOMIE,**
avec des applications à la géographie; ouvrage adopté par
le Conseil de l'instruction publique. 1 volume in-12 avec
planches . . . . 3 fr.
PERDREAU (l'abbé). — **LA MORT DES JUSTES** dans les diverses con-
ditions de la vie chrétienne. 2 vol. in-12. . . . 6 fr.
—   **DU RETOUR A DIEU.** 1 vol. in-32. . . . . . 1 fr.
PERRAUD (Mgr). — **ÉTUDES** sur l'Irlande contemporaine, précédées
d'une lettre de Mgr l'évêque d'Orléans. 2 vol. in-8. 12 fr.
—   **L'ORATOIRE DE FRANCE** au dix-septième et dix-huitième siècle. 1 vol. in-8. . . . . 5 fr.
—   LE MÊME. 1 vol. in-12 . . . . 3 fr. 50
—   **GRATRY** (R. P.), son testament spirituel, ses derniers jours.
1 vol. in-8. . . . . 1 fr. 50

PERREYVE (l'abbé). — **ENTRETIENS SUR L'ÉGLISE CATHOLIQUE.**
    2 vol. in-8 . . . . 15 fr.
— LE MÊME. 2 vol. in-12 . . . . 8 fr.
— **LETTRES DU R. P. LACORDAIRE A DES JEUNES GENS,**
    recueillies et publiées par l'abbé H. Perreyve, augmentées
    de lettres inédites et des approbations de NN. SS. les ar-
    chevêques et évêques. 1 vol. in-8 . . . . 6 fr.
— LE MÊME 1 vol. in-12 . . . . 4 fr.
— **MÉDITATIONS SUR LES SAINTS ORDRES,** suivies d'ins-
    tructions pour la première communion. 1 v. in-12. 3 fr. 50
— **LA JOURNÉE DES MALADES,** réflexions et prières pour le
    temps de la maladie, avec une préface par le R. P. Petetot,
    supérieur de l'Oratoire de l'Immaculée Conception. 1 vol.
    in-12 . . . . 3 fr. 50
— **BIOGRAPHIES ET PANÉGYRIQUES.** 1 beau volume
    in-12 . . . . 3 fr. 50
— **LETTRES DE L'ABBÉ HENRI PERREYVE (1850-1865),**
    avec une lettre de Mgr l'évêque d'Orléans et le portrait de
    l'abbé Perreyve. 1 vol. in-12 . . . . 4 fr.
— **LETTRES A UN AMI D'ENFANCE** (1847-1865). 1 vol.
    in-12 . . . . 4 fr.
— **MÉDITATIONS SUR LE CHEMIN DE LA CROIX.** 1 volume
    in-18 . . . . 1 fr. 50
— **JEANNE D'ARC,** discours et notes historiques. 1 volume
    in-12 . . . . 1 fr. 25
— **ÉTUDES HISTORIQUES.** Leçons et fragments du cours
    d'histoire ecclésiastique. 1 vol. in-12 . . . . . 4 fr.
— **SERMONS.** Sermons inédits. Une station à la Sorbonne.
    1 vol. in-12 . . . . 4 fr.
— **DEUX NOELS.** 1 vol. in-18 . . . . 1 fr.
— **LA POLOGNE** (1772-1865). 1 vol. in-12 . . . 3 fr.
PESQUIDOUX (de). — **FLAVIEN,** étude philosophique et dramatique de
    l'ennui contemporain. 1 vol. in-12 . . . . . 1 fr. 50
PETIT-POISSON (l'abbé). — **LA CHARITÉ** au chevet des malades et
    des agonisants, ou la pratique de la visite des malades et
    de l'assistance des mourants. 1 vol. in-18 . . . . 80 c,
PLASMAN (de). — **D'OU VIENT L'AME ET COMMENT SE TRANS-
    MET-ELLE,** suivi d'une lettre au R. P. Hyacinthe en ré-
    ponse à sa doctrine la *Paternité.* 1 vol. in-12 . . 2 fr.
— **CARACTÈRES DES FRANÇAIS** au XIXᵉ siècle, 3 volumes
    in-18 . . . . 4 fr. 50
— **DIEU ET L'OUVRIER.** 1 vol. in-18 . . . . . 1 fr. 50
— **RENAN** (M.) peint par ses œuvres. 1 vol. in-18 . 1 fr. 50

PONTLEVOY (R. P.). — **VIE DU R. P. X. DE RAVIGNAN**, de la Compagnie de Jésus. 2 beaux volumes in-8 avec portrait. . . . . 15 fr.

LE MÊME OUVRAGE. 2 volumes in-18. . . . . . 7 fr. 50

PORNIN (l'abbé). — **RAOUL DES MARAIS**, ou le retour à la vérité. 1 vol. in-16 . . . . 1 fr. 50

— **GOUTTES DE ROSÉE** ou les Perles de l'enfance, ouvrage dédié aux mères chrétiennes. 1 vol. in-18. . . . 1 fr.

POSSOZ (R. P.). — **VIE ET MORT DU P. EDMOND CAMPIAN**, ou le premier jésuite anglais martyrisé en Angleterre. 1 vol. in-8°. . . . . 4 fr.

— **VIE DU R. P. ROBERT SOUTHWELL**. 1 vol. in-18.   2 fr.

POUJOULAT. — **LE CARDINAL MAURY**, sa vie, ses œuvres. 1 vol. in-12 . . . . 3 fr.

— **CHARLES Iᵉʳ ET LE PARLEMENT**. 1 vol. in-12.   1 fr. 50

PRAT (R. P.). — **MALDONAT ET L'UNIVERSITÉ DE PARIS AU XVIᵉ SIÈCLE**. 1 vol. in-8. . . . . 4 fr.

PRON (l'abbé). — **PSYCHÉ**. 1 vol. in-18 . . . . 1 fr. 25

Q

QUADRUPANI (R. P.). — **DIRECTION POUR RASSURER DANS LEURS DOUTES LES AMES TIMORÉES** et direction pratique pour vivre chrétiennement. Traduction nouvelle. 4ᵉ édition, par le R. P. V. H., de la Compagnie de Jésus. 1 vol. in-32. . . . . 1 fr.

QUATREBARBES (cᵗᵉ de). — **SOUVENIRS D'ANCONE**. Siége de 1860, avec plan d'Ancône, par M. le comte de Chevigné, aide-de-camp du général de La Moricière. 1 vol. in-8. . 5 fr.

R

RASTOUL (A.). — **LE FRÈRE PHILIPPE** et l'institut des frères des écoles chrétiennes. In-18. . . . . 10 c.

RAVIGNAN (R. P. de). — **ENTRETIENS SPIRITUELS**, recueillis par les enfants de Marie (couvent du Sacré-Cœur de Paris), suivis d'un choix de ses pensées, 6ᵉ édition, 2 vol. in-12. . 6 fr.

RAVIGNAN (R. P. de) (*suite*). — **DERNIÈRE RETRAITE** prêchée aux Dames religieuses carmélites du monastère de la rue de Messine, à Paris (1857). 1 vol. in-12. . . . . . 2 fr. 50

— **SOUVENIRS DES CONFÉRENCES** prononcées en 1842 pendant l'Avent, à la métropole de Besançon, ouvrage approuvé par S. É. le cardinal Gousset, archevêque de Reims. 1 vol. in-12. . . . . 2 fr. 50

— **DE L'EXISTENCE ET DE L'INSTITUT DES JÉSUITES.** 1 vol. in-18. . . . . 1 fr.

RAWE (R. P.). — **LE DISCIPLE BIEN-AIMÉ**, traduit par Mgr de Cabrières. 1 vol. in-12. . . . . 3 fr. 50

RECURT. — **LE ROYAUME DES CIEUX.** 1 vol. in-18 . . . . 1 fr.

REDWITZ (de). — **AMARANTH**, traduit de l'allemand, par A. de L. 1 vol. in-12. . . . . 2 fr.

RÉGNON (R. P.). — **MADAGASCAR ET LE ROI RADAMA II.** 1 vol. in-12. . . . . 1 fr. 25

RENDU. — **LE CHRIST DANS SES SOUFFRANCES ET DANS SA MORT**, méditations sur la Passion de Notre-Seigneur. 1 vol. in-12 . . . . 3 fr.

RIO. — **LES QUATRE MARTYRS.** 1 vol. in-12 . . . . . 2 fr. 50

ROALDÈS (A. de). — **LES PENSEURS DU JOUR ET ARISTOTE**, traité des êtres substantiels, Saisset, Janet, Caro, Balmès, Mill, Littré, Buchner, Dubois Raymond, Vogt, Molleschott, Mialhe, Berthelet, Regnault Chevreuil, Agassiz, Darwin, etc. 1 vol. in-8° . . . . 4 fr.

RONDELET (Antonin). — **L'EMPLOI DU LOISIR A L'ECOLE DE DROIT.** In-18. . . . . 1 fr. 80.

ROBIOU. — **HISTOIRE ANCIENNE DES PEUPLES DE L'ORIENT**, jusqu'au début des guerres Médiques mise au niveau des plus récentes découvertes. A l'usage des établissements d'instruction secondaire, avec questionnaire et sommaire. 1 vol. in-12 . . . . 2 fr. 50

— **ESSAI SUR L'HISTOIRE DE LA LITTÉRATURE** et des mœurs pendant la première moitié du XVIIe siècle. 1 vol. in-8° . . . . 7 fr. 50

ROUX (l'abbé). — **RÈGLEMENT DE VIE**, raisonnée, ou moyen de persévérance dans la voie du salut, approuvé par Mgr l'évêque de Mende. 1 vol. in-18 . . . . 1 fr.

S

St-ALPHONSE DE LIGORI. — **DEUX OPUSCULES** sur la communion, traduits de l'italien par M. l'abbé A. Gerson. In-18.   30 c.

St-FRANÇOIS DE SALES. — **VIVE JÉSUS !** Méditations pour les solitudes annuelles, tirées de plusieurs petits mémoires trouvés écrits de la sainte main de notre bienheureux P. François de Sales, par sainte Jeanne de Chantal. Edition revue par le R. P. de Guilhermy. 1 vol. in-12. Edit. de luxe. .   3 fr.

— LE MÊME. 1 vol. in-18. Edition ordinaire. . . . 1 fr. 50

— **VIVE JÉSUS !** Exercices spirituels pour les dix jours de la solitude, selon l'esprit du bienheureux François de Sales, tirés pour la pluspart de ses écrits. Nouvelle édition. 1 vol. in-18. . . . . 1 fr. 50

— **LE DIRECTEUR SPIRITUEL DES AMES DÉVOTES ET RELIGIEUSES,** tiré des écrits du bienheureux François de Sales, évêque et prince de Genève, par un Père de la Compagnie de Jésus. Nouvelle édition. 1 vol. in-32. . . 1 fr.

— **LETTRES** à des religieuses, mises en ordre et publiées par M. l'abbé P. Servonnet. 2 vol. in-12, ... 7 fr.

— **INTRODUCTION** à la vie dévote. 1 vol. in-18. . . . 2 fr.

St JEAN DE LA CROIX. — **LA MONTÉE DU CARMEL,** et la nuit obscure de l'âme, traduites en français d'après l'édition de Séville, en 1702 par M. l'abbé Alfred Gilly. 2 v. in-12.   6 fr.

St BONAVENTURE. — **SOLILOQUE,** de la Collection des œuvres les plus remarquables des Pères de l'Eglise, traduit par M. Ernest Mézières. 1 vol. in-18. . . . . 80 c.

St JURE (R. P.). — **UNION AVEC NOTRE-SEIGNEUR JÉSUS-CHRIST.** 1 vol. in-12. . . . . 2 fr. 50

St JUAN (de). — **LA LUMIÈRE DES JEUNES AMES.** Ouvrage dédié aux mères chrétiennes, approuvé par son Eminence le cardinal Gousset, archevêque de Reims. 1 v. in-12.   2 fr. 50

Ste FOY (Ch.). — **HOMMAGES ET CONSEILS AU PEUPLE.** In-32. 30 c.

SAUMADE (l'abbé). — **SOLDAT ET MOINE,** vie de saint Guilhem-du-Désert. 1 vol. in-8. . . . . 4 fr.

SAUX (de). — **LA SAINTE BIBLE EN VERS**, à l'usage)de la jeunesse, Ouvrage approuvé par NN. SS. les évêques de Dijon et Mende. 1 vol. in-12. . . . . 2 fr.

SAVONAROLE. — **LE TRIOMPHE DE LA CROIX**, traduit du latin par M. l'abbé Céleste Alix, chapelain de Sainte-Geneviève. 1 vol. in-12. . . . . 3 fr.

SCHOUVALOFF (R. P.). — **MA CONVERSION ET MA VOCATION**, suivi de lettres de direction, par le R. P. de Ravignan. 1 beau vol. in-12 . . . . 3 fr. 50

SÉGUR (C**sse** de). — **LIVRE DE MESSE** des petits enfants, avec 4 gravures. 1 vol. in-32. . . . . 1 fr. 25

SEIGNEUR. — **LA QUESTION DIVINE** : M. Hello et Renan, avec une lettre adressée à Mgr de Ségur, prélat de la maison du Pape, chanoine de Saint-Denis, de l'ordre des Evêques. 1 volume in-18. . . . . 80 c.

SELLIER (R. P.). — **VIE DE SAINTE COLETTE**, réformatrice des trois ordres de saint François, en particulier des pauvres filles de sainte Claire, rédigée d'après les mémoires authentiques et les historiens les plus dignes de foi, Pierre de Vaux, Surius, le P. Séraphin d'Abbeville et les Bollandistes. 2 vol. in-12 . . . . 5 fr.

SÉVANNE (de). — **HOMMAGE ET SOUVENIRS.** 1 vol. in-8. . 1 fr. 50

SICARD (l'abbé). — **MOIS DE MARIE DES PERSONNES DU MONDE.** 1 vol. in-18. . . . . 1 fr. 50

SIMON. — **CONFÉRENCE** sur la vie du général Lamoricière. In-18. 60 c.

SOMMERVOGEL (R. P.). — **CORRESPONDANCE** pendant l'émigration (1792-1795). Lettres inédites de Louis-Joseph de Bourbon, prince de Condé, du duc de Berry et du duc d'Enghien, 1 vol. in-8. . . . . 1 fr. 50

SOUGÉ (de). — **LES SAINTES DU PARADIS, MODÈLES DE TOUTES LES VERTUS.** Ouvrage pratique pour tous les jours de l'année, dédié aux communautés religieuses et aux personnes du monde de tout âge et de toute condition. Edition complétée. Cet ouvrage renferme près de 700 vies de toutes les saintes connues, arrangées par jour et aussi avec table alphabétique. 2 vol. in-12 . . . . 6 fr.

SOULLIÉ (P.). — **ÉTUDES LITTÉRAIRES ET MORALES** sur les tragédies de Racine. 1 vol. in-8 . . . . 3 fr. 50

STOLTZ (M**me**). — **JULIE.** 1 vol. in-8. . . . . 3 fr.

T

TASSIN (Charles). — **GIANOTTI**, sa vie, son temps et ses doctrines. Etude sur un publiciste florentin du XVIᵉ siècle. 1 vol. in-8° . . . . 6 fr.

TEPPA (R. P.). — **VIE DU VÉNÉRABLE M. ANTOINE ZACCARIA**, fondateur de la congrégation des clercs réguliers de Saint-Paul, dits Barnabites. Traduit de l'italien. 1 v. in-12. 2 fr. 50

TÉRAM. — **LE CADEAU DE NOCES**, histoire d'une jeune fille pauvre 1 vol. in-12. . . . . 2 fr.

THOMASSY. — **DE LA PUISSANCE COMMERCIALE ET MARITIME DE LA FRANCE.** 1 vol. in-8° . . . . 4 fr.

—   **LE MAROC**, relations de la France avec cet empire. 1 vol. in-8° . . . . 5 fr.

TRIDON. — **LE VIEIL AMI DES JEUNES GENS** ou causeries amicales dédiées aux jeunes gens et aux mères chrétiennes. 1 vol. in-18. . . . . 80 c.

TROGNON (A.). — **APOTRE SAINT PAUL**, étude historique. 1 vol. in-8 . . . . 5 fr.

U

UORAC DE CINROP. — **DE L'INCRÉDULITÉ**, ou solution rationnelle de tous les problèmes religieux. 1 vol. in-8 . . . 3 fr.

V

VANDEL (R. P.). — **OEUVRE DES CAMPAGNES**, ou quelques moyens de ranimer la foi et la vie chrétienne dans les paroisses moins religieuses, particulièrement à la campagne. 1 vol. in-12 . . . . 2 fr.

VARAX (R. P. de). — **L'APOSTOLAT DES CLASSES DIRIGEANTES** au XIXᵉ siècle. 1 vol. in-18. . . . . 1 fr.

VILLARD (E.). — **AU BORD DE L'ARDÈCHE.** 1 vol. in-12. . . 2 fr.

VILLEDIEU (E.). — **LE LIVRE DE L'EXIL.** 1 vol. in-12 . . 2 fr. 50

VILLENEUVE (de). — **METZKHETH** et **IBÉRIE.** Notice sur la Géorgie. 2ᵉ édition. 1 vol. in-12. . . . . 3 fr. 50

VITET. — **ÉTAT ACTUEL DU CHRISTIANISME.** 1 vol. in-18 .   1 fr.

— **LE CHRISTIANISME ET LA SOCIÉTÉ.** 1 vol. in-18.   80 c.

VINCENT (R. P.). — **MANUEL DES CONGRÉGATIONS DE LA BIEN-HEUREUSE VIERGE MARIE**, affiliées à la congrégation de Rome, dite *Prima primaria*, à l'usage des enfants de Marie. 1 vol. in-18 . , . . , ... , 2 fr.

VOSGES. — **A ROME ET A VIENNE**, notes de voyages. 1 v. in-18.   1 fr.

W

WALLON (Jean). — **M. COUSIN.** 1 vol. in-8. . , ... 2 fr.

WILBERFORCE. — **DU PRINCIPE DE L'AUTORITÉ DANS L'ÉGLISE.** Traduit de l'anglais, par M. C. F. Audley. 1 vol. in-12.   2 fr.

WILHELM. — **BRELAN DE SAVANTS**, ou la Confection d'une enseigne, comédie en un acte et en prose, mêlée de couplets. 1 vol. in-18. . . . . 50 c.

OUVRAGES SANS NOM D'AUTEURS

ALLONS AU CIEL. Manuel de l'âme pieuse. 1 vol. in-12. . 4 fr. 50

L'AMOUR CHRÉTIEN DANS LE MARIAGE ou quatre années de correspondance authentique d'une jeune femme. 1 vol. in-12. . 3 fr.

APERÇU SUR LA THÉOLOGIE, à l'usage du grand séminaire de Saint-Flour, imprimé par ordre de Monseigneur l'Evêque. 2 vol. in-8. 6 fr.

ATHALIE, tragédie de Racine, arrangée pour être représentée par des jeunes gens, 1 vol. in-18.. . . . . 1 fr.

AUTOUR DU BERCEAU DE JÉSUS. Entretiens avec les petits enfants, par l'auteur de la Dévotion à saint Joseph, dédiée aux petits enfants. A. M. D. G. In-18. . . . . 50 c.

CONSOLATIONS POUR LES MALADES, ou Manuel du chrétien sanctifiant les maladies et apprenant à mourir saintement. 1 volume in-12. 2 fr.

DERNIERS JOURS DE Mgr DUPANLOUP, évêque d'Orléans, avec une préface par S. G. Mgr l'archevêque d'Alby. 1 vol. in-16 encadré. 2 fr.

DES RAISONS DE BÉNIR LA VIE. 1 vol. in-18, papier teinté, caractères elzéviriens, avec l'approbation de Mgr l'évêque de Saint-Brieuc. 3 f. 50

EXAMEN DE LA MORALE INDÉPENDANTE, par un catholique. 1 vol. in-12. . . . . 1 fr. 50

EXERCICES de dévotion pour obtenir les dons du Saint-Esprit, par l'intercession de la Très-Sainte Vierge, par un P. de la Compagnie de Jésus. 1 vol. in-32. . . . . 80 c.

EXERCICES DU CHEMIN DE LA CROIX, tirés de : Allons au Ciel. In-32. . . . . 60 fr.

LA FÊTE-DIEU ou le Triomphe de la paix religieuse. 1 vol. in-18. 1 fr.

JÉSUS-CHRIST DANS L'EUCHARISTIE. 1 vol. in-32. . . . 1 fr. 50

UN JÉSUITE PENDU EN ANGLETERRE, vers la fin du XVIᵉ siècle. 1 vol. in-18. . . . . 50 c.

MAXIMES de saint Ignace, fondateur de la Compagnie de Jésus, avec les sentiments de saint François Xavier. Nouvelle édition par un Père de la même Compagnie. 1 beau vol. in-18. . . . . 3 fr.

LE MÊME. 1 vol. in-18. Édition ordinaire . . . . 1 fr. 50

MANUEL DES PÈLERINS, de Mater admirabilis de Brouzet et de Bouquet. 1 vol. in-18 . . . . 1 fr. 50

MÉDITATIONS SUR L'ORAISON DOMINICALE, par Mᵐᵉ D. M. In-32. . . . . 50 c.

MINISTRE CALOMNIÉ (Un). 1 vol. in-18. . . . . 80 fr.

MOIS DE MARIE DES AMES INTÉRIEURES. 1 vol. in-18. . 1 fr. 20

NEUVAINES AUX SAINTS DE LA COMPAGNIE DE JÉSUS, par les RR. PP. Jésuites. 8 brochures in-18. . . . . 2 fr. 40
    — Chaque NEUVAINE, séparément. . . . . . . 30 c.

NEUVAINE A SAINTE COLETTE, précédée d'un abrégé de sa vie. 1 vol. in-18. . . . . 15 c.

PAPAUTÉ ET MAZZINISME, par E. D. 1 vol. in-12. . . . 2 fr.

PETITES FLEURS D'ARS, pensées choisies de M. Vianney. In-32. 50 c.

PETITE THÉOLOGIE DU CURÉ DE CAMPAGNE, par l'abbé C... 1 vol. in-18. . . . . 1 fr. 25

LE PURGATOIRE DE SAINTE CATHERINE DE GENNES, dédié aux dames auxiliatrices des âmes du Purgatoire, 1 vol. in-32. . . 50 c.

QUESTION ENTRE LES CATHOLIQUES ET LES PROTESTANTS, jugée par le bon sens, la Bible et l'Histoire; Lettres sur l'Église et le schisme, par un catholique, avec une lettre de M. l'abbé Mermillod à l'auteur. 1 vol. in-18. . . . . 2 fr.

RÉCIT DE LA BATAILLE DE CASTELFIDARDO ET DU SIÉGE D'ANCONE, Par un Romain. 1 vol. in-8. . . . . 2 fr. 50

RÉCRÉATIONS DRAMATIQUES à l'usage des écoles, patronages et pensionnats, par un ami de la jeunesse. — Le Tambour nocturne, le Dissipateur, le jeune Homme à l'épreuve, Herménégilde, les sept Dormants. 1 beau vol. in-12 . . . . 3 fr.

SAINTE-MARTHE, hôtesse de Jésus-Christ. Sa vie, son apostolat en France, et son culte jusqu'à nos jours. 1 v. in-12, avec gr. et photog. 3 f.

SENTENCES ET ÉLÉVATIONS SPIRITUELLES 1 vol. in-32. . 80 c

SOURCE DU BONHEUR, de la divine Providence, suivi d'un appendice abrégé de ce que tout chrétien doit savoir, croire et pratiquer, et de quelques pensées du R. P. de Ravignan. 1 vol. in-32. . . . . 80 c.

STATIONS SUR LA TOMBE D'UN ANGE, (imitation liturgique), par une Enfant de Marie. 1 vol. in-16, avec caractères elzéviriens et encadrements. . . . . 2 fr. 50

LE SURNATUREL, démontré par la méthode scientifique. 1 volume in-8 . . . . 6 fr.

TABLEAU DE LA DEGÉNÉRATION DE LA FRANCE, les moyens de la grandeur, et d'une réforme fondamentale dans la littérature, la philosophie, etc. 1 vol. in-8. 4 fr.

DU TRADITIONALISME, d'après le concile d'Amiens, Mgr l'évêque de Montauban, le collége Romain et le *Journal historique de Liége*. 1 vol. in-8°. . . . . 2 fr.

LE TRÉSOR du saint sacrifice de la messe. par l'abbé P.-P., avec approbation de Mgr l'archevêque de Bourges. 1 vol. in-32. . . 60 c.

TRILOGIE DE FAUST. Première partie : Le Faust de Goëthe et Napoléon. — Deuxième partie : Le Faust anglais. — Troisième partie : Le Faust français, par A. S. 1 vol. in-8. . . . . . . 2 fr. 50

UNE PROTESTANTE CONVERTIE AU CATHOLICISME par sa bible et son livre de prières. 1 vol. in-12. . . . . 3 fr.

UNION DES CHRÉTIENS DANS LE COEUR DE JÉSUS, pour ramener les âmes à Dieu. Réflexions offertes aux âmes pieuses et aux associés du Sacré Cœur de Jésus, vivant au milieu du monde. 1 vol. in-18. . 2 fr.

VALLET (Marie-Emile), mort à Amiens le 27 décembre 1862, à l'école libre de la Providence, tenue par les Pères de la Compagnie de Jésus. 1 vol. in-18. . . . . 1 fr

VIE DU BIENHEUREUX ALPHONSE RODRIGUEZ, frère coadjuteur temporel de la Compagnie de Jésus, béatifié le 12 juin 1389, par sa sainteté Léon XII. Nouvelle édition. 1 vol. in-12. . . . . 2 fr. 50

VIE DE L'ABBÉ CARRON, par un bénédictin de la Congrégation de France. 1 gros vol. in-8 . . . . 6 fr.
LE MÊME. 2 vol. in-12. 4 fr.

VIE DE LA MÈRE JEANNE DE MATEL (forésienne), fondatrice de l'ordre du Verbe incarné, précédée d'une lettre de Mgr l'évêque de Limoges au prince Augustin Galitzin. 1 vol. in-12, orné du portrait de Jeanne de Matel. . . . . 3 fr. 50

VIE SANCTIFIÉE (la), Recueil de prières et de méditations entièrement tirées de l'Écriture-Sainte et des Pères de l'Église, suivies des épîtres, évangiles, hymnes et proses pour tous les dimanches et les principales fêtes de l'année, et des vêpres, complies et salut du Saint-Sacrement. 1 vol. in-18. . . . . 2 fr.

LA VOIX DE L'AMITIÉ, par J. L. M. N. 1 vol. in-12 . . . . . 3 fr.

OUVRAGES DU P. GRATRY